MODERN FINANCE SERIES

现 代 金 融 译 丛

MODERN FINANCE SERIES
现代金融译丛
实务类

大而不倒之谜

The Myth of Too Big To Fail

艾麦德·莫萨 (Lmad A.Moosa) ／ 著

周世愚　吴晓雪／译

周明生／审校

中国金融出版社

责任编辑：张智慧　刘　戈
责任校对：潘　洁
责任印制：丁淮宾

图书在版编目（CIP）数据

大而不倒之谜（Daer Budao Zhimi）／（美）莫萨著；周世愚，吴晓
雪译．—北京：中国金融出版社，2015.4
　ISBN 978－7－5049－7893－6

　Ⅰ.①大…　Ⅱ.①莫…②周…③吴…　Ⅲ.①金融机构—风险管理—
研究　Ⅳ.①F830.2

　中国版本图书馆 CIP 数据核字（2015）第 059486 号

出版
发行　中国金融出版社

社址　北京市丰台区益泽路 2 号
市场开发部　（010）63266347，63805472，63439533（传真）
网上书店　http://www.chinafph.com
　　　　　　（010）63286832，63365686（传真）
读者服务部　（010）66070833，62568380
邮编　100071
经销　新华书店
印刷　保利达印刷有限公司
尺寸　169 毫米×239 毫米
印张　17
字数　223 千
版次　2015 年 4 月第 1 版
印次　2015 年 4 月第 1 次印刷
定价　46.00 元
ISBN 978－7－5049－7893－6/F.7453
如出现印装错误本社负责调换　联系电话（010）63263947

前　　言

　　大而不倒（TBTF，Too Big To Fail）已经成为了一个家喻户晓的观念和博客使用者一个流行的主题——这一概念指，衰落的大企业必须由政府挽救是因为它们的失败代表了无法承受的系统性危机。对美国花旗集团（Citigroup），美国国际集团（AIG），英国北岩银行（Northern Rock）和苏格兰皇家银行（the Royal Bank of Scotland）而非其他机构的救助引起了激烈争论，正是因此，我像很多人一样，对这一主题开始感兴趣。全球金融危机把TBTF争论重新带回到中心舞台，它一度在1984年对伊利诺伊大陆银行的救助以及1998年对美国长期资本管理公司的救助后成为焦点。这些情形的区别在于，投入救助行动的纳税人资金的数量。包括我自己在内的一些人，不仅从经济上质疑TBTF救助，也从伦理和道德基础上怀疑它。我写这本书的动力是为了解释为何大部分人对TBTF学说感到愤怒，以及财政救助金融机构的后果。

　　这本书对TBTF学说及其相关主题构成了严厉（也是客观）的批判，这些主题包括自由放任金融学，大幅解除管制的趋势，以及经济中金融部门名不副实的地位等。我批判的不仅是这些实践，也是激励这些实践的观点，其中一些（或绝大部分）是学术研究的产物。一些经济学家、政治学家和政策制定者认为——或者至少心里想——TBTF 问题不存在或者至少没有严重到挪动资源以解决问题的程度。另一些人相信，这一问题存在，它也很严重，但我们必须忍受，并且不遗余力地救助被视为大而不倒的机构。我认为，TBTF 问题存在，它很严重，但它必须（而且能）得到解决。这本书中的绝大多数讨论适合美国的发展，美国发明了存款保险制度，创造了"大而不倒"一词。类似的发展和主题也将从英国的视角讨论。

很多人已经读过了我的初稿（或者部分），这些读者包括学术界（受过经济学训练等）和一位普通的纳税人。我从学术界收到的反馈像是受到了意识形态的驱使。政治上的左派对我所写的欢呼雀跃，右派嗤之以鼻。他们认为我使用了不必要的过激语言，认为我过度诋毁金融家及其后的学术界。他们声称这一讨论是"有问题的"。他们也拒斥我使用的一些词语和表达，比如"寄生手术""骇人听闻地不健全""使人迷惑不解""垃圾食品"和"强烈喜好"。

有趣的是，其中很多出现在书中的词语和表达都是我引用的作者首先使用的。

我对这些言论的回应是这一主题有一重道德维度，它引发了普通人的愤怒。它不是一个你能保持中立的规范命题，任何讨论都包含了高度的个人观点。通篇阅读此书的普通纳税人用本书所使用的腔调评论说："它极大考虑了无辜人群的道德愤怒，就像这些天你感受到的金融危机背后的那些东西一样。"他们补充说："很高兴听到一个人从逻辑上和认识论的角度把在高度金融化的世界中极为脆弱和错误的东西撕成碎片，正是这些东西将世界置于混乱之中。"写作这本书是通过运用经验分析和经验历史证据，来解释对 TBTF 无处不在的愤怒以及用纳税人资金对破产金融机构的救助。这本书没有任何意识形态动机或者隐藏的主旨。

导论这一章介绍了 TBTF 的概念，接下来第 2 章展示了金融去管制化的历史，以及它如何与 TBTF 学说的出现相关。这里还讨论了发生在金融危机期间的财政救助（准确说 2008 年）。第 3 章描述了一些声名狼藉的救助行动，比如救助伊利诺伊大陆银行、美国长期资本管理公司、美国国际集团和苏格兰皇家银行等。第 4 章致力于讨论金融机构追求增长策略的原因，得出的结论是，扩张的基本动机在于获得 TBTF 地位。第 5 章提出了一个观点，即大多数国家的金融部门都远远大于其规模。我还认为，学术界用不同的方式，加剧了金融部门的"明星地位"。第 6 章概括地讨论推导出了规模起作用但是政治关系才是关键因素这一结论。第 7 章提出的论证针对 TBTF 学说和该学说支持的救助行动。第 8 章提出了解决 TBTF 问题的建议，包括拆解大型金融机构，适当的监管，以及监管者通过拒绝救助破产金融机构而提升信用。第 9 章致力于巴塞尔新资本协议的讨论，证明这一协议提供的监管不完善，它不能彻底应对全球金融危机，更不用说防止金融危机的出现。第 10 章做出了一些结论性的评论，以 TBTF 学说必须废除的观点作为结束语。

没有家庭、朋友和同事对我的帮助和鼓励，这本书将不会问世。我要对妻子和孩子表达最衷心的感谢，他们不得不忍受写这本书带来的机会成本。我还要对李·史密斯表达感谢，她是我尽职询问的对象。她字斟句酌地读了整个初稿，并且提出了大量使本书更可读的建议。我也必须要感谢我的同事和朋友，包括约翰·瓦斯、安德鲁·桑福德、迈克尔·邓普西、佩克托·卡列夫、巴拉姆·斯尔瓦布雷和莫文·斯尔瓦布雷。我也不会忘记与我有过交情的朋友，包括利姆·莱顿、蒂奥·加索斯、布莱恩·麦克唐纳德、斯蒂夫·霍利斯、拉里·李和托尼·诺顿。在构思初稿时，我受益于与表14所列讨论组的思想碰撞，因为这个原因，我要感谢鲍勃·帕尔森斯、格里戈·奥布莱恩、格里戈·贝利、比尔·布林和保罗·鲁尔。格里戈·贝利像我一样反对TBTF财政救助，他阅读部分初稿后给出的一些出色建议，使我受用颇深。

我也会感谢那些住的离我很远，但却通过通信手段给予我帮助的朋友和曾经的同事们，包括凯文·多伊德（我欠他一笔思想债）、雷扎克·布哈迪、朗·里普尔、鲍勃·赛德格里克、肖恩·霍里、达夫·查普尔、丹·海明斯和伊恩·巴克斯特。凭借敏锐的直觉，朗·里普尔对部分初稿提供了很有见地的评论，我对他表示由衷的谢意。事实上，他使我重新关注我先前忽视的重要一点，即向金融机构征税以及使用资金救助破产的机构不会解决TBTF保护具有的道德风险问题。

这本书的写作主要是在科威特，当时我正在科威特大学访问。我因此得到了来自当地学者的帮助，他们是苏拉曼·埃尔加萨尔、纳布尔·艾尔罗格哈尼、哈里德·艾尔萨德、亚西尔·艾尔库莱博、阿卜杜拉·埃尔奥拜坦、穆罕穆德·阿卜杜哈里、侯赛因·穆拉克西、苏拉曼·埃尔阿卜杜哈德。最后，我要感谢自己最欣赏的帕尔格雷夫·麦克米伦出版社的职员，尤其是丽萨·冯·菲尔克斯，她对我写作一本关于TBTF学说的著作的想法表示强烈的支持。

当然，我会为这本书中任何错误和疏漏负责。这本书献给我挚爱的孩子尼斯琳和丹尼，他们相信麦当劳和肯德基是大而不倒的。

目　　录

第1章

"大而不倒" 学说

1.1 "大而不倒"的含义和缘起

大而不倒这一学说假定政府不允许大企业（特别是重要银行和金融机构）破产的原因在于这些企业规模很大。达博斯（2004）证明说，很多国家的政府采取了 TBTF 政策，但很少公开承认。基于系统性风险的视角，这一学说合情合理，即一个企业的失败会对相关行业乃至整个经济造成不利后果。TBTF 观念对金融机构尤其明显，因为在金融行业我们会发现庞大的和相互联系的机构。比如，约有 82% 的外汇交易是由银行和其他银行以及非银行金融机构主导的（国际清算银行，2007）。这就是为何一个金融机构的破产对它的竞争者来说是坏消息。在其他行业中，一个企业的破产对同一行业的其他企业来说通常是好消息，因为这意味着一个竞争者的消亡和存活的企业对其市场份额的继承。就像我们即将看到的，规模和相互关联性决定系统性风险，但这不是全部。金融机构政治上也是强有力的，这在获得 TBTF 地位的"竞赛"（race）中会产生一种比较优势（comparative advantage）。

另一种解释

有时，TBTF 学说会提供另一种解释——一个大企业不能（不大可能）倒闭，只是因为它们很大（参见，泽林，2004，她建议的术语是"过于公众而不能倒"）。根本的原因是大企业受益于规模经济和范围经济（相应地，规模和多元化导致成本降低），这使它们比小企业更有效率。一个大企业通常比小企业更多元，这将大企业置于优势的竞争地位并减少其受经济中结构性转变风险的影响。一个大企业也享有重大的市场权力和低成本资本。在这个意义上，穆雷把美国国际集团描述为："尽管它大而不倒，它还是倒了。"出于同样原因，中情局（CIA）在 20 世纪 60 年代和 70 年代将前苏联贴上了 TBTF 的标签。相同的说法也用在罗马帝国、东罗马帝国、大英帝国身上（它们全都衰落了）。

类似地，尽管美国已经失去了绝大部分制造业基地，并且其经济主要依靠进口商品的消费，不过由于经济规模和金融实力，美国一度被描述为大而不倒。这里隐含的意思是只要中国和沙特阿拉伯愿意为美国的双赤字提供资金支持，美国就是 TBTF，因为这些国家持有很多以美元计价的资产，他们不能允许美国破产。在这个意义上，或许也能把希腊描述为 TBTF，因为它在 2010 年年初的债务危机中失去活力。有人建议，希腊大约有 6000 个美丽岛屿可以出售。毕竟，为了逃避欧盟的监管，希腊用把机场作为抵押品获得的收入来应对一些允许政府大规模举借的低等衍生品。

太大而不能被允许倒闭

然而，在下文中，TBTF 是指"太大而不能（被政府）允许倒闭"。因此，TBTF 指的是财政救助的一种可能性，即帮助大型金融机构摆脱困境以防其失败或限制由失败引起的损失（埃尼斯和马雷克，2005）。另外，黑策尔把 TBTF 定义为"出现衰退时银行监管机构为了使大银行的债权人（未投保和投保的存款人以及债券持有人）免受损失所做的尝试"。这一概念可能适用于公司以外的实体。比如，2009 年 12 月末，迪拜试图重组其巨额债务的公告震惊了地区股票市场和其他股票市场。迪拜被认为太大，相互关系过于紧密（金融上），以至于不能破产，这意味着阿布扎比的友好省市（sister state）通过利用石油形成的金融储备为迪拜提供了财政救助，而不让它破产。阿布扎比投入 10 亿美元帮助迪拜偿还债务，事件进程验证了上述观点。在传统意义上，希腊也得到了 TBTF 地位的承认，并从欧盟获得数亿美元（或欧元）用于偿还债务。然而到处流传的消息是违约的可能性还没有彻底消除。

除了如迪拜这样的城市和如希腊这样的国家，足球俱乐部也开始对 TBTF 产生兴趣。2010 年初，朴斯茅斯进入破产管理程序，英格兰超级联赛的债务问题就是一个热点话题。大的足球俱乐部，总共有 3.5 亿英镑的债务，它们可能通过争取 TBTF 地位开始要求紧急财政援助。争取 TBTF 援助工作就像滚雪球：一旦把它授予一家企业，其他企业就开始把获得这种特权的可能性作为因素纳入到它们的决策中。

究竟什么区分了一个特殊机构 TBTF 和另一个机构 NTBTF（非太大不能倒）并没有共识。我们在第 6 章将重回这一话题。一个 TBTF 企业可以被描述为一个"债务由我们全体暗中免费担保的金融企业"。这对金融机构来说是一个伟大的安排，因为正如一个评论者所说："它们以零利率从联邦储备系统（Federal Reserve）借款，为它们喜欢的任何事物下注。"他也论证说："它们获得利润，同时使纳税人承担损失"，并且"通过吸引眼球和捐赠活动，它们有效地控制了我们的监管机构和我们的国会"。这个评论者总结说，TBTF 是"金融家与其他人的较量，而我们将输得很惨"。

含糊

泽林指出大而不倒的概念是含糊的，在这个意义上，就何谓"过大"和何谓"破产"，没有一致观点。就"过大"而言，泽林提出了两个解释：相对于一些主观标准的大和绝对意义上的大，这意味着规模既可以是绝对的，又可以是相对的。

那么在 TBTF 的背景下"破产"意味着什么？在通常意义上，企业破产指企业不复存在，这意味着普通股股东首先承受损失，紧接着是绩优股股东，次级债权人和一般债权人。管理部门也经历了失业。但是在一个TBTF财政救助下，这就不一定会发生了。比如，1984年，按照TBTF学说，伊利诺伊大陆银行得到了援助，它被资产重组，并且美国政府占据了其中的控股权——以联邦存款保险公司（FDIC）为代表。股东卷铺盖走人，但是债权人的利益得到了保护（包括未投保的债权人）。高级管理层被撤销，董事会成员也被替换。泽林（2004）认为TBTF"保护部分而非全部在破产中受到不利影响的债权人"以为政府干预辩护。另外，格普指出："TBTF学说意味着机构可能继续存在，存款保险人将被保护；但是股东，次级债权人，经理和有些一般债权人或许会承受损失。"因此这一过程是酌情决定的，或者正如范·雷克尔及其他人所描述的一样，它是"对特殊实用主义的监督"。

斯普拉格区分了联邦存款保险公司拥有的三个基本选择：（1）清偿破产银行，也就是说，将钱还给保险存款人；（2）在联邦存款保险公司的援助下，将它卖给一个新的所有者；或者（3）阻止它破产——即，对它进行财政救助。在清算这种方式中，保险存款人会迅速拿到他们的钱，这个过程拒收支票，银行不复存在，而未保险的存款人和债权人则等待清资折现。当破产的银行被卖掉时，所有的存款人和债权人（投保和未投保）是被完全保护的，一个新的银行取代了原先的银行，但不会中断业务。在财政救助下，银行不会倒闭，存款人和债权人是被完全保护的，但是管理层遭到解雇而股东承受了损失。

TBTF 和全球金融危机

全球金融危机将TBTF争论重新置于中心舞台。莫斯（2009）总结说："联邦政府对当前金融危机的强烈回应创造了一个新的事实，其中几乎所有系统性重要的金融机构现在享受着来自于政府的明确保证，即在眼前的危机过去后很长时间内它们将会继续存在（并继续产生道德风险）。"这一危机表明，TBTF学说相当于使用纳税人的钱来弥补银行自身的错误（因此，这一主题有一重道德维度）。最近我无意中发现了一个很有意思的动画片，这个动画片涉及全球金融危机中使用纳税人的钱对破产的金融机构进行财政救助的道德问题。在动画片中，一个男人说："我在为结束全球金融危机这一目标贡献一份力。"一个女人问："你是某种金融奇才吗？"男人回答说："不，我是纳税人。"这个动画片包含了一种观点的实质，即政府对破产金融机构的财政救助是非常可笑的。很多人也相信财政救助相当于以牺牲生产基地和基础设施资源为代价将资金投入到"寄生手术"（parasitic operations）中，财政救助的唯一益处是会使金融精英本已巨大的个人财富激增。

这一危机也诞生了一些类似的概念，其中一些很令人怀疑。其中之一是"太过政治相关而不能倒"，因为普遍的认识是决定是否对一个金融机构进行财政救助取决于它是如何与政治相联系的。这可能是允许雷曼兄弟破产而美国国际集团不准破产的原因。选择性财政救助的一些批评者相信美国国际集团得救是因为它的破产会导致高盛投资公司（Goldman Sachs）的破产，而高盛或许是与政治联系最为密切的金融机构。前任美国财政部部长（前任高盛总裁）汉克·保尔森，在他作为布什总统财政部部长的最后一段时期内，不遗余力地拯救美国国际集团。高盛收到了一大笔纳税人的钱，这些都是财政部为美国国际集团支付的。刘易斯（2009a）针对这一"谣言"讽刺地说："当美国政府财政救助美国国际集团并清偿它的债务时，它不是在拯救美国国际集团而是拯救高盛。"

很大的问题

以 TBTF 学说为依据，财政救助金融机构，存在巨大的疏漏，这绝不是因为它已经代价高昂到把巨大的金融负担强加到未来几代人身上。与将稀有的财政资源分配到健康和教育上不同，这些资源用于恢复破产机构的资产负债表。这也产生了显著的道德风险，该词用来描述金融机构过度冒险（管理层把他人的钱变成存款，贷款或资金）的倾向，因为它们清楚一旦事情出错，自己也会被救助。换句话说，这个学说是大型机构不负责任行动的直接诱因。

斯特恩相信："大而不倒问题目前位于民选官员，政策制定者和银行监管者所要首先解决的难题之列。"斯特恩也相信TBTF代表着更大的风险，它必须被赋予超出很多人所想的较高优选权。但是米什金（2006）论证说，斯特恩和费尔德曼（2004）"夸大了大而不倒问题的重要性，对1991年加强银行制度和监管的FDICIA（存款保险改进法）立法并没有给予足够的信任"。他甚至反驳道，"没有证据可以证实大而不倒问题在日益恶化"，且"就这一点来说，证据似乎证实该问题已经有了实质性的进步"。一些经济学家甚至到了否认TBTF问题存在的程度。斯特恩（2008）相信，降低TBTF问题严重性的原因之一是"一些人可能已经将TBTF改革视为对稀缺资源的消极使用"。如果斯特恩的推论是有效的，那么就会出现一个谬论：是TBTF救助，而不是TBTF改革，体现了稀缺资源的消极使用。那些将TBTF改革视为体现了稀缺资源消极使用的人似乎并没有意识到一个事实，即预防总比治疗很多症状省钱和有效（更不用说某些疾病了）。

从全球金融危机和大幅财政救助管理不良金融机构的余波中，我们认识到，米什金是错误的而费尔德曼是正确的。然而，米什金认为我们不得不容忍大而不倒问题，并认为"在大而不倒问题上没有回头路可走"，"我们无法把妖魔放回瓶子里去了"（达什，2009）。与米什金提出的建议相抵触的是：消除"大而不倒"的企业部门是一系列金融政策的一环，这使金融危机不再轻易发生在新兴市场国家。但是米什金看起来对TBTF前后矛盾；比如，米什金认为，监管者在参与到TBTF政策时获得的酌情决定权，激励大企业冒更大的风险，因而将存款保险基金和纳税人置于巨大的潜在损失下。但是，他并不提倡监管者放弃在

"特殊情况" 下酌情使用 TBTF 政策。取而代之，他建议使用其他方式抑制银行冒险的趋势。

TBTF：忽视或不忽视

通常，政治家和监管者要么忽视这一问题，要么给人的印象是这无关痛痒。更糟的是，TBTF 问题用于证明财政救助破产金融机构的合理性，因为这些机构的力量凌驾于立法者和政府之上。当 TBTF 问题在全球金融危机的初始阶段重新引人注目时，只有英国银行行长默文·金敲响了警钟，金让人清楚，TBTF 是当前全球金融危机的关键，并且也是下一次金融危机的重中之重。2009 年 10 月 20 日，金号召银行分离，这样它们的零售银行部门就可以从更危险的投资银行业务中分离出来，他也批评了金融业改革的失败，尽管"纳税人的支持达到了惊人的程度"。

随着义愤不断高涨，我们开始注意到政治家和监管者一方改变了心意。2009 年 12 月 7 日，在圣安德鲁斯（苏格兰）对 G20 财政部长演讲时，前任英国首相戈登·布朗提出银行业无法回到"照常营业"上，因为它依靠政府担保，即银行会在危机事件中得到援助而留下纳税人买单，这一说法让与会的每个人都感到意外。这是他早期立场的根本性转变（或者是一个令人愉悦的突然转变）。这种彻底转变的一个可能的解释是布朗担心各界认为自己对银行家过于软弱，他当财政大臣（Chancellor of the Exchequer）时恰是如此（经济学人，2009a）。布朗描述的观点没有得到英国财政部高层的证实，（自然）也没有得到英国银行家协会的证实。美国财政部长蒂姆·盖特纳也在其上撒了一把盐。伦敦市长波利斯·约翰逊坚定认为没有人敢动金融城（伦敦金融业的昵称）。随后，当奥巴马总统对大的金融机构采取对抗态度并计划对其权限施加限制时，盖特纳自身在这一问题上开始变得更为强硬。甚至曾倡导解除管制且经常否认 TBTF 问题存在的艾伦·格林斯潘，也开始抱怨财政救助政策，他说："在某一点上，没有银行大而不倒"（麦基和兰曼，2009）。

政治家和监管者缘何倾向于忽视 TBTF 问题的一个解释是，一些金融机构过大以至于构成了系统性风险，在这个意义上，这些机构中的一个破产可能会导致系统性破产（整个金融体系的破产）。这听上去很可怕，甚至像末日一样，而它的结果就是如此。（在这种情形下，一个民选官员在投票时，怎么能支持一个会产生系统性风险从而导致整个金融系统的崩溃的结果呢？）反之，这个官员必须投票支持对一个破产机构进行财政救助（这样投票很"爱国"）。在斯特恩和费尔德曼关于 TBTF 的经典著作中，他们（2004）认为银行财政救助是由防止大银行破产导致全面经济崩溃的后果这一愿望所引起的。机构想要成为财政救助目标，因此反过来努力把自身打造成能引发系统性风险的样子，并与政治家博弈，这种行为接近"如果你不对我们进行财政救助，我们破产的可怕后果对所有人来说都是灾难，包括政府"。自然而然，在政府中游刃有余的人，会促使这条信息被政策制定者、监管者和他们的上级（政治家）所接受。此外，如果该机构前任雇员和未来的员工在政府里，这一信息可以更加顺利地传播。因此，我们有了"过于政治相关而不能倒"这一概念。

斯特恩和费尔德曼（2004）也指出，其他因素也为监管者纵容 TBTF 行为提供了动力。监管者受到了个人回报的激励，比如有利可图的银行业工作前景，或者因为惧怕银行业在他们的监管下破产。他们提出的第三个因素是一旦政府救助了一个银行，政府就能按照它希望的方式直接抵免。我发现第二个因素极具说服力且核心论证令人信服，而第三个因素看起来并不重要，特别是在一个像美国这样的国家里。

偏激的观点

在 TBTF 学说中积聚起来的偏激的观点包括"大到不能挽救","过大而必须倒","大到不能成功","大到不能放开","大到无法完全自律","大到不能援救"。（这些观点暗示规模不利于企业的存活，同时规模经济和范围经济或许不会瞬间出现。）这一问题将在第 4 章更为细致地讨论，以显示由于做大的愿望，一些金融机构如何走向破产或遭受重大的损失。因此一个 TBTF 机构在破产后被救助的原因，也是首先导致其破产的那个原因：规模。当规模被复杂性代替，这个观点就变成了"过于复杂不能倒"。然而，事实情况是规模和复杂性融为一体。

同样地，也有观点是"大而不倒是因为过大","大到不能援救","大到只剩下架子"，它们暗示一个 TBTF 机构不可以过大，因为这会使救助它变得困难或代价高昂。这些观点为一种解决 TBTF 问题的方法提供了理论依据：防止金融机构变得过大。尽管与金融无关，但以色列近期证实了约旦河西岸地区的一些定居点"大到不能撤离"。

TBTF 和解除管制

毋庸置疑的是，由于解除管制，TBTF 问题已然出现（至少局部出现）。一度到位的监管措施使银行免于急剧膨胀。比如，1933 年的《格拉斯—斯蒂格尔法案》（*the Glass – Steagall Act*）通过全面使用证券承销，防止商业银行发展得过大，通过接手商业银行活动，防止投资银行做大。这些以防银行做大的措施扩展到保险、经纪服务和基金管理，而且落实到位。

在过去的十年里，在经济自由和市场力量（这些经常是正确的）的名义下，这些措施已经被取消。正是管制的解除允许金融机构无限制

地增长，并使它们符合 TBTF 的条件。这的确是一个问题，因为政府对
TBTF 机构不许衰落的隐含担保只能激励这些机构的管理层承担过度风
险，他们的薪资结构更是由奖金主导。TBTF 学说和它创造的道德风险
都是全球金融危机不可或缺的因素。

1.2　对不顾后果的奖励：一桩轶事

　　我无意中发现了一桩关于银行的轶事，这家银行由于贪婪和无能而
犯了重大错误，却反而因此受到褒奖。（在思考那些被视为 TBTF 的金
融机构的真实故事时，我们意识到这些故事接近这件假设的轶事。）接
下来是我的故事版本，包括一个同时从事商业银行业务（贷款和存款）
和投资银行业务（证券发行）的银行。

　　一间酒吧的经营者意识到，他的绝大部分顾客都是失业的酗酒者。
由于没有固定的收入，这些顾客不再来酒吧，而做出了更加经济的选
择，即嗅一嗅胶水或者汽油。为了把这些顾客重新吸引到酒吧，经营者
有了一个独创的想法，这种想法是"现在喝，未来付"（drink now and
pay later）。当开办"现在喝，未来付"这一附加服务的消息传开后，
那些无固定收入的饮酒者成为了酒吧的主顾，结果酒吧生意兴隆。随着
酒吧饮品的需求越发旺盛，经营者通过定期提高价格，进一步促进了销
售额的增长，而主顾们并不在意价格的浮动（"现在喝，未来付"设计
下的无弹性需求）。通过使用未来的现金流量（cash flows）作为抵押品
（到期时为消费了的饮品付钱），这家酒吧从银行获得了丰厚的贷款
（由零售存款资助）。

　　一个在我们银行投行业务分支工作的极富想象力的工程师想出了一
个方案，用于确保现金流量可以从主顾那里收回，即对他们发行债券。
这些债券叫做酒债券（博佐债券也是一个合适的名字）。因为多样化降

低风险，金融工程师建议酒债券分两部分发行，最冒险的那部分依靠来自失业酒鬼的现金流量，而另一部分债券依靠的现金流量则来自有工作的适度饮酒者，这些饮酒者也允许使用"现在喝，未来付"的附加服务（他们接受在于其负债累累）。

一个出众的评级机构将酒债券评为 3A 级，因为这家银行为最高评级付出了最高昂的费用。投资者争先恐后去购买酒债券，因为这些债券的回报是 4 个百分点，比美国国债的收益还要高——多好的交易！酒债券的价格持续走高，来自银行（同一家银行）贷款的这些债券同样需求急剧增长。这家银行为自身保留了很大一部分高风险债券，因为它们也是回报最高的一部分。酒债券的创造者，也就是那个极富想象力的金融工程师，获得了丰厚的奖金。

到偿还酒债券持有人的时候，银行要求酒吧来偿还。这家酒吧要求"现在喝，未来付"的主顾们付款，然而从有工作的适度饮酒人那里只能收回一丁点，从失业酒鬼那里则一无所获。当酒吧无法履行银行的债务时，生意被迫破产。酒吧关门，雇员则失去了工作。

一夜间，酒债券的价值下跌 90%，银行则发现自己无法摆脱不良贷款（non - performing loan）和证券资产（securities portfolios）。结果，银行为了避免债务延期，冻结了信贷和经济活动。银行承担如此重大的损失，主要是因为它同时卷入商业银行业务和投资银行业务。酒吧的供应商陷入麻烦，因为他们提供给经营者宽松的付款期限，并把企业的养老基金投资到酒债券上。他们发现自身境况糟糕，他们必须注销坏账，同时损失债券预计价值的 90% 以上。

对银行来说幸运的是，银行的一位高管曾经任职于政府，且新进的一位内阁成员曾是银行董事会的一员。他们都会说服政府使用无附加条件的现金注入来财政救助这家银行。这次救助所需的现金来自于主要向有工作的人，中产阶级和非饮酒者征收的新税种。

1.3 TBTF：银行和其他金融机构的特权

TBTF 地位通常授予大银行和其他金融机构，这意味着金融机构享有特殊的重要性。一旦这是真的，金融机构的重要性应理解为暗示有必要监管它们或限制它们增长过大，以防构成系统性风险。不幸的是，金融机构的重要性被理解成暗指 TBTF 地位带来的权力，因此它们有利用纳税人的钱得到保护的权利。因此，关于银行和其他金融机构，什么才是特殊的呢？

银行特殊的重要性

银行是特殊的。帕利亚和波特（2003）把银行形容成"一个无与伦比的经济实体，这基本上源于它们创造财富的能力以及银行信息生产和流动性服务对真实经济的影响"。米什金认为，银行特殊是因为"银行机构非常适合使交易成本、逆向选择和道德风险最小化"。当银行破产时，他补充说，"它们发展出的信息资本或许会消失，并且，作为结果，很多借款人将无法利用资金来追求生产性投资机会。"

总之，银行要有许多原因，首先是它们资产和债务流动性程度之间的不同，这使它们面对储户提款时异常脆弱，并且在极端情况下，出现银行挤兑。《经济学人》（2008a）把这一特性描述为"它们商业模式的内在脆弱性"。在这方面，这种观点认为，"即使是最稳固的银行也无法承受住信心的巨大损失，因为它欠的钱通常远比欠它的钱更快地被取走"。一个银行无法保持足够的流动性，以便同时偿还所有存款人，一旦存款者开始怀疑银行财务状况的健全度并争相取款，银行就会置于挤兑的风险下。银行挤兑是会蔓延的，可能形成系统性的不稳定。使银行这一特性更为关键的是，它们从"衣食父母"那里（mums and dads，或者如银行称呼它们的——零售储户）获得存款。整个系统的平稳运行当然很有好处，这样钱就可以放进银行而不是藏在床底下。

银行很重要，因为它们位于支付体系的中心（它们是钱的创造者，是交易的媒介），为整个经济提供润滑剂。通过商业银行，包括信用卡支付、支票、直接工资存款和网上支付，几乎所有金融交易都可以进行。支付体系的失败会引发经济灾难。如果一个银行的倒闭会导致整个支付体系的失败，那么就有充足的理由为 TBTF 保护辩护。然而，银行 X 的倒闭会引起整个支付体系的崩溃（因此，它是 TBTF），而银行 Y 的倒闭不会那么严重（因此，它是 NTBTF），对此很难一目了然地判定。实际上，历史提供了可供推测的证据，表明支付体系由于恶性通货膨胀而破产（比如 20 世纪 20 年代的德国），但是没有证据表明一家银行的倒闭会导致支付体系的破产。约 5000 家美国银行在 20 世纪 30 年代的大萧条中倒闭，但是支付体系却幸免于难，并没有出现物物交换以完成交易的事件。

据《经济学人》（2008a）所说，银行特殊重要性的另一个原因是它们在各经济部门配置金融资源时所扮演的角色。银行的破产导致经济其余部分信用流动的降低，从而引起不良的经济后果。就这一点经济学人做了如下简洁的描述："如果银行遭殃，我们全都遭殃。"当然，这一说法有一定道理，不过这却引出了一个问题，即救助一家破产的银行是否会使它回到贷款业务上来。问题的答案是"不会"，正如观察指出的，在全球金融危机期间，受财政救助的银行忙于分红，而不愿提供贷款，这已经引起了强烈抗议。比如，苏格兰皇家银行（RBS）从英国政府获取了巨额的资助，但是它没有为小企业提供贷款，从而推动经济复苏。反之，苏格兰皇家银行一直为高层支付奖金，甚至当它蒙受重大损失时也是这样。奥巴马总统和前任首相布朗都批评了银行的这一行为。人们可能会有这样的疑问：为何政府去救助一家破产的银行，并希望它回到提供贷款的业务上来，而不是特定政府机构使用财政救助的那笔资金，贷款给经济活跃部门（比如，与美国国际开发署等同的国内机构）呢？

商业银行与其他金融机构

有一些特征能够用来区分商业银行和其他金融机构。比如，投资银行与商业银行的不同在于它们在金融市场里全资运行，它们并不吸收零售存款，也并不直接属于支付系统的一部分。非银行金融机构（NBFIs）对金融稳定性不构成同等的威胁，因为它们的负债在需要时并不按平价兑现。它们不会遭受消费者挤兑的风险，因为其负债就像资产一样是市场定价的。当在资本市场（通过发行债券）融资的金融机构作出了错误的投资决定，它们的投资者将失去本钱，但这并未对整个金融系统造成更深的后果。这也就是为何有人认为商业银行需要特殊关注的原因。这也是巴塞尔新资本协议下资本监管的唯一议题是商业银行，而不是资本监管是否有效或合理的原因所在。然而，这并不像一些人认为的那样，暗示非银行金融机构可以免除监管。一方面，这些机构（特别是对冲基金）是商业银行大的借款人，这意味着它们的破产可能引起一些银行的破产（在全球金融危机中这是显而易见的）。此外，主要商业银行通常都有投资银行业务分支，它们全面参与到金融业务和产品中（比如保险），这意味着不当运营非商业银行业务活动，会对商业银行产生不良的后果。在金融危机中，绝大多数损失并不是由商业银行破产引起的，而是由一家保险公司美国国际集团（AIG）的破产引起的，它全面陷入售卖保险契约（insurance policies）这一不受监管的活动中，即为人熟知的信用违约互换（CDSs）。

也有人认为，银行之所以特殊在于它们面临非对称损失函数，这是掌握他人资金的结果。非对称损失函数指，银行从承担风险中获得金融收益，但只承担了可能损失的一小部分。2008 年，国际金融评论会议在伦敦举行，一个笑话不胫而走：银行家损失了很多钱但"好消息是，它们都是别人的钱"（《经济学人》，2008b）。然而，非对称损失函数也是其他金融机构的特色，尤其是对冲基金，对冲基金的一部分由投资银行拥有和操作。事实上，由于它们的高度杠杆化，对冲基金在这方面变得更糟。在 2009 年 12 月的圣安德鲁斯，面对 G20 财政部长的演讲中，前任英国首相谈及整个金融部门的非对称损失函数，他指出"很难接受，在这一（金融）部门成功的收益由少数人占有，而失败的后果由我们所有人承担"（戈登和奎因，2009）。

有人认为，银行与众不同的另一个原因是银行同业拆借市场的庞大规模，来自银行彼此之间大规模交易的事实。这种相互关联的特征，同样适用于其他金融机构。我们不能以银行间的相互联系超过它们与其他金融机构的联系，以及其他机构之间的联系少于银行间的联系，作为区分银行和其他金融机构的依据。比如，国际清算银行每三年就会进行一次全球外汇交易市场调查，2007 年的调查显示 42% 的外汇交易是在银行之间进行的，40% 是在银行和其他金融机构之间进行的（国际清算银行，2007）。银行与其他金融机构进行的外汇交易一直处在上升中。在 2004 年的调查中，银行之间的交易占了 53%，而银行与其他金融之间的交易只有 33%（国际清算银行，2005）。

银行与其他金融机构不同，或者比其他金融机构更重要的观点通常用来证明一种主张，即监管应该直接针对银行，同时放开其他金融机构，这样它们才能"创新"。银行和其他金融机构有一些共性，这使它们易受破产的影响。比如，它们的共性在于，它们极易面对治理失灵的状况，因为它们并不透明且它们的业务是承担风险。金融机构的另一个大体上存疑的特征即：营业额和产品开发的水平很高，员工很难感受完整的业务和产品周期（会减弱上一次危机的系统记忆）。它们全都有高管薪酬体系，用以奖励短期效应，因此激励冒险行为。它们都有奖金文化，并对某一年在交易商那里碰巧做得很好（通过过度冒险）的红人有毫无原则的奖励，这只能使机构在下一年承担很大的压力。那么如果银行比其他金融机构更加重要，为什么 TBTF 地位只会授予投资银行、保险公司和对冲基金？事实上，在全球金融危机中，大多数用于挽救破产金融机构的援助资金用在了投资银行（和它们的对冲基金）以及一家摧毁全球金融体系的保险界领头羊（美国国际集团）上。

1.4　金融管制的利弊

金融机构通常以经济效率源于自由市场为名，要求减少监管。然而，当事情变得更糟（由于缺少监管，当然还有其他东西）时，这些金融机构便叫嚣"援助"或威胁"救助我们，否则就会有金融末日"。金融监管是一个很有争议的话题，但是观察所及令我大吃一惊，即使在后全球金融危机时代，去监管化仍然为金融自由主义的支持者所肯定，尽管缺乏监管对全球经济和金融体系造成了严重的损失（还有其他因素）。

为监管正名

当提到监管时，在两个问题上有所争议。第一个是，金融监管整体而言是否是有用的，第二个则是，银行是否特殊，它们是否需要更多的监管。

就整体监管而言，辩护理由非常简单：消费者保护和金融稳定。然而金融监管的反对者认为，去监管化加剧了竞争因而是效率高的，这也对消费者有利。比如，有人认为，废除美国利率上限（联邦储备系统 Q 条例），废除州际银行扩张限制，消除创建金融超市的障碍，这些都是去监管措施，导致竞争的增加，因而是高效的。尽管对联邦储备系统 Q 条例的反驳很有说服力，但放任金融机构无限制的膨胀，反而有助于加剧竞争的观点，是违背常理的。任何学过初级宏观经济学的人都会告诉我们，兼并会导致寡头，这（定义上）意味着鲜有竞争。在金融集团（它们可以在同一家机构进行全部交易）下消费者处境变好的观点也是有缺陷的，因为有着寡头垄断权力的大型机构只会利用权力攫取利益，而不会维护消费者。正如我们将在第 4 章看到的，去监管化的确会促使市场权力更为集中。除消费者保护和金融稳定的成就之外，监管对摆脱大而不倒的威胁很有必要。

我们现在来谈第二点，即银行的特殊重要性（相对于非金融企业和非银行金融机构）为监管应该直接用于银行这一观点提供了合理解释。毫无疑问，银行比其他金融机构更加重要，但这并不意味可以放开非银行金融机构（比如，对冲基金完全不受管制）。贝尔斯登（Bear Stearns）在全球金融危机早期所经历的困境正是它旗下的两只对冲基金遇到困难的结果。

银行监管的正当性，是以市场失灵为前提的，比如外部性、市场权力以及生产者和消费者之间的信息不对称。银行监管的基本目标是减小负外部性，这种外部性是由引起系统性危机的银行破产带来的。由于监管的缺位，银行可以造成资金剧烈的波动，并对商业活动和价格产生实际的影响。银行提供的流动性使它们易受挤兑的影响（因此破产），就像 2007 年在北岩银行发生的一样。这是因为银行要遵守资产负债表，资产负债表结合了很大一部分活期存款形式的负债和大部分长期非流动贷款形式的资产。存款保险或许是解决方式，但是监管的反对者认为这会创造道德风险和逆向选择。

银行监管的第二个合理解释在于存款人没有能力监管银行。"代表假设"（representation hypothesis）用于证明以治理问题为基础的银行监管是合理的，这种治理问题来自所有权和经营权的分离以及存款人监管银行能力的缺失。对投资者而言，监管银行是重要的，因为银行存在逆向选择和道德风险，不过这一任务代价高昂，且要求接触内部信息。这一过程相当复杂，理由在于当几个部门都能重复监管行动时，它便浪费了资源，还在于存款由未经世故的存款人持有，由于持有无足轻重的存款，他们可能缺乏监管银行的动机。因此，有必要代替存款者监督银行，这恰是监管机构力所能及的。

监管的反对声音

分歧普遍存在于银行是否应该监管且应该如何监管的问题上。这一分歧反映出各方在市场失灵的本质上没有达成共识，而恰是市场失灵使自由银行制度未达到最佳状态。一些经济学家反驳了银行监管政策支持者的观点，并认为管制行为即使不会适得其反，也是利少弊多的（比如，考夫曼和斯科特，2000）。其他人则认为，银行监管不会实现既定的目标，即减少银行破产的可能性，有例子可以证明，相反的结果也可能发生。贝森和考夫曼（1996）断言：（1）多数用于支持银行监管的常见论据，并没有理论证据或经验证据；（2）一个未受管制的企业体系更可能实现最佳资源配置；（3）银行监管的一个原因在于它们为政府人士提供了收入和权力。在自由银行制度方面有一份举足轻重的文献，它体现了银行监管怀疑者的超前观点（比如，多德，1993，1996a，1996b）。

德瑞克认为，监管机构没有把风险创造价值以及利润来自风险承担这一事实纳入考虑。他的理由来自以下几点：监管机构试图以债权人和投资人的名义规避系统性风险（来自单一银行机构的破产对整个金融部门和整体经济的影响），这使金融体系更加不稳定。他接着说，即使下属机构服从管制，缺乏盈利能力也体现出监管的问题，因此"持久的，有力的和多元的盈利能力是保护债权人和规避系统性风险的先决条件"。

　　没有人会对金融机构盈利的需求产生质疑，而且金融机构会平衡风险与收益（risk – return trade – off）。监管无法使金融机构从无风险市场利率（risk – free market rate）中得到一个合理的回报率（a reasonable rate of return），这只能来自风险承担。同时，监管应该阻止用其他人的资金过度承担风险以谋求短期最大化个人奖金的企图。为什么流氓交易员为了最大化他或她的个人奖金，承担过度风险，失败后以"内部欺诈"（internal fraud）被起诉（以未授权交易形式），但同时对冲基金经理以 100∶1 举债经营，由于过度冒险损失了他人的资金，却免于起诉？我并不是说风险承担是不合理的，但承担过度风险是受利益驱使的。这或许是 2003 年德瑞克重写报告时想说的（当事情变得乐观而过度冒险已潜移默化地被接受）。如果不是，我希望当见证了过度逐利对世界经济产生的巨大破坏后，他已经改变了初衷。

1.5　作为银行安全网延展的 TBTF

　　政府为银行提供的安全网来自对金融危机在经济领域内影响的关注。存款保险制度是安全网最常见的形式。在美国，创建于 1930 年的联邦存款保险公司提供存款保险，保证在一定限度内偿还存款。这一方法通过保护小额存款者，避免了银行恐慌和银行挤兑。20 世纪 60 年代后期，只有六个城市采用了存款保险制度，但是很多城市在 20 世纪 90 年代接受了这个方案，全球金融危机加强了这个趋势。

　　银行安全网的另一种形式是政府（比如，中央银行）对银行提供直接的援助。这一援助可能采取的形式是中央银行借款给面临困难的金融机构，这种形式在"最后贷款人"中央银行的职责范围内。同时，也可以为这些金融机构直接注资，全球金融危机期间英国就发生过类似的事情。资金注入是 TBTF 政策的结果，TBTF 政策是最终的安全网。在这一政策下，对存款人和其他债权人的补偿没有限制。

银行安全网的存在是一把"双刃剑"。积极的一面是它能防止银行恐慌，但是消极的一面是它创造了更多的道德风险，银行可能会承担过度的风险。在 TBTF 政策下，存款人和债权人受到了完全保护，因此这种风险更大。在这种情况下，银行不会受到存款人的约束，这激励它们本着平衡风险收益的精神不受惩罚地冒险。结果银行破产的几率增加了。

由于这个原因，斯特恩和费尔曼（2004）相信 TBTF 是导致金融危机出现的因素之一。霍诺汉和克林格比尔（2000）同意这一观点，并认为"无限制的存款担保，取之不竭的支持，周而复始的资本化，债务人的财政救助以及监管宽容，都与十倍增长的银行危机财政支出息息相关。"米什金赞同这一论述，他认为："准确来说，不应该把银行危机归为大而不倒，而应该是政治上太重要而不能倒"，这包括了几乎所有银行。当我赞同政治上太重要而不能倒这一观点，并发现它比大而不倒这一观点更加贴切时，我反而不同意米什金所说的，即所有银行政治上都太重要而不能倒。在第 7 章，我会讨论，一家值得财政救助的银行，必须与政治联系过紧而不能倒闭，其中规模是必要条件而不是充分条件。

第 2 章

TBTF的历史

2.1　金融危机和监管

回顾历史记录，我们发现，监管过去对减少危机和提升消费者自信很有效。图 2.1 描述了这个历史记录，并展现了 1864—2000 年美国银行倒闭的数量。1933 年以前，美国大约每 15 年到 20 年就会经历一次银行恐慌。20 世纪 30 年代，大萧条突如其来，银行系统几近崩溃。为了应对可怕的境况，罗斯福政府启动了全面监管措施，包括建立美国存款保险公司，开始证券监管，进行银行管制，以及在《格拉斯—斯蒂格尔法案》下分离商业银行业务和投资银行业务等。这些监管措施使美国金融体系在 20 世纪绝大多数时间里维持了稳定。近 50 年来，这个国家没有经历重大的金融危机，这是史无前例的。

转折点

引人注目的金融失败在 20 世纪 80 年代重新出现，随之而来的是 TBTF 概念，其中政府成为了"最后的救助人"（rescuer of last resort）。在《骗子的扑克牌游戏》（*Liar's Poker*）一书中，迈克尔·刘易斯将 20 世纪 80 年代描述为"一个政府去监管化的时代，这个时代允许华尔街上的狂热分子对他人的疏忽加以利用，并借此变得极为富有。"20 世纪 80 年代，美国经历了伊利诺斯大陆银行的崩溃，这是第一个获得 TBTF 地位的银行。斯普拉格（1986）说："1984 年和 1985 年相呼应的 200 起破产超出了"二战"开始到 20 世纪 80 年代初期这四十年的破产总和。"20 世纪 90 年代初期的银行破产引发了储贷危机，这迫使政府对美国存款保险公司的银行保险基金进行资本重组。一个受监管很少的对冲基金长期资本管理公司（LTCM）在 1998 年倒闭，但是美联储发起的计划将它从破产中拯救了回来，美联储的依据是长期资本管理公司正在构成系统性风险。这一事件标志着危险行动的开始，即将 TBTF 地位授予那些神秘的，有风险的，难以捉摸的实体，比如对冲基金。在 21 世纪的头十年，我们已经见证了 2001 年高科技泡沫的破灭，我们已经见证了 2001 年毁掉安然公司（Enron）和 2002 年毁掉世界通讯公司（WorldCom）的会计丑闻，我们已经见证了自 20 世纪 30 年代以来的首次全球金融危机（以及它的前身次贷危机）。

自由放任金融（laissez – faire finance）的出现

所有的金融危机都是由银行家、右翼经济学家和自由放任政策制定者为了去除金融市场和机构的管制而共同促成的，这并不是巧合。尽管放松管制的议程似乎都要由民主党国会议员和共和党国会议员共同接受，但 1981 年当里根总统在就职演说中宣称"政府不是问题的解决途径，政府是问题本身"时，他就已经定下了基调。讽刺的是，正是在里根就任期间，TBTF 头衔被授予了一家重要的银行——伊利诺伊大陆银行。如果政府不能对经济和金融问题提供帮助，那么里根政府使用纳税人的钱去解决伊利诺伊大陆银行的困境就显得异常奇怪，而这种困境还是由无能的管理层实施骇人听闻的错误决定和策略的结果。从那时起，监管极简主义（regulatory minimalism）和"市场万能论"倾向占据了上风，并主导了政策制定接近三十年。斯潘万塔的观点也有类似的基础，他指出，金融危机中的监管机构让人大开眼界，它们抵制任何让监管机构跟上金融创新步伐的尝试。他这样解释自己的观点：

这与当前流行的信条是一致的：市场是自我调节的，只需要极少的可能的公共干预；利己主义会导致适宜的风险评估；无论怎样的资本深化一般都对增长有所裨益。

自由市场人士正在其位，他们从 20 世纪 80 年代早期就开始发号施令。经济学已经被自由市场意识形态所主导，这使经济学家和监管者看上去忽视了市场失灵的问题，因此金融市场的管制相当松散。波斯纳（2009）强调："共和党想要任命的绝大多数经济学家和这类官员，都深深陷入自由市场意识形态中，这种意识形态教导他们，充满竞争的市场都是自动修正的。"但是他补充说，不仅是共和党这样，克林顿总统就可以看作"里根革命的集大成者"。波斯纳认为"他（克林顿）的经济政策由当前声名狼藉的华尔街大人物（如罗伯特·鲁宾）以及经济学家所塑造（如格林斯潘……和劳伦斯·萨默斯）"。尽管 2007 年到 2008 年有过大灾难，但自由市场人士仍然无处不在。乍一看，江山易改，本性难移，但也有积极的信号。2008 年 12 月 16 日，乔治·布什说："为了确保经济不会崩溃，我已经放弃了自由市场原则来拯救自由市场制度"（泰勒，2009）。

解除管制和银行倒闭

一些人可能认为，图 2.1 所展现的银行倒闭的模式提供的不外乎是去管制化的旁证。然而，威尔马斯（2004）展示了很有说服力的论证，来证明解除管制和银行危机之间的联系，二者的关系可能引起政府对破产机构的财政救助。他列举了下述一系列情形，用于解释这种联系：

1. 解除管制扩大了贷款权力，拓宽了可行的投资渠道，同时增加了竞争压力。在这些条件下，银行有动力将贷款和投资扩展到非传统的领域，使收益剧增。

2. 适用性更广的贷款和股权融资产生了经济繁荣。

3. 资产市场超出了其基本价值或公允价值，创造了资产价格泡沫。

4. 泡沫破灭，繁荣变成了萧条。市场参与者涌向流动资产，变卖长期资产。

5. 资产价格的持续跌落，违约数量的增加，使银行和其他金融机构遭受损失。这些损失危及了存款人和债权人的信心，也预示着系统性危机。

6. 为了防止这种危机，TBTF 学说被拿来使用。政府参与进来，拯救破产的金融机构。

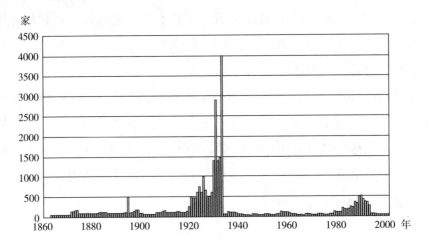

数据来源：美国历史数据：殖民时期至 1970 年（美国政府印刷局，1970）；联邦存款保险公司。

图 2.1　美国破产的银行（1864—2000 年）

因此，解除管制和金融危机的因果联系不仅被金融史上的证据支持，也被简单的直觉所证实。图 2.1 描述的银行破产事件不仅仅是旁证。

2.2　解除管制的历史

我们在 20 世纪 80 年代的美国见证了至少三个解除管制的重要法案。1980 年的《存款机构解除管制与货币控制法案》（DIDMCA）去除了金融机构运营的限制。1982 年的《高恩和圣杰曼法案》（*Garn - St Germain Act*）允许存款机构跨越地理界限收购破产的机构。此外，1989

年的《金融机构改革、复兴与实施法》（FIRREA）允许商业银行既可以收购繁荣的储蓄与贷款协会，也可以收购破产的储蓄与贷款协会。当里根总统把《高恩和圣杰曼法案》签署成为法律时，他说："总而言之，我认为我们中了头彩（hit the jackpot）。"但是谁是"我们"？

20 世纪 90 年代的解除管制

更多解除管制的法案来自 20 世纪 90 年代。1927 年的《麦克法登法》（*The McFadden Act*）禁止银行跨州建立分支。1956 年《银行控股公司法》（*The Banking Holding Company Act*）的《道格拉斯修正案》（*The Douglas Amendment*）对《麦克法登法》做出了补充，它禁止银行控股公司进行跨州银行收购。这一效果在于，没有单独的银行能够控制整个银行存款市场。地理界限有效地限制了任何银行对存款和贷款业务的垄断。直到 1994 年，美国的绝大部分州批准了全国性的州际银行法，推动了通过并购和收购进行的州际扩张。1994 年的《里格—尼尔州际银行业务与分支机构效率法》（*The Reigle – Neal Interstate Banking and Branching Efficency Act*）消除了州际并购上的大部分限制，允许商业银行在全国范围内建立分支。州际银行监管限制的减弱是导致银行业并购活动增长的重要因素。

1933 年银行法的颁布，众所周知的《格拉斯—斯蒂格尔法案》，是由 1929 年出现的问题推动的，当时一些银行将质量低劣的证券卖给为个人建立的信用账户。一些银行也参与进内幕交易中，它们基于有贷款需要的公司提供的机密情报，买卖公司证券。这一法案严禁任何存款机构进行公司证券承销。商业银行业务从投资银行业务中的分离，旨在预防潜在的利益冲突。银行反对这一法案，表明任何潜在的利益冲突都可以通过监管机构得以解决，参与进证券业务使它们能轻松接近市场资源、技术资源和管理资源，这可以降低面向消费者的证券相关服务的价格。正如我们所见，1933 年《格拉斯—斯蒂格尔法案》和 20 世纪 80 年代全面解除管制之间的几十年相当平静，很少见到银行破产。一些批评者提醒我们，这一法案会削弱美国的金融部门，但事实上他们错了。

《金融服务现代化法案》（GLBA），又叫《格雷姆—里奇—比利雷法案》，它在 1999 年获得通过，以取代《格拉斯—斯蒂格尔法案》。一个评论家这样描述《格拉斯—斯蒂格尔法案》的废止（华盛顿博客，2009）：

当《格拉斯—斯蒂格尔法案》被废除，这些巨人开始从事两种形式的银行业务，就好比一种单一作物蚕食另一种作物，并成为了一个全新的超级生物体。与多样性相反，你现在只能单一栽培全新的超级作物，而它很容易被害虫消灭。

舍尔（2010）认为，当里根总统选择艾伦·格林斯潘取代保罗·沃尔克成为美联储的主席时，就为废除《格拉斯—斯蒂格尔法案》埋下了种子。里根选择格林斯潘因为格林斯潘也喜欢自由市场。当格林斯潘、罗伯特·鲁宾和拉里·萨默斯一起在华尔街的大厅里拿到比尔·克林顿关于废除《格拉斯—斯蒂格尔法案》的签名时，舍尔就预见，这一法案的中止是迟早的事。

20 世纪 90 年代解除管制的措施也包括保险以及银行只能在很小范围内参与的一些业务。1995 年美国最高法院规定，商业银行可以售卖养老金（现在支付保险费，未来数年内获得年度回报）。由于当前养老金由保险公司售卖，这一规定为银行进入保险市场开辟了道路。1998 年，监管机构批准了花旗集团和旅行者保险集团之间的一桩并购，开始鼓励更多的强强联合。1999 年的《金融服务现代化法案》明确规定银行和保险公司之间可以并购。这一方案默许银行控股公司通过子公司参与金融活动。结果是，金融部门的强强联合汇聚成了极强的势头。

在 21 世纪的头十年，去管制化仍然持续。2004 年，美国证券交易委员会（SEC）放松了净资本规则，使投资银行能显著提高它们承担的债务水平，大幅增加了抵押信贷担保证券。美国证券交易委员会已经承认，投资银行的自我监管导致了全球金融危机（《纽约时报》，2008 年 9 月 27 日）。

监管失灵

监管机构未能实施新的监管，以赶上新的金融产品的发展。经过了一段时间以后，大量金融活动从受监管的、透明的市场和机构转移，来到了受到轻微监管或者没有监管的影子市场，包括抵押贷款经纪人、对冲基金、私募股权基金、资产负债表外的结构性投资工具和激增的不透明（和无用的）衍生品市场，特别是债务抵押债券和信用违约掉期。早在 1997 年，那时的美联储主席艾伦·格林斯潘，就争取使衍生品不受监管。根据总统工作小组为金融市场提出的建议，国会和总统允许场外衍生品市场的自我监管，他们于 2000 年通过了《商品期货现代化法案》（萨默斯及其他人，1999）。

林恩·特纳做出了有趣的评论，她不赞成"人们，比如奥巴马总统，说我们的问题在于一个过时的监管体系"因为"在过去二十年，监管体系并没有过时，但是几乎完全被国会和许多管理者解散了"。她罗列的解除监管的措施（有些我们已经提到）和监管失灵的方面如下：

1. 通过《格雷姆—里奇—比利雷法案》，保证大的金融"超市"只能"大而不倒"，同时否定美国证券交易委员会监管银行控股公司的要求。

2. 缩减美国证券交易委员会和美国商品期货交易委员会的预算，有效地架空了这些机构。

3. 国会和管理机构未能采取新的监管措施应对新的金融产品，如信用衍生工具。

4. 免除对冲基金和私人股本基金的监管。

5. 允许银行从事不健全的贷款实践，而监管者成为"审慎的管理者"。

6. 国会未能为联邦住房企业监督局提供授权、工具和资源。

7. 未能监督信用评级机构。

8. 国会未能使权益报酬（优先认股权）的财务报告更加透明。

9. 阻止投资者通过法律行动得到公正的结果。

10. 美国证券交易委员会否认投资者拥有和为他们效劳的经理同等人与公司代理人保持接触的权力。

11. 国会施压以放宽透明的审计实践。

12. 委任不认同监管的人负责监管机构的运转（仅举一例，格林斯潘）。

莫斯（2009）提出了一个有趣的观点，即 20 世纪 30 年代监管措施的实施导致了去监管化。《格拉斯—斯蒂格尔法案》出现的结果是，在大约 50 年间，金融相对平稳，金融稳定性被视为理所当然，监管看上去是累赘和不必要的。他做了一个类比："它就像是，通过公共医疗政策大幅减少致命的传染病后，政策制定者得出结论，这些政策不是必要的，因为这些传染病不再是威胁。"同样，波斯纳（2009）指出："金融市场过度去管制化是政府的失灵，这种失灵是主流经济学家的政治承诺和意识形态承诺所教唆的，他们忽视了金融市场看上去很稳定是因为监管防止了金融危机这一可能性。"

2.3　TBTF 学说的演进

TBTF 学说的先驱是："重要性原则"和"银行的多米诺理论"。重要性原则授权联邦存款保险公司为一家投保的破产银行提供援助，前提是它接下去的运营被认为"能有效地为社区提供完整的银行服务"（然而，对"有效"和"社区"没有明确的定义）。这项原则在 1971 年首次使用，对波士顿一家小型的少数民族控股银行，即统一银行（Unity Bank）进行财政救助。银行的多米诺理论在涉及宾夕法尼亚第一银行时提出。联邦存款保险公司的前任主席，欧文·斯普瑞格引用了几名官员对多米诺理论精髓的评价，比如"唯一的解决方法是破产"；以及"如果宾夕法尼亚第一银行破产了，它与其他银行的商业关系会将它们卷入其中，从而引发信任危机，使银行破产像滚雪球一样不可收拾"（斯普瑞格）。托德和汤姆逊（1990）使人们认识到，联邦存款保险公司不是 TBTF 学说的唯一源头，因为它来自重要性原则。其他"真凶"包括美联储、货币监理署、大型的美国银行、大型的外国银行和政治家。正是大家的共同努力，导致了这个叫做 TBTF 怪物的诞生。

一个新时代

大而不倒的时代在 1984 年 7 月正式开始，里根政府将伊利诺伊大陆银行国有化，联邦存款保险公司获得了 80% 的所有权，并接管了它的不良贷款。海泽尔（1991）将伊利诺伊大陆银行的财政救助形容为"最清晰地证实了联邦存款保险公司向现代金融重建公司的转变"。这种对传统实践的背离分化了政府。财政部长多纳德·里根认为这一干预令人震惊，称其为"糟糕的公共政策"，并认为"它代表了一种与行政部门决策相抵触的联邦政府担保的扩张，这种扩张未得到授权且不合法"（吉里纳斯，2009）。但是白宫接受了美联储和联邦存款保险公司提出的观点，即选择其他方式将在金融部门造成系统性风险。1984 年下半年，在国会小组委员会听证会上，代表斯图尔特·麦金尼总结了援助行动的经验，他说："让我们不要使用争吵的语言。我们有了一种全新的银行。它叫做大而不倒，TBTF，而且它是一种完美的银行。"从那时起，TBTF 成为金融界广为接受的一种不成文的规则。

在 20 世纪 80 年代后期到 90 年代初期的储贷危机中，这一学说贯彻始终，一旦政府觉察到更大的体系存在威胁，政府就会为大型银行救助未投保的贷款者，而对小型银行置之不理。在 1991 年的夏天，美联储主席艾伦·格林斯潘，一个甚至不是存款保险狂热粉丝的人，说："在特殊时期，一些银行的破产和清算会极具破坏性。"同一年，尽管美联储允许新英格兰银行无限制地从贴现窗口融资，同时财政部为了提高其流通性，在税收和贷款方面赠予它 10 亿美元，但这家银行还是破产了。最终，美国存款保险银行提供了一揽子紧急援助，这家银行才脱险，这次援助由全部存款的担保和价值 7.5 亿美元的资金注入组成。

NBFIs 的扩展

随着时间的推移，TBTF 原则从商业银行扩展到其他金融机构。1998 年一家对冲基金美国长期资本管理公司在从事高风险的衍生交易而深陷困境后，被从破产中拯救回来。尽管政府表示，公共支出不会用于财政救助，格林斯潘在危机中和危机后的公共言论，还是使人们认识到，如果银行拒绝提供帮助，美联储会使用公共基金进行救助（多德，1999）。

救助美国长期资本管理公司是 TBTF 发展史上的里程碑。在 1984 年伊利诺伊大陆银行的财政救助之后，美联储的官员试图告诉大型的金融机构，如果它们陷入困境，它们不可能依靠美联储的支持。但对美国长期资本管理公司的救助一次就毁灭了所有的努力，导致美联储的可信性彻底沦丧，而这种可信性对回避 TBTF 问题至关重要。这次干预给出的原因不外乎 TBTF 的重述——美联储担心美国长期资本管理公司的破产会对全球金融市场产生影响。多德（1999）指出："大而不倒又回来了，而且更加猛烈。"美国长期资本管理公司事件的结果是，一个广为流传的信念开始出现：如果政府保护对冲基金的贷款者，那么它绝对不会让一家投资银行破产。

引入 FDICIA

根本转变开始于 1991 年的《联邦存款保险公司改进法案》，它着手减少由 TBTF 保护衍生出的道德问题。这一法案要求联邦存款保险公司除那些对"经济状况和金融稳定造成严重不良后果"的银行外，在解决银行破产问题时选择"成本最低的方案"（least – cost alternatives）（恩巴左和桑德斯，1997）。这些例外是由联邦存款保险公司、美联储以及财政部与总统共同协商决定的。《联邦存款保险公司改进法案》的初衷是一旦银行（当然，它是 TBTF）破产，提高未投保存款人和其他债权人蒙受损失的几率。《联邦存款保险公司改进法案》加强了对银行的监管，并限制了美联储贷款给处境艰难的银行，以维持它们勉强运营的职能。

然而，实际上，《联邦存款保险公司改进法案》对 TBTF 金融机构已有政策的改变微乎其微。它引进的绝大多数对抗 TBTF 道德问题的"新"措施都已经以其他形式存在。据费尔曼和罗尔尼克（1997）所说，"可是这种修补是不完整的，因为当监管者决定破产的银行大而不倒时，他们可以为其提供彻底的保护"。他们也认为："尽管限制因素（《联邦存款保险公司改进法案》提出的）看上去能对财政救助有所制约，它们也不会被禁止。"斯特恩和费尔德曼（2004）持有的观点是，在事件中使用的系统性危机特例是个漏洞，因为没有系统性危机是当前存在的，这意味着在决定是否财政救助一家金融机构时，监管者的动机没有明显的改变。尽管《联邦存款保险公司改进法案》可能只在外围有效，但它为潜在的政策改进留下了空间。

2.4　全球金融危机中的 TBTF 救助

20 世纪 90 年代以来，美国政府对于 TBTF 采取了择优选择的方式。尽管美国长期资本管理公司得到了救助，一家领先的投资企业德崇证券却只能在 1990 年宣布破产。在全球金融危机中，择优选择这一方式随处可见。2008 年 9 月，亨利·保尔森没有就拒绝财政援助雷曼兄弟而道歉，因为布什政府明确告知华尔街，其休想从华盛顿得到援助。保尔森先生说，他从来不认为冒险将纳税人的钱用于解决雷曼兄弟的问题是合情合理的。在政府拒绝为雷曼兄弟一些最不良的地产资产承担损失后，美国银行退出了与雷曼兄弟的对话，而在 2008 年 3 月摩根大通收购贝尔斯登公司以便将它从破产申请中拯救回来时，政府却同意这样做。

在 2009 年，美国允许了大约 150 家银行破产。这些包括艾姆伍德银行、伙伴银行、乔治亚银行、第一州立银行、布拉德福德银行、内华达社区银行、亚利桑那社区银行、怀俄明银行、爱达荷州第一银行、科罗拉多国家银行、国家商业银行等。这 150 家银行都不是 TBTF，因此可以允许破产。但是如果花旗集团是 TBTF，那么这 150 家银行为什么都不是 TBTF？或者是因为小型银行与政治联系不紧密，所以可以破产？

另外一个变化

当 2008 年 3 月美联储采取行动援助投资银行贝尔斯登时，TBTF 出现了另外一个变化。美联储特意将这家银行出售给摩根大通，并提供给摩根高达 300 亿美元进行融资，以弥补风险资产投资组合的损失。贝尔斯登交易意味着，TBTF 规则当前也适用于投资银行。这笔交易看上去更像是送给摩根大通的一份礼物。其中有个场景格外引人注目：杰米·戴蒙——摩根大通的首席执行官，同时也是华尔街集团的名流之一——坐在纽约美联储的董事会上就这笔交易进行谈判。而纽约美联储则（与财政部一起）积极地为这笔交易牵线搭桥。2008 年 9 月，我们见证了美国银行对美林证券的收购，美国国际集团的首次财政救助，华盛顿互惠被接管并立即卖给摩根大通等事件——所有这些都由美国政府进行斡旋。2008 年 10 月的同一天，9 大银行在华盛顿暗中进行资本重组。然后，花旗集团、美国国际集团、美国银行、花旗集团（又一次）和美国国际集团（又一次）相继获得援助资金。

当提到艾伦·格林斯潘将 TBTF 学说复苏的罪责归到保尔森身上时，麦基和莱曼（2009）引用了他的原话。为此格林斯潘说："一度没有银行被认为大而不倒"，但是"这一改变是由于当时的财政部——亨利·保尔森部长成功地国有化了联邦国民抵押贷款协会（房利美）和联邦住宅贷款抵押公司（房地美），并且财政部和美联储财政救助了贝尔斯登公司和美国国际集团"。格林斯潘补充说："在这上面修复它们的信誉越来越困难，因为一旦陷入深渊，它们就无法再站起来。"看看是谁在发言！为什么格林斯潘不考虑一下，当十年前他充满激情地宣称对美国长期资本管理公司进行援助时，他的信誉在哪里？

引进 TRAP

2008 年 9 月，亨利·保尔森向国会申请 7000 亿美元用于从银行购买不良资产，他的购买决定没有任何附加条件和司法审查。这一潜在的计划成为了大家熟知的"不良资产救助计划"（TRAP）。TRAP（或者更准确地说，结果是 TRAP）允许美国财政部购买"不良资产"或为"不良资产"投保，具体是"2008 年 3 月 14 日之前发行或发放的住宅抵押贷款或商业抵押贷款，以及任何基于这些抵押贷款或与这些抵押贷款相关的证券，债务或其他投资"。此外，也包括"财政部与联邦储备系统理事会主席协商后决定购买的其他金融工具，它们对提高金融市场稳定性很有必要"。

概括地说，TRAP 允许财政部从金融机构购买流通的、很难估值的资产（基本上是债务抵押债券）。反过来，这些机构要求向财政部发行普通股认购权证、股权证券或债券证券。接下来 TRAP 经历了些许变化，即在分配资金方面将自由裁量权交给政府官员。收到资金的金融机构以优先股作为回报，这些机构包括高盛集团、摩根士丹利、摩根大通、美国银行、花旗集团、富国银行和纽约梅隆银行。许多观察家怀疑，滥用 TRAP 资金的目的是为不良资产支付过多的资金，从而将这一问题从银行手中移走。的确，这是购买不良资产能起作用的唯一途径。

实际上，TRAP 资金用来资本重组金融机构，通过协商购买它们的份额对金融机构来说非常有利。随着危机加深，金融机构需要更多的帮助，美国政府在解决金融机构补贴的问题上也变得越来越有创造性，对公众来说这也愈发难以理解。第一次美国国际集团的财政救助是以对纳税人相对有利为条件的，不过这次救助被三次对美国国际集团更有利的进一步援助所淹没。第二次花旗集团财政救助和美国银行财政救助包括复杂的资产担保，即提供给这些银行低于市场利率的保险。2009 年 2 月末的第三次花旗集团救助，将政府持有的优先股转变为普通股，且股价明显高于市场价格，这是一种很有效的补贴。

2009 年末，美国的大型银行在年底之前争先恐后偿还 TRAP 资金。12 月 9 日，美国银行偿还了财政部持有的 450 亿美元优先股。财政部在 2009 年 12 月总共获得了 900 亿美元，而银行计划在普通股上筹集大约 500 亿美元。这股热潮明显是由正常运营的愿望所驱动的，旨在支付丰厚的奖金而不再听到政府的抱怨。《经济学人》（2009b）引用了一位对冲基金经理的话："银行不再害怕政府了。"问题是，如果没有担保，这些银行怎会脱险，如果没有担保，它们怎能求助于 TBTF 保护，从而在未来得到纳税人的钱。据《经济学人》统计（2009b），银行流动的和很难估值的"三级资产"，价值 3460 亿美元，几乎相当于它们的核心资本。

更加猛烈的支持

2008 年处于全球金融危机的风口浪尖上，它见证了 TBTF 学说更加猛烈的回归。政府官员使人们了解到，他们准备将所有必需资源用于预防金融恐慌。据莫斯（2009）所说，美国联邦机构花费了大约 2 万亿美元应对危机，且信誓旦旦地承诺会有超过 10 万亿美元用于其中。这些钱甚至覆盖了影子金融机构。莫斯认为，结果"毫无疑问，联邦政策制定者认为国内的很多大型金融机构大而不倒——或者，更准确的是，对体系过于重要而不能倒"。美联储明尼阿波利斯银行基于一系列的研究提出"政府对 2007 年到 2008 年金融恐慌的应对扩展了通常只有银行才有的安全网，但也助长了已经存在的大而不倒问题"（www. minneapolisfed. org/publications）。这些研究认为"庞大的 TBTF 问题花费巨大，很可能为未来的金融危机埋下了种子"。

2.5　TBTF 问题变得更糟吗

全球经济危机（更可能是源自危机的财政救助）创造了莫斯（2009）所说的"所有道德危机之根"，TBTF 问题确实随之变得更糟。监管者在拒绝财政救助、让一个濒临破产的机构破产这方面失去了信誉，在这个意义上，TBTF 问题变得非常严重。除非采取有效的监管措施或者就信誉问题（缺少信誉）做点什么，否则对大型金融机构而言，它们毫发无损，一切如常。

即使在全球金融危机到来之前，TBTF 问题就已经日趋恶化，尤其是 20 世纪 80 年代全面放开管制之后。斯特恩和费尔德曼（2004）提出了六个理由，用以解释 TBTF 问题甚至早于全球金融危机就开始恶化的原因：

1. 银行合并使大银行更加庞大，更加与政治相关，一旦它们破产也就更加需要财政救助。

2. 银行合并造就了一大批大型银行，它们索要 TBTF 地位，理由是它们的破产会构成系统性危机。

3. 技术的发展使小型银行在支付体系中扮演了更加重要的角色，使它们相互联系而免于破产。

4. 技术的进步提升了信息的质量，从而发展了资本市场。这促使银行愈发依赖资本市场融资运作，所以它们也就变得更加脆弱。

5. 所谓"金融创新"的结果，就是银行运营变得日益复杂，很难放任一家机构破产。这就是太复杂而不能倒问题。

6. 正如我们前面指出的，去监管化扮演了至关重要的角色。

对 TBTF 持怀疑态度的人，比如米什金（2006）认为，尽管这些要点都是清楚明了的，且《联邦存款保险公司改进法案》的立法者使事情向好的方向发展，可还是有人在这种情况下反对 TBTF 问题日益严重的观点。但这是在全球金融危机之前。在金融危机余波中，认为没有 TBTF 问题或者 TBTF 问题不显著的想法只是超出理性的一厢情愿罢了。认为存在这一问题，但我们只能忍受且要持续救助破产机构的想法等同于失败主义——屈服于金融家的意志。

第 3 章

一些声名狼藉的 TBTF 事件

3.1　伊利诺伊大陆银行

1984 年 5 月，当时的美国第八大银行伊利诺伊大陆银行由于错误的融资模式，自身陷入困境（类似于导致 2007 年英国银行和北岩银行崩溃的混乱融资模式）。除去使用美国存款保险公司的资金——资金来自投保的小型存款人和其他稳定的长期贷款人比如债券持有者，大陆银行比大多数银行更依赖全球范围内短期、未投保的贷款人（尤其是大型的短期存款人和国外资金市场，它们相比普通零售储户通常是风险规避的）。这使银行面对危机时，惧怕改变。在资产（资金使用）这一方面，事情同样糟糕。当银行积极寻求一桩商业贷款业务、一桩拉丁美洲辛迪加贷款业务以及能源部门的联合贷款时，银根紧缩、墨西哥违约和不断下跌的石油价格随之而来。这家银行在俄克拉何马佩恩广场银行高度泡沫化的油气贷款上持有大量股权。简而言之，大陆银行在它的风险管理体系中有两个基本问题：（1）信用风险评估有所缺陷；（2）它几乎没有核心存款以便陷入危机时助其渡过难关。

当佩恩广场银行在 1982 年 7 月破产后，大陆银行的困境变得难以缓解，结果导致新闻上的破产传闻和 1984 年 5 月初的储户挤兑。为了防止迫在眉睫的破产，美联储直截了当宣布，它将会满足大陆银行可能的任何流动性需求，同时美国存款保险公司为存款者和一般债权人提供彻底担保（不受美国存款保险公司 10 万美元上限的影响），并提供 20 亿美元的直接援助。货币中心银行筹集了另外 53 亿美元，用于解决大陆银行的无担保信贷，并恢复了更多的常规业务。但这些措施只能减缓，而不能阻止大陆银行存款的外流。

对复杂因素的恐惧

除去通常对银行大小、储户恐慌和银行危机蔓延的权衡外，监管机构害怕国民支付与结算体系的明显中断。值得特殊关注的是将很高比例的资本投入到伊利诺伊大陆银行的庞大的代理行网络。本质上，这家银行可以看做 TBTF，迫不得已采取了"提供援助"这一选择。后来，在参议院听证会上，当时的货币监理官康诺夫为了捍卫自己的立场，而承认监管机构不会让 11 家最大的银行破产。监管机构（美国存款保险公司、货币监理署、美联储等）惧怕，大陆银行的破产可能引起随处可见的金融复杂性，以及可能轻易由金融传染病引发的各大银行挤兑。1984 年 5 月 17 日，美国存款保险公司在发行的一份新闻稿里说：

"就围绕伊利诺伊大陆银行发生的所有情况而言，美国存款保险公司保证，在任何可能对实现永久解决方案有必要的安排下，银行所有存款人和一般债权人都会得到彻底保护，且对银行消费者的服务也不会中断。"

然而，没有证据显示，这些担心得到了证实。美国存款保险公司前任掌门人威廉·伊萨克，就大陆银行的救助评论说：

"我想知道，如果我们决定让大陆银行倒闭，我们是不是可能更好，因为我担心会倒闭的很多大银行，终究是倒闭了……由于允许继续存在一些年，它们可能花费了美国存款保险公司更多的资金，而如果其在 1984 年破产就不会这样。"

1984 年 7 月 26 日，时任众议院银行委员会主席的费南德·圣哲曼，使大家认识到，他对财政救助大陆银行并不买账，他认为，这种行为是昂贵的，继续实施下去的决定并不是经过深思熟虑的（斯普瑞格，1986）。他说：

"在联合担保和联邦政府开支方面，对大陆银行的救助使洛克希德、克莱斯勒和纽约城的财政援助相形见绌，尽管这些救助也来自同一个委员会。更重要的在于这样一个事实，即中央政府只在充分争论，唇枪舌剑之后，在制定了严苛的条件，并且得到了白宫和众议院的绝大多数投票，以及美国总统的签字后，才对这些实体提供援助。"

TBTF 时代的到来

尽管大陆银行不是美国政府财政救助的第一个银行，但这次耗费巨大的援助行动却标志着 TBTF 时代的到来（经常用来警醒这次财政救助的是"大陆银行是大型银行忘记其历史的一个例子"）。斯普瑞格讲了1937 年的一个故事，当时中央银行抗议支付存款保险费用，并寄给美国存款保险公司一张 831.96 美元的支票，上面有一张纸条，其上是银行的观点："存款保险法是无效的，违反宪法的。"

3.2   长期资本管理公司

长期资本管理公司创建于 1994 年 3 月，它由前任所罗门兄弟公司的交易"明星"约翰·梅利韦瑟和几个合伙人所创立，合伙人中最著名的是 1997 年获得诺贝尔奖的两位经济学家罗伯特·默顿和迈伦·斯科尔斯。这只基金最初专门用于股票和股票衍生品市场中的大量套利交易。因此这个项目以套利基金为始，最终却发展得更像是宏观基金。然而，美国长期资本管理公司尽可能地远离长期资本管理，即从长期视角管理资本。一开始，美国长期资本管理公司相当成功：截至 1997 年底，它已经实现了大约 40% 的年利率回报，并且几乎使其投资人的资金增长了三倍。但那时候任何杠杆工具都能做得一样好。

美国长期资本管理公司的崛起与衰落

业绩记录和其合伙人的名望（他们之中有一个"明星交易员"和两个诺贝尔奖得主）使美国长期资本管理公司在阔绰的个人投资者和机构投资者中很流行。那一阶段，它的基金资产涨到约 1200 亿美元，它的资本约 73 亿美元。尽管这一基金是高度杠杆化的（资产收益率超过 16 比 1），但美国长期资本管理公司的高层却得出结论，资本基础过高，以至于赚取的资本回报率无法达到预期。结果，27 亿美元资本退还给了股东，因此将基金资本缩减至 48 亿美元，将它的杠杆率增至大约 25 比 1。

实际上，美国长期资本管理公司的高层进行着一次很大的赌博：他们使这只基金更有风险，希望能增加股本回报。因此，相当奇怪的是，迈伦·斯科尔斯声称："在全球波动（尤其是股票市场）以及倾向持有流动资产的情况下，这种增长的结果是，我所加入的企业，即美国长期资本管理公司的资本基础急剧下降。"事实是，发生在美国长期资本管理公司身上的仅仅是一桩贪婪和自负相互交织的事件。当两位金融诺贝尔奖得主（通常叫它诺贝尔经济学奖）发号施令时，不就是这样吗？美国长期资本管理公司的高层选择忽视金融世界中一个异常重要的因素：一旦事情发展顺利，杠杆是有益的，但是一旦事情变得令人失望，杠杆则是毁灭性的。这一原则通过全球金融危机中大量对冲基金的消亡详细地展现在人们面前。

1998 年夏天，市场状况急剧恶化，在那一年的 7 月，美国长期资本管理公司遭受了重大损失。当 8 月俄罗斯政府让卢布贬值，并宣布暂停偿还债务时，灾难降临。这些事件导致新兴市场债券的信誉度显著恶化，这对美国长期资本管理公司产生了不利影响，因为这只基金将巨额赌注押在了美国财政部债券和新兴市场债券之间价格差距的缩小上。更

糟的是，这一基金在投机性仓位上也遭受了巨大损失，因为它们"极
为复杂的模型"告诉他们，现在相继发生的一切本应该在几十亿年后
才发生。

1998 年 8 月末，美国长期资本管理公司的资本已经降至 23 亿美元，
而且这只基金丧失了几乎一半年初持有的股权资本。1998 年初，它的
资产基础约为 1070 亿美元，并将杠杆率提升至 45 比 1，这在任何标准
下都是极高的，也绝不是那种你在波动环境下想要的杠杆率。随着损失
激增，这只基金已很难满足追加保证金的要求，且需要更多的抵押品以
保证其能满足交易对手的规定。这只基金缺乏能用于抵押以保住其仓位
的高质量资产，并且很难保持仓位流动。很多仓位相对来说是不流动
的，在正常状态下都很难卖出，在紧张的熊市情况下就更加难卖。高杠
杆和低流动性的结合，无法成为灾难的解决方法，就像大量金融机构在
全球金融危机中经过了艰苦才体会到的一样。莫里斯（2008）解释了
美国长期资本管理公司的破产：

"傲慢与提高利益的动机一同成为了美国长期资本管理公司破产的
真正原因。这一模式开始从他们的核心业务扩展到他们几乎没有经验的
领域，如货币交易和股票套利（将赌注押在了收购上），即使在这些领
域他们也一直稳定地提高杠杆率。"

1998 年 9 月 2 日，美国长期资本管理公司的合伙人向投资者发了
一份信件，告知他们这只基金的问题，并寻求新的资金注入以维持它的
存续。这一信息很快泄露出去，这只基金的问题也就尽人皆知。美国长
期资本管理公司的处境在 9 月继续恶化，迫使它的管理层用更加不顾一
切的方式寻求援助，以在资不抵债的情形下维持运营。不出所料的是，
没有招之即来的资金援助，9 月 19 日，这只基金的资产跌到了低谷，
只有 6 亿美元。这一基金在当时有 800 亿美元的资产基础，并且它的杠
杆率开始飞涨，这些都暗示灾难很难应对。

美联储跟进

投资者和管理者见到了美国长期资本管理公司的恶化，对它的关注也逐渐增加。很多金融机构在美国长期资本管理公司持有大额股权，因此人们普遍担心（无论合理与否）它的破产也会对金融市场产生潜在影响。美联储觉得有必要进行干预，纽约美联储和美国财政部的代表团在 9 月 20 日访问了这家基金公司，以评估当前的处境。在会谈中，该基金的合伙人使代表团相信，美国长期资本管理公司的处境不仅艰难，而且比很多市场参与者所设想的更可怕。他们也将美国长期资本管理公司描述成 TBTF，传递了这样一个信息：它非常复杂，是由极有天赋的人运营的，所以它不能倒。

美联储接受了美国长期资本管理公司是 TBTF 的观点，得出的结论是它的破产恐怕会对金融市场产生不可挽回的后果。在众议院银行和金融服务委员会的发言中，格林斯潘说了以下一段话：

"近期的全球世界状况使金融市场参与者如坐针毡。一旦美国长期资本管理公司的破产引发了市场失灵，许多银行参与者就会受到严重的破坏，包括一些并不直接卷入的公司，并且这可能会伤害很多国家的经济，包括我们自己。"

但是这些预期的后果明显被夸大了。美国长期资本管理公司是一家对冲基金，用富人的资金进行投资（不顾后果），接受了其中所含风险的人已经在事情发展顺利时获取了利益。在危机关头银行也借钱给他们，但是银行也接受了其中含有的风险。在任何情况下，涉及的金额都不会大到引起系统性风险或"严重的破坏"（几十亿美元对于金融部门的资产或 GDP 而言不过是大洋中的一滴水）。如果允许美国长期资本管理公司破产，投资者和债权人的损失可以承受，这就是事情的结局。与其相反，监管者开了一个有危险的先例：将 TBTF 地位授予一家对冲基金。

　　纽约美联储邀请了很多债权人公司来商讨一揽子救援计划，并且很快达成一致，如果同时没有其他人接管这家基金，这一财团将发起援救。然而，当这个团体的代表在 9 月 23 日会面，他们获悉，另一个团体刚刚提交了一份合同，这份合同截止到当天中午。因此，他们决定观望美国长期资本管理公司如何应对这个申请，再进一步行动。一家由沃伦·巴菲特公司、伯克希尔·哈撒韦公司、高盛和美国国际集团（没错，同一家 AIG）组成的团体，提出用 2.5 亿美元收购公司股东的股份，并将 37.5 亿美元放入这家基金作为新资本。这个申请将这家基金从破产中拯救回来，但是现有的股东将失去所有东西，除了 2.5 亿美元收购股份所支付的费用。出于同样原因，基金公司的经理也会被解雇（也合情合理）。

　　这本是一个合理的解决方式，且不需要监管机构介入。将 TBTF 地位授予一家对冲基金这次先例，能够使基金职员避免在失去高薪工作的同时只获得很少的补偿（他们不是那类寻求失业救济的人），而且很多富裕的个人投资者和机构投资者避免了损失他们之前的部分收益。对美国长期资本管理公司高层而言，这个选择会使他们失去股权、工作、管理费，并且不会得到任何回报——简而言之，失去所有东西。因此他们非常愚蠢地拒绝了巴菲特的团体，我们必须设想如果他们不这样做会怎样。所以，有一种强硬的观点认为，美联储最晚在 9 月 23 日早晨之前就可以放弃这一援助，同时不让美国长期资本管理公司破产（多德，1999）。

　　但事情并不是像多德（1999）所说的那样。美国长期资本管理公司的高层拒绝了这份合同，尽管他们不再有协商、要求和提条件的余地。我们只能猜测，他们之所以这样做，是因为能在美联储的财团那里做成一笔更好的交易。为了使美国长期资本管理公司高层满意，美联储再次召集大家，商议出台一揽子救援计划，并在当天晚上达成一致。这个一揽子计划很快被美国长期资本管理公司接受，并立即对外公布。根据交易条款，14 家重要银行和经纪行（包括瑞士联合银行、高盛和美林证券）同意用 36.5 亿美元购买基金公司 90% 的股权。现有的股东持有剩余 10%，价值约为 4 亿美元的股权。这份合同显然优于巴菲特的合同。对美国长期资本管理公司的经理来说，这份合同同样更加诱人，目前他们能保住自己的工作，并且赚到管理费，而如果巴菲特的团体入主，这笔费用是没有的。这家公司的控制权也移交给了引人注目的委员会，它是由财团的代表组成的。这次援助的通告终结了人们对美国长期资本管理公司立刻破产的疑虑。

对不顾一切的奖励

美国长期资本管理公司案例是奖励不顾一切冒险的教科书似的范例。尽管利益相关者很高兴地看到，美国长期资本管理公司的破产得以避免，一些观察者却对这一援助的长期并发症表示担忧，特别是因为它由美联储所推动，由 TBTF 学说所激励。的确，美国长期资本管理公司高层陷入的困境以及美联储对这家基金的救助引起了很多令人深思的批评。美联储应该回到原位，让沃伦·巴菲特来做这件事。众议院银行和金融服务委员会的主席詹姆斯·林奇在 1999 年 5 月 6 日的听证会上表达了下述观点：

"我对这一先例表示担忧，美国长期资本管理公司没有得到任何审查，这家公司的财政救助是由美联储领导、财政部签署的，它的后果是美国政府与私人团体相勾结，来反对一份个人报价方案，政府行为唯一的合理之处是，那份个人方案并没有出现在谈判桌上。但这份个人方案是非常可靠的，它就像政府拼凑起来的那份合同一样安全。"

对这一事件来说更悲惨的是，那些反对监管，高呼去监管化的人们将它作为一个案例来研究，以展现监管干预的风险，在这个意义上私有企业可以自己收拾这个烂摊子。但是这个观点是有瑕疵的，且是一种歪曲，因为它忽视了预防和治疗的区别。美国长期资本管理公司破产的出现是由于对冲基金这只不受监管的怪兽。对流动性和杠杆的适当监管不再需要"英雄"（saga）的出现。

因此，这个亟须解决的问题如下：为什么美联储推动解决这一问题？官方的解释是无序的破产极具破坏性，很多观察家对这种解释持怀疑态度，而莫里斯（2008）认为，真正的动机是回避丑闻。一个人如何洗清这样一个事实，即一小群人设法从银行借了数亿美元，而银行和其监管者对这个群体借了多少钱并做了什么一无所知？

3.3　苏格兰皇家银行

苏格兰皇家银行不仅成为了 TBTF，而且已经（通过并购）成为了世界上最大的公司（兰切斯特，2009）。苏格兰皇家银行在 20 世纪 70 年代和 80 年代避免了三次收购和合并，此后它变得日益强大，并且自身开展了收购。1999 年苏格兰皇家银行成为了英国第二大银行，仅次于汇丰银行（HSBC），这使这家银行的 CEO 古德温，仿佛成为了银行世界的传奇。苏格兰皇家银行在某种程度上被熟知是由于一本题为《苏格兰皇家银行：整合大师》的案例研究著作。这家银行没有辜负它的声望，它的增长不仅来自银行存款利息的支付，也来自多样化保险产品的经营。随后，苏格兰皇家银行获得了世界第五大银行中国银行 10% 的股份，而且开展了收购荷兰银行的竞标。苏格兰皇家银行所在的财团还包括了比利时富通银行和西班牙桑坦德银行，他们击败了巴克莱银行，赢得了这次竞标。尽管荷兰银行银行将它的美国子公司拉塞尔卖掉，但这个财团也为这笔交易支付了 710 亿美元，而拉塞尔公司才是苏格兰皇家银行首先对这笔交易感兴趣的一个原因。

糟糕的交易和真相的隐瞒

荷兰银行的交易证明是一个可怕的错误，不仅因为它极其昂贵，而且更重要的是荷兰银行对不良资产有巨大敞口，而苏格兰皇家银行已经累积了巨额的这类不良资产。2008 年 4 月，苏格兰皇家银行求助市场，以筹集更多资本弥补这笔交易的损失。在交易的数月内，荷兰银行的收购摧毁了苏格兰皇家银行。兰切斯特（2009）认为，"与美国在线时代华纳并购和戴姆勒—克莱斯勒并购一样，荷兰银行收购是商业史上最大的失败之一"。《经济学人》（2009）将荷兰银行的收购描述为"毁灭性的"。

据凯伊（2009a）所说，苏格兰皇家银行被这一行动击倒，超过 16.9 万雇员（总共有超过 17 万人）并不清楚他们卷入进了什么危机。2007 年金融评论的一份调查或许会揭示出苏格兰皇家银行为何破产。资产负债表显示衍生品的价值为 3370 亿英镑，而其在 2006 年仅为 1160 亿英镑。然而，在年度报告中，衍生品的目的听起来似乎是对冲风险。这个报告说："集团内的公司交易衍生品和一桩交易活动一样重要，或者和应对国外资产负债表变动，利率和信用风险一样重要"（兰切斯特，2009）。此外，年度报告对声名狼藉的次级抵押贷款衍生品含糊其词，而次级贷款衍生品引起了全球金融危机。它对次级产品是这样说的：

"这个集团在设计、分配和交易资产担保证券方面处于领先地位。这些活动包括购买抵押担保证券，将它们重新包装成债务抵押债券，以便进一步销售给投资者。这个集团按公允值列账的担保债务凭证优先级出现了敞口。"

在 2006 年夏天的董事会上，弗雷德·古德温先生被同行高管问到，这家银行是否有加入次级市场的打算。他告诉董事会，银行不会移向次级产品，结果是"苏格兰皇家银行的定位高于竞争者"。在苏格兰皇家银行 2006 年报告的序言中，古德温先生写道："风险的有效控制对集团的业务至关重要……其中的核心是无论在哪里做生意，我们都厌恶长期次级借贷。"然而，实际上，苏格兰皇家银行对次级产品有巨大敞口，而且持续地寻求更多敞口。在 2007 年的资产负债表上，这一敞口出现在"债务证券下"。这一条目包含了 683.02 亿英镑抵押担保证券，远远高于上一年的 321.9 亿英镑。

在《傻瓜的金子》（*Fool's Gold*）一书中，吉莲·邰帝（2009）认为，在此期间苏格兰皇家银行"激进地"增加债务抵押债券的敞口。2009 年，它的美国子公司格林威治资本，从新世纪金融买进了大量的次级抵押贷款，其在面临破产的市场中起到了关键的作用。苏格兰皇家银行从另一个次级玩家弗里蒙特通用公司借了 10 亿美元。同时苏格兰皇家银行的另一家美国子公司国民银行，也在购买次级产品，"声称没有获得苏格兰皇家银行董事会的同意"。直到 2007 年夏天，北岩银行面临破产时，古德温才告诉董事会，苏格兰皇家银行实际上已经建立起大量次级敞口。苏格兰皇家银行的一位发言人称：

"像其他许多公司一样，由于自身的运营和从荷兰银行接手的那些东西，尽管事实上我们并不直接参与次级债发行，苏格兰皇家银行已经在次级市场暴露出明显的问题。董事会将掌握的全部财务报告中的所有信息和细节披露给市场，这反映了此时集团接受意见的诚恳。"

援助

2008 年 10 月 11 日至 12 日期间，苏格兰皇家银行收到了政府高达 200 亿英镑的紧急注资（纳税人的钱）。2009 年 2 月 26 日，苏格兰皇家银行初步通告了它的全年业绩：它损失了 240 亿英镑，这是英国企业史上的最大损失，而且它需要纳税人更多的帮助才能偿还债务。政府支付了另外 255 亿英镑，使银行股份中政府的份额达到了约 95%。此外，苏格兰皇家银行将 3020 亿英镑纳入政府资产保护方案中，这是某种保险方案，其中政府承诺支付不良资产的未来损失，而获得一些费用的回报（这些资产曾经值 3250 亿英镑，但是此时价值暴跌）。这次营救运作和其他类似操作使英国政府深陷泥潭，无法自拔。国家创造了过多的公共债务，法定货币承受了巨大的压力，更重要的是，这危及到整个国家的偿还能力。

"剪刀手" 弗雷德

毫无疑问，弗雷德·古德温先生成为了"剪刀手弗雷德"或者"最糟糕的银行家"（兰切斯特，2009）。《经济学人》（2009c）极尽所能地将他形容为一个"恶劣的银行家和不值得尊重的人"。但是当时无论谁从"剪刀手弗雷德"那里接过苏格兰皇家银行的业务，都毫无意义。2009 年 12 月，董事会宣布支付 10 亿英镑奖金的目标，并认为苏格兰银行和其他银行之间的双重标准很不公平，忽视了银行主要由纳税人拥有这一事实。2010 年 2 月 25 日，苏格兰皇家银行宣布由于 2009 年仅仅损失 36 亿英镑的"杰出工作"，它支付 13 亿英镑（比之前宣布的还要多）作为奖金。尽管英国政府对此冷嘲热讽（布朗和达林），但他们并没有果断地要求苏格兰皇家银行董事会辞职。布朗事实上在讨论世界范围内统一奖金的问题，一桩我们此生可能都无法见到的事情。苏格兰皇家银行的行为可能是英国政府在 2009 年 12 月决定向银行家征收奖金税的主要原因。

即使古德温本人也坚持他有资格立即领取一年超过 70 万英镑的养老金（在 50 岁这个不大的年纪）。如果英国政府不救助苏格兰皇家银行，在 65 岁之前，他的养老金可能已远低于每年支付给养老金保障基金的 2.8 万英镑利息（pension－protection fund）。《经济学人》（2009c）

将古德温描述成，"一家被判定为大而不倒的银行的首席执行官"却"意外"成为百万富翁。由于引发了公众的愤怒，古德温决定只接受部分养老金，当他宣布这一决定时，他正惬意富足地隐居在法国南部（泰胡恩和因曼，2009）。仍有说法称，当古德温得到了他丰厚的离职金时，苏格兰皇家银行正在为他最后的业务收益支付税费。

3.4　北岩银行

1965 年北岩建屋互助会成立，这是北郡永久建屋互助会（建于 1850 年）和岩石建屋互助会（建于 1865 年）并购的结果。在接下来的 30 年里，北岩通过收购 35 家小型的建屋互助会而进一步扩张，最著名的是 1994 年收购了北英格兰建屋互助会。北岩随后出现在证券交易的名单上，并于 2000 年在富通 100 指数交易。

北岩银行并没有因为次级风险的过度敞口而破产。而且它有一种极端的融资模式及很大的融资缺口（贷款和存款之差）。为了提供贷款，北岩银行求助于资本市场，当市场良好时，这看上去很合适。但是当次级危机来临，其所造成的信贷紧缩，使银行很难筹集资金维持运营。

2007 年 9 月 14 日，这家银行向英格兰银行寻求并获得了流动性支持贷款。这导致存款人在银行分支行外面排队，提取存款（银行挤兑）。2008 年 2 月 22 日，这家银行由国家接管和所有。当两次接管银行的竞标失败后，国有化才到来，这两次竞标都没能对偿还贷款人的资金做出完全承诺。2009 年 10 月，欧盟委员会同意了重组北岩银行的方案，并将它分成一个运营良好的银行和一个问题严重的银行。这家良好的银行可以拥有大量的零售存款和低风险的抵押贷款，并且它会被出售。其他的抵押资产由问题严重的银行（公司）所持有，并一直由国家拥有。

关于救助北岩银行，始终存在一种阴谋论的说法。尽管这次由英格兰银行主导的援助工作的合理性在于其他选择都会引发系统性风险，但斯普林（2008）认为，英国政府使用纳税人的数亿英镑救助他所说的"北部残骸"（Nothern Wreck）是因为"（北岩银行的）职员，贷款人和个人投资者集中于工党在东北英格兰的核心地带"。

3.5 美国国际集团

美国国际集团大约 90 年前在上海建立，当 1939 年战争降临上海时，它将总部移到了纽约。当毛瑞斯·格林博格在 1967 年接手后，美国国际集团巩固了它的全球霸主地位。当 38 年后格林博格因为会计丑闻而下台时，美国国际集团已经成为了世界上最大的上市公司之一，为市政公债、养老基金、有投资担保合同的公共机构和私人机构以及其他产品提供保险。2006 年，该公司的销售额接近 1130 亿美元，并在 130个国家有 116000 余名员工。美国国际集团的规模预示着，它已经签署了超过 8100 万份人身保险单，公允价值为 1.9 万亿美元。

进入未知领域

美国国际集团的问题并不是来自它传统的保险业务，而主要来自它为抵押担保债券和其他有风险债务的违约行为的投保。它的损失主要集中在金融产品部门，在 2008 年 3 月以前这个部门是由挥金如土的总经理约瑟夫·卡萨诺领导的。金融产品部门是某种附属于大型稳定的保险公司的对冲基金。

美国国际集团进入了未知的领域，这是规模不经济的另一个例子。由于是 3A 评级，所以这家公司通过将信用违约掉期（CDSs）卖给华尔街的顶级企业和欧亚的大型公司，而获得了巨额利润。信用违约掉期覆盖了价值 4410 亿美元的固定收益证券，以防范可能的破产引起的违约行为。金融产品部门在 2005 年获得的 25 亿美元税前收入，很大程度来自极为复杂的、难以理解（抵押担保）的债券出售的低价保险。这经常被描述为"在压路机面前捡起 5 美分"，这种策略在往常年份是有利可图的，但在错误时机则是灾难性的。当不好的时机到来时，该策略就证明了其灾难性的一面（刘易斯，2009b）。

当 2008 年 9 月，穆迪投资评级机构将美国国际集团的信用评级调低，迫使其为保险合同的抵押品寻求更多资金时，严重的问题开始显现。当时的市场状况使美国国际集团很难出售它的资产。没有足够的资金，它只能违反与保险单购买者之间的合同。2008 年 9 月 15 日，近 200 亿美元从美国国际集团的资产负债表上消失。

要求 TBTF 地位

在那个阶段，美国国际集团要求 TBTF 公司的地位，其依据是"美国国际集团的范围和内在关联性是难以企及的，它的消费者包括全球政府机构、公司和反方的消费者"（萨波里托，2009）。有人认为，美国国际集团的破产可以创造范围巨大的链式反应。除了其他后果，它还能导致保险单的巨额赎回，理论上这会使企业动荡，使美国短期信贷市场出现 120 亿美元至 150 亿美元消费贷款的提现。这家公司甚至提醒大家，它会对波音和通用电气造成破坏，因为它的飞机租赁部门购买的飞机比其他任何公司都多。

美国政府认同这一观点。"难处在于，如果我们将承担起维护金融稳定的责任，那么我们相信（这是因为）我们没有其他选择"，美联储的副主席罗纳德·科恩向参议院银行委员会说明（巴恩斯，2009）。他进一步说：

"在严峻的市场和经济压力下，我们的判断一直是这样，美国国际集团的破产将对许多个人、家庭和商业构成不必要和沉重的损失，破坏金融市场，并且极大增加金融机构生存的恐惧感和不确定性……因此，这一破产将会加深市场混乱，提高资产价格的跌幅，并进一步限制流向美国家庭和商业以及我们交易伙伴的信贷，实质上使我们经济正承受的萧条更加严重。"

财政部长蒂莫西·盖特纳（在 2009 年 1 月 26 日就职）说，政府官员"认为美国国际集团的破产可以导致巨大的和不可预测的全球损失，这是系统性的后果，它使原本就已脆弱的金融市场更加不稳定，进而打击了经济的信心，限制了信贷的流动"（巴恩斯，2009）。美联储也相信美国国际集团的破产会"导致借贷成本的大幅提升，家庭财富的减少和经济表现的根本弱化"（NECN.com，2008）。简而言之，美国财政部相信，如果美国国际集团衰落，美国和全球经济的潜在损失将"异常巨大"，暗示如果该公司没有改善的话，更多的钱将会"投进去"。2008 年 9 月，美国政府同意提供 850 亿美元紧急贷款救助美国国际集团，回报是 79% 的普通股。2008 年 10 月，在接受了数亿美元的财政救助后，美国国际集团将它的一些高管送去英国打猎旅行，这次旅行花费了 86000 美元。但这一事件的消息被曝出后，美国国际集团进行了道歉，然后它取消了不久之后已经计划好的另一次休闲。

这是第一次财政救助，但是美国国际集团的问题依然如故。这家公司总共花费了纳税人 1700 亿美元。结果，美国国际集团成为了银行业的取款机，它将 520 亿美元不良资产救助计划资金基本上发放给众多美国金融机构和外国金融机构（从高盛到瑞士银行）。这些机构是美国国际集团至少从 2005 年就出售的信用违约掉期的交易方。在履行交易的过程中，美国国际集团向金融产品部门支付了 1.65 亿美元奖金，正是这些人向政府施压，要求将财政救助美国国际集团放在第一位。这一事件也毫无疑问引起了公众的愤怒。2010 年 3 月，美国国际集团宣布将它的亚洲业务以 300 亿美元的价格出售给一家英国保险公司保诚集团。金融产品部门的伎俩对美国国际集团造成的破坏可不仅仅是财政救助能弥补的。

尽管公共评论说，美国国际集团的破产能使金融市场沉没，但美国的政府官员（2009 年 1 月末 2 月初）却认为，从福克斯商业获得的文件来看，应该允许美国国际集团申请破产（巴恩斯，2009）。这些文件由美国国际集团与财政部官员和美联储官员的电子邮件，以及其与达维律师事务所两位律师的通信所组成。这些电子邮件是福克斯商业按照自由商业法的规定获得的，但电子邮件中，破产商讨的细节并不清晰。应允许美国国际集团破产这一事实可以视为一个提醒，用于提醒那些感到人类有能力拯救一家破产保险公司的官员。至少他们肯定感受到，美国国际集团破产的预期后果被夸大了。

3.6　花旗集团

花旗集团（或花旗）诞生于 1998 年 4 月 7 日，它是史上最大并购的产物，这次并购包括银行业巨头花旗公司和金融集团公司旅行者集团。花旗集团的历史包括几家并入花旗公司（一家跨国银行公司，其在超过 100 个国家运营）和旅行者集团（业务涵盖信用服务、消费金融、经纪和保险）的小企业。如上，这家公司的历史可以回溯到 1812 年纽约城银行（后来的花旗银行）的建立，1870 年商业银行的建立，1873 年美邦银行的建立，1884 年墨西哥国民银行的建立和 1910 年所罗门兄弟的建立。这次并购产生了世界上最大的金融业务网，它的约 16000 个办公地点覆盖了 140 个国家。当时，这家公司在世界上有大约 300000 名雇员，并且在超过 140 个国家有 2 亿个客户账户。

尽管这笔交易是以并购的形式进行，但它实际上更像是股票交换，旅行者集团购买了花旗公司全部 700 亿美元股份，同时以花旗公司 1 股相当于新公司 2.5 股的方式发行新公司的股票。通过这种机制，现有各家公司的股东占据了新公司的一半左右。新公司在它的名字中沿用了花旗公司的"花旗"品牌，同时它采用了旅行者集团别具风格的"红伞"作为新公司的标志，这一标志在 2007 年之前一直使用。两家母公司的董事长桑迪·威尔和约翰·里德宣布成为新公司花旗集团的联合董事长和联合 CEO。两人在管理模式上的巨大差别很快给这一明智的任命打上了问号。

尽管《格拉斯—斯蒂格尔法案》禁止银行与保险公司并购的条款还在，但花旗集团被允许在两年到五年间消化任何不良资产。然而，威尔在并购的时候就说："过段时间法律就会改变"，而且"我们经过详细的商讨相信这不会成为一个问题"。1999 年 11 月，《格雷姆—里奇—比利雷法》的通过证明威尔和里德是正确的，它为金融服务集团提供包括商业银行业务、投资银行业务、保险业务和经纪业务在内的混合业务开启了大门。因此，花旗集团衰落的根源在 1999 年，这一年桑迪·威尔为废除《格拉斯—斯蒂格尔法案》做出的努力得到了回报。威尔名副其实地出现在了《时代》杂志（2009）所列"25 个该为金融危机负责的人"之中。

花旗集团的崛起与衰落

曾几何时，花旗集团采取的超大银行模式效果奇佳，多种形式的运营形成了巨额利润，包括信用卡、抵押、并购建议和交易。同时，根据达什和克雷斯维尔（2008）所说：

"花旗集团与已倒闭的能源公司安然陷入了黑暗的金融交易……它因为一个杰出研究分析师在互联网泡沫中所扮演的角色而遭到执法委员的责难……同时它发现自己在英国和日本陷入违规困境。"

风险管理不足的抵押支持债券（MBSs）和抵押债务证券（CDOs）有巨大敞口，这使花旗集团在 2008 年次贷危机恶化时，陷入了困境。这家公司使用"复杂"的数学化风险模型来评估特定地理区域内的抵押贷款，却忽视了存在另一种可能，即一国房地产业下滑，数以百万的抵押贷款持有者违约的可能。如同美国长期资本管理公司一样，花旗集团是其自身模型的受害者，同时花旗还被相信这些模型的人所害。

据说，在花旗集团董事会上，罗伯特·鲁宾（前财政部部长）和查尔斯·普林斯（首席执行官）主导了花旗集团对有毒资产的持有。这个普林斯就是那个在 2007 年 7 月告诉金融时报，"只要音乐还在响起，你就应该醒来并随着舞动"的人，这暗指花旗集团参与到杠杆收购领域。达什和克雷斯维尔引用前任花旗集团总裁的话："昌克（普林斯）不知道抵押债务证券来自购物清单，所以他向某人寻求建议和支持"，那个人是鲁宾，他相信"如果你想挣得更多，你必须冒更大的风险"。根据达什和克雷斯维尔所写，这家银行的风险经理没能详细调查负责监督交易的托马斯·马赫拉斯的声明，尽管花旗集团已经聚集了450 亿美元的资产支持证券，但马赫拉斯却说，"没有迫在眉睫的重大损失"。

当危机开始蔓延时，花旗集团于 2007 年 4 月 11 日宣布，由于要进行大规模的重组以减少支出，并振作其长期表现不好的股票，它将裁员17000 名，或者说，解雇约 5% 的员工。即使在 2007 年夏天贝尔斯登陷入严重困境后，花旗集团还是认为，它的有毒资产出问题的可能性很小（比 1% 还要小），以至于它们可以从风险分析中排除出去。随着危机进一步恶化，花旗集团在 2008 年 1 月 7 日宣布，它考虑裁掉 5% 至 10%的雇员。

破产后的救助

2008 年 12 月，尽管账上有 250 亿美元不良资产救助计划资金，但花旗集团还是资不抵债。11月17日，这家公司宣布了继续裁减52000个职位的计划，2008年已经有高达23000人失去工作，大量裁员的原因在于连续四个季度的亏损和很难在2010年之前盈利的报告。很多高级主管被解雇，但是华尔街做出的反应却是将股票市值从两年前的3000亿美元降到60亿美元（兰顿，2008）。结果是，花旗集团和联邦监管机构商讨出一项计划，用于稳定公司，并终止其市值的进一步衰退。

政府发起的计划旨在提供3060亿美元贷款和证券的支持，并且直接为公司投入200亿美元。刘易斯和埃霍恩（2009）将3060亿美元的担保形容为"没有任何实质性危机驱动的不用偿付的礼物"。这项计划在2008年11月23日晚获得批准。财政部、美联储和美国存款保险公司的联合声明说："有了这些交易，美国政府可以为强化金融体系，保护美国纳税人和美国经济提供必要的行动。"这是纳税人保护的地狱。

《华尔街日报》报道称，据纽约司法部长安德鲁·库奥默所说，在2008年下半年收到了450亿美元来自不良资产救助计划的资金后，花旗集团将数亿美元用于支付奖金，获得奖金的职员超过1038人。其中738名雇员每人收到100万美元，176名雇员每人收到200万美元，124名雇员每人收到300万美元，143名雇员每人收到的奖金从400万美元到1000万美元不等（格罗瑟，2005）。

3.7 雷曼、美林和贝尔斯登

雷曼兄弟、美林集团和贝尔斯登有着或多或少相同的发展故事和类似的破产原因，但它们却有着迥异的命运。美国政府让雷曼破产但是为美林和贝尔斯登安排了很好的交易（一些人可能会说，枪口下的婚姻），《经济学人》（2009d）将雷曼兄弟的破产和贝尔斯登的破产相比较，并将前者描述为"（可能）警醒华尔街的最令人震惊的事件"，而将后者形容为"首先暴露了看上去美好的美国投资银行的脆弱性"。

雷曼的崛起与衰落

雷曼兄弟由两个来自阿拉巴马州蒙哥马利市的棉花经纪人创建于1850 年。这家企业在内战后搬到了纽约城，并且发展成华尔街的投资业巨擘。雷曼兄弟的破产开始于 2007 年夏天发生的次贷危机，它的股票从每股 82 美元的顶峰直线下滑。这家公司在首席执行官迪克·福尔德的"领导"下，一直是次级市场的重要玩家。雷曼与买空型投资者进行了持久博弈，雷曼控告买空型投资者传播谣言，致使股价下跌。买空投资者的回应是，控告雷曼没有坦白损失的实际规模。

当以亨利·保尔森为代表的美国政府，拒绝扩大金融援助，而潜在的买家巴克莱银行和美国银行否定了一笔收购交易后，雷曼在 9 月 15日申请破产。随着雷曼的消失，其 CEO 迪克·福尔德也从公众的视野中消失了。福尔德实至名归地出现在了《时代》周刊所列"25 个该为金融危机负责的人"之中。"尽管这是一次财富流失"，《时代周刊》解释说，"但雷曼倒闭时，福尔德在首席执行官任期内，所以作为补偿他拿走了 50 亿美元。"

美林的崛起和衰落

美林集团是世界上最大的证券经纪公司，它在 1914 年建立，并成为华尔街的支柱，获得了"普通百姓的股票经纪人（stockbroker for Main Street）"的赞誉。近些年，美林逐渐壮大，旗下有两家公司：一家蒸蒸日上的财富管理公司，由 16000 名经纪人管理 1.4 万亿美元，一个固定收益部门，它聚焦在高风险高回报的次级住房抵押支持证券上。

在斯坦·奥尼尔的领导下，美林成为担保债务凭证最大的承销商，这却使它走向了毁灭之路。2007 年 10 月末，这家公司宣布核销 84 亿美元，以确认这些债券损失的价值。不久之后，斯坦·奥尼尔，这位使美林集团卷入次级市场的推手，就从首席执行官的位置上离开，并带走了大笔的分手费。11 月，约翰·塞恩接任了奥尼尔的职位，他开始积极推进与美国银行的谈判。2008 年 7 月，美林以很低的价钱出售了价值 310 亿美元的债券。

2007 年 12 月，美国银行的股东在收购协议上签字，但是次级市场的损失迫使美国银行向政府寻求援助，并获得了 200 亿美元的紧急注资。作为这笔交易的批评者，美国银行的首席执行官肯·刘易斯在 2009 年 4 月告诉联邦委员会，他考虑退出美林交易，但监管者对他施加压力以完成这笔交易。2008 年 9 月 14 日，美林宣布，与朝不保夕的危险相比，它更愿意并且同意被美国银行收购。就在收购前夕，有 36 亿美元作为奖金发放给美林的职员，这招致了股东和纳税人的不满。

贝尔斯登的崛起与衰落

在并不遥远的过去，《财富》进行了"美国最受赞赏公司"的年度调查，贝尔斯登一度荣膺"最受赞赏的"证券公司，并且在全部证券公司中排名第二。这份调查是对职员才能、风险管理质量和业务创新的权威性评定。这一次，总裁兼首席执行官詹姆斯·凯恩说："这一成就证明了我们客户第一的信念，我们文化的力量和我们成员的品质，这些都使贝尔斯登与我们的同行截然不同"（全商业，2005）。贝尔斯登是抵押债券最大的承销商之一，抵押债券则意味着全球金融危机的到来。当 2006 年和 2007 年损失与日俱增时，这家公司实际上增加了抵押担保债券的敞口，而抵押担保债券是次贷危机的关键。

2007 年 6 月，贝尔斯登的两只基金破产，它们在抵押担保债券上有巨额投资，这也是贝尔斯登破产的先兆。2007 年 12 月，贝尔斯登宣布了 80 年历史上的首次亏损，它四个季度损失了 8.54 亿美元。这家公司也宣布，它已经对所持有的 19 亿美元抵押担保债券进行了核销。贝尔斯登的破产源自流动性问题引起的大规模挤兑，当时客户和交易伙伴都害怕贝尔斯登无力满足它的合约。《经济学人》（2009d）引用了一位高管的话说："这是从生到死的 24 小时。"

在《纸牌屋》中，威廉·科汉（2009）将贝尔斯登的破产归结为对一项基本金融规则的践踏，这项规则是：通过多样性降低风险。科汉认为，贝尔斯登将太多的鸡蛋放在同一个篮子里，并说："由于未能实现多元化，吉米·凯恩，这位贝尔斯登长期的老板，成为了索福克勒斯式的悲剧英雄，他是被自己糟糕的决定所毁掉的。"一个篮子的抵押担保债券，这是（据科汉所说）"凯恩从未彻底了解的"。此外，凯恩"眼睁睁地看着贝尔斯登的资产负债表膨胀到它的资产净值的 50 倍"。《时代》（2009）将凯恩列为"25 个该为金融危机负责的人"时的理由是：

"在华尔街上有很多首席执行官出现纰漏。但是没有人像贝尔斯登的凯恩一样玩忽职守。他工作日有三天半都乘坐直升机离开办公室，去打高尔夫。他经常离开城市去参加桥牌联赛。回到办公室后，凯恩命令公司押宝在住房贷款上。"

2008 年 3 月，美联储批准了帮助摩根大通收购贝尔斯登的信用额度。贝尔斯登股东集体提出诉讼申请，对摩根大通收购贝尔斯登的条款提出了质疑。同一天，一个新的协议达成，将摩根大通合同中最初的每股 2 美元提高到每股 10 美元，这样贝尔斯登的股东才接受协议。修订后的协议旨在安抚不安的投资者，以及应付交易后续针对摩根大通采取的法律行动。它也旨在防止雇员到其他公司就职，雇员过去的补偿构成了贝尔斯登的股票。然而，事实是，摩根大通收购贝尔斯登的花费少于贝尔斯登资产累积的价值（《时代》周刊，2009）。贝尔斯登财政救助被当作一件极端案例，它不断引起对美联储干预行为不可忽视的责难。

杠杆和过度集中毁了贝尔斯登。库克（2008）就这一破产，提出了一种阴谋论的解释。他引用了股票期权的权威人士约翰·奥利格斯的话，说："贝尔斯登的破产是人为制造的，它让摩根大通只支付了550亿美元纳税人的资金就掩盖了它自身的资不抵债，并收购了其对手贝尔斯登。"奥利格斯补充道："这件事据说是以一种名为看跌期权的衍生品的形式，通过市场谣言有计划地开展加上对贝尔斯登的操纵实现的。"

第4章

实在太大且与政治相关联

4.1　不再是谦和的媒介

金融机构不再是它们被设想成的那样，是一个引导资金从出借方流向借款人，从存款人流向投资人的谦和的中间机构。这是学生在《金融市场和金融机构 101》这门课上所学的，他们在一开始就学到，金融机构的职能是赤字单位和盈余单位的媒介。金融机构已经成为了一小部分人（银行家、金融家、交易家、经纪人、金融工程师等）赚取丰厚奖金，积累巨大个人财富的途径，他们用其他人的钱承担过度风险，而在事情出现问题的时候，指望政府的财政救助资金。他们的所作所为，是对"正面我赢大，背面你全输"的清晰诠释。

大赢家

那些自己赢得盆满钵满而别人输得倾家荡产的代表之一，被描述为"一个对 400 名员工实行恐怖统治的恶人却使公司（美国国际集团）、美国经济和全球金融系统屈服"（刘易斯，2009b）。这个人是约瑟夫·卡萨诺，他是美国国际集团前任金融产品部门的主管，刘易斯说他是"摧毁世界的人"。卡萨诺设法从工资和奖金上积累了 2.8 亿美元。即使他被美国国际集团解雇后，他依然从这个炒掉他的公司每月（只）赚取 100 万美元以下的咨询费。顺便提一下，这家公司在 2009 年公布了美国公司历史上从未有过的季度损失，并随后收到了 1700 亿美元的纳税人资金，为自己进入未知领域（衍生品）的冒险埋单。为什么？因为它大而不倒，或者它设法说服了美国政府。另一家机构美林集团破产的原因是，其首席执行官斯坦·奥尼尔认为大幅投入到次级市场是一个好主意。奥尼尔甚至炒掉了他的一个同事，因为这个人对过度陷入次

级市场表示了忧虑。由于这一"成就",奥尼尔在 2006 年获得了 5100
万美元,并在被解雇时获得了 1.6 亿美元,这时美林正在恳求政府的财
政救助,而股东正目睹他们股票价值的缩水。是的,对某些人来说,这
是彻底的鸿运当头。

寡头市场

金融服务市场已经成为寡头市场,即由大型的、有权力的和政治相
关的机构组成的市场。这就是为什么金融机构或多或少都垄断了 TBTF
地位。这一现状已经变成了:银行家和金融家发号施令,一再要求去管
制化,并且他们一旦陷入困境时,就要求政府的财政救助,即使困境总
是贪婪和无能的结果,就像金融危机呈现的那样。讽刺的是,通过纳税
人的钱和政府支持的并购和收购,金融机构变得日益庞大,变得更有
权力。

总体而言,寡头的趋势是一个不利的发展趋势,即使对那些相信市
场权力(美景),拒绝政府干预以调控市场结构的人来说也是一样。在
一个完全自由的市场(只是理论上),可能有不受限制的小型规模/中
型规模的企业在公平的环境下,在几乎平等的基础上竞争。这里对进入
市场没有限制,并且没有单一企业能控制价格或基础产品的价格。通
常,这种市场是由政府监管的(不是直接监管或控制)。随着大企业的
出现,真正的竞争市场走向不归路。这一趋势已经变成了:企业收购其
他企业,以扩张和获得市场权力,禁止新的企业进入市场,控制价格,
向政府施加压力,要求他们让步和减少管制。

4.2　内部化和"山中之王"

金融机构的膨胀或许也可以用其他企业寻求扩张的原因来解释。这

是宏观经济学在《企业理论》章节下处理的主题。一家企业不断壮大的一个重要原因是节省利用市场产生的交易成本。将交易成本集中在一家企业里可以避免（或减少）交易成本，包括价格发现的难度，达成协议的成本和从外部筹集资本的成本。这一主张有时称为"内部化理论（internalization hypothesis）"，它是科斯提出的原创观点的延伸，该观点明确指出，通过形成一家企业，可以节省某些市场成本。科斯认为有四种主要类型的成本：（1）发现正确价格的成本；（2）安排双方交易的契约义务的成本；（3）安排商品和投入的风险；（4）交易时纳税的成本。

内部化的优势在于避免了时间滞后，讨价还价和买家的不确定性。的确，内部化的主要动力是商品市场和要素市场外部性的存在。如果中间产品的市场是不完美的，企业就有动机绕开它们，建立内部市场，与这些市场相关的行为是由公有制和控制引起的（巴克利和卡森，1976）。因此，内部化用来解释为何企业首先被创造，为何企业不断壮大。

对于金融机构来说，增长的另一重动力实际上是管理利益（managerial interetsts）。管理者追求企业扩张，以提高他们的薪金和个人声望（"山中之王"的心态）。这就是博格等人所说的"建立帝国（empire building）"，他们认为"管理层薪资水平随着企业规模的扩大而增加，所以经理们可能希望获得个人的经济利益"。卡尼举了现实世界中的例子，他讽刺地提及了一些美国重要银行家（花旗集团的总裁，摩根大通的总裁和美国银行的总裁）的"愿景"：

我们知道了桑迪·威尔内心欲望的故事，我们知道了迪米·戴蒙全球银行业的英雄愿景，我们知道了肯·刘易斯试图证明南方各州（the Land of the Lost Cause）仍然能在银行业上打垮美国佬（Yankees）。

正如我们在第 3 章分析的每一个案例中看到的一样，举足轻重的个人凸显出来，他们是企业追求增长的驱动力。通常，这些个人为自身着想，而没有全盘为股东考虑，这是一个很常见的代理问题。

4.3 追求市场权力

企业扩张的一个重要原因是希望自身大到有不可忽视的市场权力，这个词指企业没有流失任何消费者到竞争对手那里，就可以通过决定价格来控制市场的能力。换句话说，一家有市场权力的企业面对的是一个斜率向下的需求曲线，即使它提高价格，它也能留住消费者，同时竞争对手也保有原来的消费者。如果需求是无弹性的——一次提价只能减少很小的销售额——这个移动甚至会大幅提升销售收入。一家没有市场权力的企业面对的是水平的需求曲线，在这个意义上，价格上任何小的增加，都会导致消费者全部流向竞争企业。在极端情况下，市场权力是垄断权力，在非极端情况下，大量的市场份额产生市场权力，即一小部分大型企业主导市场（寡头）或差异化产品（事实上或者通过广告营造出来）。大量企业和差异化产品的存在定义了人们熟知的"垄断"竞争或"不完全"竞争。

垄断权力

尽管金融服务的市场结构并不是垄断的，但或许仍有必要思考作为市场权力一种极端形式的垄断权力。当一家（大型）企业在某一特定产品上有几乎全部的决定权，以至于它能决定消费者获得产品的条款（价格和数量）时，垄断就是存在的。因此垄断的特征在于，它们提供的产品缺乏竞争。当一家企业有能力在其产品市场或地理市场内控制价格时，且当这家企业有能力把竞争者从这些市场的业务中排除在外时，垄断也就出现了。完全竞争中有大量的买家和同质的商品，因此相对于完全竞争企业，一个垄断厂商能以更高的价钱卖出更少的产品。结果，垄断厂商日益缺乏效率和创新性因为他们不需要付出很多就能够卖出他们的产品。用宏观经济学的术语，垄断产生"无谓损失"从而减少社会福利。这就是为何国家通常有反对垄断的立法，所谓的反托拉斯法或反垄断法。当垄断无法通过开放市场打破时，政府可能进一步监管，将它变成公共所有的垄断或者强制它拆分。不幸的是，金融机构似乎从政府的这一行动中幸免于难。大西洋两岸的人对于所谓的垄断行为和微软的市场操纵小题大做，但是没有金融机构受到类似的待遇。全球金融危机强化了利用反垄断法去拆分金融机构的号召。

企业可以通过并购和收购，在市场中建立起垄断地位，这可以是横向的（在同一生产阶段同一行业的两家公司之间）或是纵向的（在不同生产阶段的同一行业）。在 1985—2005 年，在所有行业中大约有350000 起并购和收购，价值约 26.4 万亿美元，其中 124000 起交易涉及金融机构，价值约 10.1 万亿美元（施密特和瓦尔特，2006）。在这些交易中，大约 20% 是跨市场的交易，包括至少两个金融领域（商业银行业，投资银行业，保险业，资产管理和金融基础设施服务），同时 7% 是跨境交易，包括至少两个国家。通过并购和收购进行扩张的动力来自一种信念，即加强市场权力，提高效率，巩固安全网的使用（要求TBTF 地位）可以使价值最大化。然而，经验证据无法支持这一主张。米泰斯（2009）认为："绝大部分并购不能创造价值，甚至可能毁了公司。"他从两个角度解释了这个发现：（1）两个不同，且相互竞争公司的"联姻"问题；（2）规模经济和协同经济并不能实现。那么，为什么它们要并购呢？由于（1）"吃掉或被吃掉"的心态；（2）在全球市场中人们已经认识到的规模的重要性；（3）领导的自我意识和经济利益，以及（4）"盲目模仿者"的商业行为。达什（2009）在这几项中加上了"扩张或灭亡"的概念。实际发生的事情确实证实了这些观点。有一次，苏格兰皇家银行是另一家银行并购的目标，后来它（在古德温的领导下）自己变成了"收购和并购之王"。古德温通过将苏格兰皇家银行做成世界上最大的银行，而获得了丰厚的个人收益，但当古德温着手并购荷兰银行时，他也毁掉了苏格兰皇家银行，这笔并购也是公司发展史上最糟糕的并购之一。

垄断权力也来自专利的持有、版权保护和资产的排他所有权。比如，美国国际集团在臭名昭著的信用违约掉期上就或多或少有垄断权，信用违约掉期也导致了公司的没落（奇怪的是，在全盛期，美国国际集团却没有采取微软好几次使用的伎俩）。同样，当一家公司试图利用规模经济和范围经济时，它可以通过内部增长成为垄断企业。

从垄断到寡头

在今天的银行业和金融业中，市场基本上是寡头垄断的，即由几家大型公司主导。在有数千家银行的美国，几家最大的银行居于主导地位，资产分配极度倾斜。在欧洲，优势模式属于大型的、覆盖地域广的银行。因此，寡头无处不在。然而，问题在于寡头具有垄断所有的不足和后果。由于寡头经常在他们之间达成共识，并避免了价格战争（这对所有寡头都不利），他们看上去像集体垄断。同样，如果他们着手通过昂贵的广告宣传抢占市场份额，这一情形更准确的描述是"寡头竞争"。但是为了接下来讨论的需要，我们将仅限于寡头。就这一主题，加尔布雷斯（1952）写道：

"一个巨大的差异可以将寡头与竞争模型的竞争性区分开……几家大型公司施加的权力与一家公司垄断施加的权力只在程度和精度上有所区别……垄断不仅从竞争的世界溜走……它还导致了垄断的世界……由于进入的实际门槛和与价格竞争相违背的传统，寡头已经消灭了自我产生的竞争力。"

他也写道：

"寡头垄断下，将不再有任何技术进步的确定性……价格不再反映消费者需求的起伏……它导致了高收益的停滞和舒适的停滞。"

事实仍然是，大公司的存在，市场干预的缺失，使一个不受管制的市场不可避免地发展成寡头市场。这一过程是我们熟知的合并和集中。

合并 V. S. 竞争

一大批文献找到了用以支持银行合并导致非竞争性后果观点的经验证据。在这一主题的综述中，博格等人认为，在集中度更高的市场中的银行，对小型商业贷款收取更高的利息，对零售存款支付更低的利息。此外，他们（银行）对中央银行在利率方面的调整反应更慢，使其更难从衰退中走出。这一研究告诫我们，银行合并会提高系统性风险，这种风险无法通过多元化消除。这正是因为合并缩小了多元化的范围。理论研究和实证研究的结果显示，银行业的高度集中可能减少其竞争性（吉尔伯特，1984），且银行的市场权力提高了资本成本（史密斯，1998）。也有发现表明，一个垄断的银行系统对收入以及商业周期有消极影响。在垄断的情况下，银行会比相互竞争的银行更多地配给信贷，这对资本积累和资本增长造成了不良后果（古兹曼，2000）。孙宗明（1991）以及休斯和梅斯特（1998）进行的实证研究则显示银行合并使银行投资组合更有风险。

在"集中—脆弱性观点"上，也有充分的经验证据：一个更集中的银行体系比其他银行体系更脆弱。波伊德和德尼可洛（2005）发现集中和脆弱性之间的积极联系，于是他们发现了系统性危机的可能性。同时，卡米纳尔和马图特斯（2002）证明，如果贷款含有"乘性不确定性（multiplicative uncertainty）"，更少的竞争会导致更高的破产可能性。TBTF 学说加剧了集中的银行体系的脆弱性。当只有几家银行时，监管者对银行破产更加担心。因此，集中体系下的银行获得 TBTF 救助，这强化了它们承担风险的动力，从而使系统更加脆弱（米什金，1999）。

约翰逊走得更远，他将金融部门竞争的缺乏视为全球金融危机的原因。他写道：

"美国公民和政客的决定从很多方面很大程度上引发了这次金融危机并使其蔓延下去。正是他们允许银行逐渐成为非竞争性的巨头，并且信任它们，任由它们使用国家的财富，无止境地冒险。一个更加明智的解决方式不会仅着力于救助已经存在的金融机构，而是为那些更有包容性和更具竞争性的银行创建一个体系。"

为什么合并不断增加

美国银行业内的合并不断蔓延。在 1985 年，有超过 14000 家银行，但是从那时起，市场结构风云突变，银行开始为一些原因合并起来，比如跨州银行的去管制化。当前的银行数量只有 1985 年的一半，见图4.1。合并催生了大型金融机构，这些金融机构要求 TBTF 地位。在

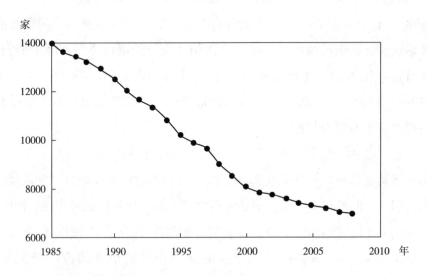

数据来源：美国联邦储备委员会。

图 4.1　美国的银行数量

1998 年至 2008 年，世界前五大银行所占全球金融资产（《银行家》杂志计算）的份额从 8% 上升到 16%（福特和拉尔森，2009）。

博格等人（1999）将合并增加的原因归结为"经济环境的变化改变了金融服务企业所面临的局限"。具体而言，他们指出了五个加剧银行合并趋势的原因：（1）技术进步产生了规模经济；（2）金融形势的改善，比如低利率和高股价；（3）累积的过剩产能或财务困境；（4）市场的国际整合；（5）解除管制。事实上，解除管制对银行合并起到了关键作用。比如，贾亚拉特纳和斯特拉恩（1998）认为，当银行加入跨州银行协议后，各州的并购和收购大为兴盛。其他解除管制的措施也起到了类似的效果，特别是《格拉斯—斯蒂格尔法案》的废除。

后金融危机时代的银行集中

全球金融危机加剧了美国银行的集中，提高了超级银行的寡头权力。在《华盛顿邮报》一篇题为"大而不倒的银行已经愈发膨胀"的文章中，大卫·乔（2009）引用了穆迪经济网首席经济学家马克·赞迪的说法："大银行之间存在举足轻重的合并，这是一种掏空银行体系的行为。"他补充道："银行体系里只剩下大型机构，而小型机构只能填补缝隙"，"寡头垄断更加严重了"。随着高盛和摩根士丹利的地位从投资银行转变为银行控股公司，它们也就能收购破产的金融机构如美林和贝尔斯登，商业银行的资产为 24 万亿美元（GDP 的 170%），它在金融体系中的份额从 2008 年 6 月的 37% 攀升至 2008 年 10 月的 46%。现在的情况是，六家银行占了银行体系总资产的三分之二，见图 4.2。这六家超级银行是：美国银行、花旗集团、摩根大通、高盛集团、摩根斯士丹利和富国银行。从资产角度来看，花旗集团曾是美国最大的银行，而美国银行对美林集团的收购则创造了一个足以与之对抗的金融巨头。美国银行早先购买了陷入困境的抵押贷款人美国金融公司，这两笔交易将美国银行置于美国金融的风口浪尖上，它成为了最大的经纪商，经营着最多的消费者银行业务。

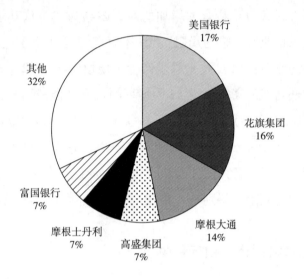

数据来源：美国联邦储备委员会。

图 4.2　美国银行体系的资产份额（2008 年 10 月）

图 4.3 是它 2009 年 9 月底美国最大的 50 家银行总资产分配的"洛

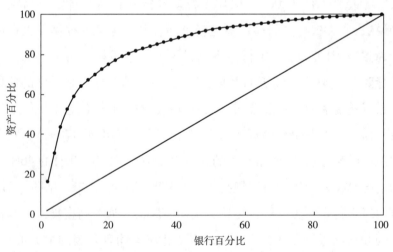

数据来源：联邦存款保险公司。

图 4.3　美国银行业资产集中度（50 家最大的银行）

伦茨曲线"。50 家银行持有资产的百分比是 X，将这些 X 值累计起来，并将相应的点画在图中。纵轴提供了测量资产集中度的基准。最大的四家银行持有 53% 的资产。银行呈现显著的集中趋势，证实了市场实际上是由寡头垄断的。

2009 年 10 月中旬，高盛宣布它在第三季度获得了高额的收益，并计划分配数十亿美元作为奖金，这正是竞争匮乏的结果。同样，摩根大通在第三季度的利润为 36 亿美元。10 月 15 日 BBC 商业报道认为，缺乏竞争是这一现象的主要原因，特别是雷曼兄弟消亡后。

4.4　利用规模经济和范围经济

企业规模庞大（至少从企业的角度看）的一个好处是对规模经济和范围经济的利用。规模经济指随着企业扩张，单位产品的平均成本下降，企业进而形成了成本优势。规模经济源于几种资源，包括采购资源（通过长期协议大量购买材料）、管理资源（经理人更加专业化）、金融资源（更低的资本成本）和市场资源（将广告的成本分散到更多单位的产量上）。每一种因素都降低了生产的长期平均成本。随着企业的扩张，资本的初始投资分摊（分散）在逐渐增加的单位产品上，使每额外增加一单位产品的边际成本低于每单位的平均成本。

范围经济在概念上类似于规模经济，但是规模经济指与供给方变化（单一产品生产规模的变化）相关的效率，范围经济指与需求方变化相关的效率，比如在市场方面和多种产品分配方面的变化。换句话说，范围经济指生产更多种类的产品使平均成本降低。

规模经济和范围经济的区别显而易见。规模经济是通过生产更多的同种商品达到的，范围经济则源于生产相对较少数量的不同种商品。因此，两个概念的区别在于短语"同一产品"和"不同种产品"。因为范围经济通常包含市场效率和分配效率，所以它们比规模经济更依赖需求。范围经济对捆绑商品提供了刺激，并激励在一个商标下创造一系列产品的行为。但是像规模经济一样，范围经济能帮助企业掌握更多市场权力，提升竞争优势。这是因为范围经济能减少平均成本，使企业能迫使成本效率低的企业退出该行业，同时阻止潜在对手进入市场。进而，企业似乎是通过变得更大，更具多元性，而试图同时达到规模经济和范围经济的（因此企业集团出现了）。

范围经济：规模和重要性

范围经济有几种来源。比如，在广告方面，随着推广的产品数量增加，并使用更多的媒介，花费在广告上的每一美元可以触及更多人。销售几件产品比销售一件产品更有效率。销售团队出行时间的成本被分摊到一个更大的收入基础上，促使成本效率提高。通过提供一整套产品，协同作用或许会提升，因为给予消费者的产品比一个单一产品更理想。范围经济同样来自分配效率。将一套产品舶到一个既定地点，比将一种产品舶到该地点更有效率。此外，生产过程中的副产品节约成本，也促进范围经济的产生。一个例子是，来自能源生产的热量对提高农业生产有积极影响。最后，一个出售很多产品的企业，一个在很多国家出售同种商品的企业，或者一个在很多国家出售很多种产品的企业，可受益于范围经济所产生的较低的风险水平。如果其产品线的一环不再流行，或者一个国家正经历经济滑坡，这家企业将很有可能仍然运营。这就是通过多元化降低风险的投资组合管理原则。

并不是所有经济学家都认同范围经济的重要性。一些人认为，这一概念仅适用于特定的产业，并且数量极少。此外，效率并不持久：某种情况下，在新产品上额外的支出将会变得更没有效率（范围不经济的例子）。而且，新产品的创造始终与问题相伴，可能反过来会影响效率。比如，对额外的管理专家有需求，同时更高的原材料成本，竞争焦点的减少，附加设施的需求可能引起更高的平均成本。那时，亚当·斯密两个世纪以前所写的关于专业化和劳动分工的理论会发生什么变化？比较优势的法则告诉我们，一家企业或一个国家必须专门生产相对于其他企业或国家有比较优势的商品和服务，它又会发生什么变化呢？

银行业的范围经济

在银行业里，商业银行业和投资银行业分离（1933 年《格拉斯—斯蒂格尔法案》的规定）的废除以及其他去管制化的措施，使银行能够寻求范围经济。与仅仅把存贷款作为产品不同的是，银行现在可以提供多种多样的产品。一家银行可以提供给同一个消费者存款、抵押、信用卡、保险、基金管理、财务计划和其他服务。

《格拉斯—斯蒂格尔法案》的废除不仅创造了一个由 TBTF 机构主导的寡头金融产业，它也创造了利益和市场权力滥用之间的激烈冲突。一家能同时从事商业银行业和投资银行业的金融机构可能将贷款授予一位消费者，但要求是这个消费者必须使用部分贷款去买同一家机构新发行的债券。尽管感觉这些债券质量低劣，或从风险收益平衡角度看，这些债券并不适当，他还是可能会遵守协议。无论如何，这种行为代表了市场权力的滥用，我们需要保护消费者。

多元化的支持和反对

有关多元化益处的文献没有达成共识。施密特和瓦尔特（2006）对多元化做出了如下论断，对金融机构而言很有借鉴意义：

（1）规模经济的成本和收益。例子包括共同成本（成本一方）和将多种金融服务交叉销售给客户（收益一方）。

（2）通过高度专业化的活动更好地合作，资本支出的监管使内部资本市场效率超出了外部资本市场效率。

（3）假定金融机构比非金融机构更不透明，利用私人信息能产生更多利润。

（4）假定多元化能创造一个内部劳动力市场效率超过外部劳动力市场效率的环境，则在职能部门间人力资本分配可以达到最优。

（5）在收入、定价和风险评估中更有效地利用专有的客户相关信息。一个与风险评估相关的例子是，大型的和多元化的金融机构允许在《巴塞尔协议Ⅱ》下，使用先进的测量方式以计算监管资本。

（6）由于职能部门间没有完全相关的收益来源，所以银行破产风险降低。

（7）金融企业集团递增的融资能力，使其能在高收益项目上投资，否则这些项目可能被搁置。

（8）市场权力增强。

（9）企业内的交易使税收负担降低（转让定价）。

（10）得到大而不倒的保证。

这些观点的基础是一些太过抽象，在现实中难以出现的观点。内部、外部劳动力以及资本市场效率的观点听上去更像是修辞手法。其他一些观点属于不良实践衍生出的优势，它们可能来自监管漏洞。这些不良实践应该被禁止，而不是被称之为优势。比如《巴塞尔协议Ⅱ》允许大型的和多元化的银行以他们内部的模型为基础计算监管资本。但是这种优势是通过一个深思熟虑但有缺陷的监管设计而产生的，这种监管设计根本不应该被提出来。由于允许此类不良实践，以及优待大型的和多元化的金融机构，《巴塞尔协议Ⅱ》招致了严厉的批评（参见第9章）。不断增加的市场权力是我们在课本中强烈反对的事物，我们要求监管机构缩减这种权力。而通过欺骗性的转让定价降低税负是违法的（穆萨，2002）。

另一方面，针对金融机构的多元化提出了几条反对观点（施密特和瓦尔特，2006）：

（1）业务线内的交叉补贴，导致资源无效率地分配，并且减少了盈利业务线的业绩奖励。

（2）过多的自由现金流和未使用的借贷能力，导致低回报项目的过度投资。

（3）内部信息不对称的存在，使集中管理和部门管理之间出现矛盾。

（4）在补偿制度和收入、成本、风险属性方面，内部分工出现冲突。

（5）在活动多元化的过程中支付了过多的保险费。

（6）投资者无法知晓金融服务具体领域准确的敞口，从而无法根据他们资产分配的目的来构建投资组合。

（7）客户和那些制造信誉风险的金融企业集团活动领域之间存在利益冲突。

这些反对多元化的观点看起来比支持多元化的观点更说得通。相关的经验证据揭示了如下事实：

（1）随着产品范围扩大，世界上最大的 200 家银行的单位成本上升，意味着范围不经济逐渐出现（桑德斯和瓦尔特，1994）。

（2）只有极其微弱的证据证明，大约 300 家银行存在范围经济，这 300 家银行的资产范围在 1 亿美元到 5 亿美元之间（米切尔和奥弗洛，1996）。

（3）银行持有公司和证券公司或房地产公司之间的并购加剧了风险（伯依德等人，1993）。

（4）来自于向非盈利活动放贷的多元化破坏了风险调整表现。任何与范围相关的收益都被这些活动更高的波动性所抵消（斯特奥和朗布尔，2006）。

（5）基于银行的金融服务公司的所有多元化经营都破坏了价值（拉文和莱文，2007）。

（6）许多国际证据表明，存在着多元化折让率，即与专业化的独立公司相比，并购会带来价值损失（博格和奥菲克，1995；朗和斯图斯，1994；林斯和瑟维斯，1999；陈圣贤和金和伟，2000；贝纳尔和施密特，2005；施密特和瓦尔特，2006）。

4.5 现实的检验

当企业扩张以利用规模经济和范围经济时，它们可能会对经济整体有所伤害，因为这创造了一个寡头市场，企业追求其目标的图景或许不那么温馨。这一努力可能是有问题的，甚至是适得其反的。西尔斯·罗巴克公司试图将金融服务多元化，但是很快意识到行动过程中的错误，并回归核心业务（零售），卖掉了好事达保险子公司，科威房地产部门和 DiscoverCard 金融服务部门。2010 年 4 月，尽管谷歌业绩表现惊人，但谷歌股价下跌，这是投资者对一则关于谷歌公司想要将它的核心业务多元化，进入硬件领域的新闻的反应。尽管花旗银行的破产不能完全归因于多元化（花旗集团的破产主要由于经营和财务管理不善），但其最不应该做的事就是让不称职的管理层负责范围广泛的产品。

瑞士银行业的两件轶事

曾经强大的瑞士银行业也有两件轶事。第一件开始于 2002 年 6 月 3 日，两家瑞士银行隆奥银行和达亨银行宣布并购完成。按照惯例，这两家银行涉足私人银行业，管理富人的财富。这次并购紧随瑞士私人银行业的倒闭而来，由于全球打击洗钱和偷税行为，该并购也背离了它的初衷（它著名的保密性）。当两家银行正在面临其他困境，并显露出衰落和遭遇亏损的迹象时，这次并购发生了。比如，达亨银行在 2001 年 10 月正经历一场风暴，它的资深合伙人本尼迪克特·亨奇由于牵扯进瑞士航空的倒闭（作为副主席）而辞职。另一方面，隆巴德·奥迪耶由于冒险进入外国业务而陷入麻烦，他希望搭上股市繁荣的快车，但这次繁荣在 2000 年走到了尽头。这次并购是两家银行的一次尝试，它们想要改造自身，并发掘一些规模经济和范围经济。然而，一些观察者认为，由于盲目追求规模，这两家银行毁掉了它们的特色，即对（富有）客户的周到服务。在并购过程中，他们放弃了私人银行业这个有利可图的部门，而它能带来高达 30% 的回报。这则故事向我们展示了并购是如何摧毁价值的。

第二则故事关于瑞士信贷，它是瑞士第二大金融机构。1997 年之春，《经济学人》引用了瑞士信贷董事长和首席执行官卢卡斯·米勒曼打趣合并银行业和保险业这一主意的原话："当你想要一杯牛奶时，为什么要买一只牛?"几个月后，此人决定买只牛，即丰泰保险公司。2001 年，事情开始不如意，瑞士信贷以相当低的价格卖掉了为跨国公司服务的保险业务丰泰国际。股票的下跌重击了丰泰的生命保险业务，最终股东权益下跌了 40 亿法郎。在 2002 年第一季度丰泰在生命保险业务上亏损了 1.5 亿法郎。这一切都加诸在瑞士信贷的股价上，2001 年 1 月至 2002 年 6 月，它的股价下降了 40% 以上。这一案例中的多元化没有降低而是增加了业务风险。

4.6　极大的动力：TBTF 任务

尽管金融机构像其他机构一样，扩张以求降低交易成本，享受市场权力以及利用规模经济和范围经济，但它们这么做还有一个特殊的动机。获得 TBTF 地位可能是金融机构想要变大的原因，因为一旦它们开始获得 TBTF 地位，它们就有了特权。

丹尼斯·贝尔曼（2007）指出："当你大而不倒的时候，日子是美好的。"两位美联储经济学家试图估计一家金融机构为了 TBTF 特权准备付出多少代价。总体而言，TBTF 的好处可能有以下几条，包括：（1）得到未投保的债权人和市场参与者的青睐；（2）以低监管成本经营；（3）增加该机构获得监管宽容的几率（布鲁尔和贾格迪安尼，2007）。TBTF 地位不仅在一家 TBTF 机构陷入困境时有用，当事情一切顺利时，它也能起到作用。这一地位提供了接近政治家和法律制定者的机会，并且使 TBTF 机构有更大底气去协商（要求）进一步解除管制。比如，花旗集团的前任首席执行官桑迪·威尔，在 1999 年废除《格拉斯—斯蒂格尔法案》的错误决策中扮演了重要的角色，这个决策允许金融机构进一步膨胀。

企业追求增长有 TBTF 动机，可以用下一个事例作为证据。美国银行业历史上最大的四起并购发生在 1998 年，花旗银行并购旅行者，美国银行并购国家银行，美国第一银行并购芝加哥第一银行，以及西北银行并购富国银行。我并不确定这些并购的时间点是否与救助美国长期资本管理公司有关，但是这次救助一定给了大银行这个印象"如果他们政府准备救助一家相对较小的对冲基金，他们将会救助一家大型银行"。1998 年救助美国长期资本管理公司的理由是公众熟知的，这可能为扩张提供了动机，以便在出问题时，使自己被救助的可能性最大。

经验证据

布鲁尔和贾格迪安尼（2007）考察了很长一段时间银行业的并购数据，发现银行愿意为一桩花费它们 1000 多亿美元资产的交易支付保险费，它们认为这是 TBTF 的门槛。具体而言，他们发现做过此类交易的九家银行花费了 140 亿美元至 165 亿美元去获得贝尔曼（2007）所说的"镀金的 TBTF 地位"。他们指出，如果达到 TBTF 地位有明显的价值，金融机构倾向于为那些使得它们达到这一规模的收购付出更多。如果允许一家机构成为 TBTF 的并购数量有限，如果这家机构为了类似的动机出价高于其他机构，额外的并购保险费就能彰显出 TBTF 的价值。

一些经济学家认为，银行追求扩张是为了提高美国存款保险公司覆盖其全部存款的可能性，这和大而不倒的概念是一致的，或者他们称之为"太重要而不能倒"（亨特和沃尔，1989；伯伊德和格拉汉姆，1991）。这就是所谓的"提高存款保险看跌期权假说"，这种观点认为，即使不是社会最优状态，银行可能也会追求扩张（贝特森等人，1995）。另外，米什金（2006）认为："大而不倒的存在激励银行变大，以利用大而不倒的补贴金，因此银行将比最优状态更大，而且会有很多银行并购。"米什金认为这一结果从银行的角度而言，是资源的分配不当以及成本无效率。

公江原田和伊藤隆敏（2008），西野馨等人（2009）和诺曼（2008）提供了"TBTF 任务"的假说。公江原田和伊藤隆敏（2008）考察了 20 世纪 90 年代日本的银行并购，并得出结论："并购的一个主要动机是利用已有的大而不倒政策，而不是追求激进地改革。"此外，西野馨考察了 1994 年至 2004 年的日本银行业，并发现"日本的大而不倒政策在并购和收购中扮演了重要的角色"。诺曼调查了美国的情况，认为 TBTF 地位具有资金优势，而对非 TBTF 企业（小型竞争者）这种优势是没有的。结果是："这种不平衡使银行有了通过并购创造一家 TBTF 银行的动机，或者现有的 TBTF 银行有了吞并小型银行的动机。"他认为，无论是哪一种情况，"目的都是为了从 TBTF 地位中获利"。

4.7 变得更大：概括和实证

即使我们分开考察规模经济和范围经济，它们也不可避免地又回到一起。金融机构一般是通过多元化（并购和收购）形成金融企业集团而变得更大。休斯等人（2001）揭示出，更好的多元化与更大的规模经济相关，而贝克等人（2006）指出"大银行比小银行更倾向多元化"。这一节里，我们在这个意义上分析支持大型金融机构和反对大型金融机构的观点。

支持和反对大型金融机构

看上去，反对大型金融机构的观点比支持它的观点更强有力。支持大型金融机构的最主要的观点是，规模经济和范围经济能产生效率。然而，那些所谓规模经济和范围经济的例子通常被证实是规模不经济和范围不经济的。另一种观点认为，多元化使这家机构承受更小的风险，因为多元化减少了对任一服务或产品需求的依赖。但把规模扩大到新的领域可能证明是不明智的，而且它是对专业化和比较优势原则的背离。一些人认为，大而多元的金融机构为个人和企业提供了便利，因为一家企业集团就能满足他们的各种金融需求。仅仅为了向已经依赖该公司其他服务的客户提供便利，一家金融企业集团的部门就可能开展一些新的业务。当我们依据大型金融机构的弊病来看待这些优势时，他们就显得无关紧要和苍白无力。

另一种支持大型金融机构的观点认为，在全球化时代，大型金融机构是必要的。这种观点指出，大的规模对金融机构很重要，这使它们能在全世界运营，并应付巨大的现金流。很随意的现实证据就能驳倒这种观点。在过去 10 年间，一些金融机构增长了 5 倍。这种高速的增长并不是良性的，因为它与世界经济的增长不成比例。为什么苏格兰皇家银行的"最佳"规模在 10 年间从 890 亿欧元增长到 2.4 万亿欧元？为什么 1998 年至 2008 年花旗集团的"最佳"规模从 7400 亿美元增长到 1.9 万亿美元？为什么两家冰岛银行在 7 年间增长了 20 倍，其中一家的规模达到了整个冰岛经济的 9 倍？为什么当全球经济正在经历大萧条后最惨烈的衰落时，大型金融危机在全球金融危机期间愈发膨胀？为什么一家金融机构的增长比其所服务的经济体的发展还要快？

人们认识到与大规模相关的问题已经很长时间了。达什提及"商业的诅咒（curse of business）"，路易斯·布兰迪斯约一个世纪前创造了这个词，他提醒人们"银行、铁路和钢铁公司发展得如此巨大，它们正在为国家的政治生活和经济生活做主"。"我们被告知，规模不是罪行"，布兰迪斯写道，但是"至少，规模可能是有害的，原因在于它达到目标的手段和它投入的用途"。布兰迪斯甚至担忧，当时的大企业通过日渐集中的经济权力，危机民主制度。在布兰迪斯之前，亚当·斯密在他的经典著作《国富论》中，指出："大的股份制公司浪费资源，无效率，它们只有在政府给予特殊援助的情况下，才能存活下去，这在南海公司和东印度公司的例子中得到了证实"（莱瑟斯和雷恩斯，2004）。

西蒙·约翰逊（2009）强烈反对大型金融机构。他把自己的立场总结如下：

"许多年以来，我们已经接受了金融集中的理论——不仅在已经存在的所有差异化部门（保险、商业银行业、投资银行业、零售业务等），而且就庞大的规模而言也是如此。这一理论认为，资本深度将会默许被称为金融超市的不同实体相互竞争，并向消费者提供全面的服务和交叉营销的产品。这一模型已经失效了。它的失灵体现为巨大的损失，臃肿的管理成本，严重的无效率，数量惊人的风险。这些金融组织规模庞大，在交叉销售中违背受托责任，滥用道德，现在几乎每一个大型金融机构还需要主要由纳税人资助的资本支持。大型金融机构承担过量风险以获得足够高的回报，这样才能为上述情况正名。"

我认为约翰逊概括得相当生动。现在让我们来看看正式的经验证据是如何体现大规模诅咒的。

反对规模的经验证据

有大量经验证据用以反对规模学说。休斯等人（2001）指出："大多数关于银行产出的学术研究没有找到规模经济的证据。"博格等人（2002）认为，大银行不太愿意借贷给小企业，更不愿意借贷给有簿记不正式、信贷问题严重和阻碍商业发展的企业。因此他们得出结论，小银行在收集软信息，并依据这些信息采取行动方面比大银行更有优势。伯依德和盖特勒（1994）发现："大银行要对 20 世纪 80 年代异常糟糕的产业效益负主要责任。"这一发现可以归因于两个因素：去管制化和 TBTF 保护。1984 年伊利诺伊大陆银行的救助创造了一个观念，即大银行将享有 TBTF 保护。

研究结果表明："规模和效益呈显著的负相关。"这一发现归因于"一个日渐深入人心的 TBTF 补贴观念"，这始自 1984 年 9 月（在美国国会的证词陈述上），当时货币监理署宣布 11 家银行控股公司大而不倒（奥哈拉和肖，1990）。美联储 2002 年的报告考察了世界范围内的银行并购，并得出结论，只有在约 500 亿美元的上限之下，规模才能产生优势。超过这一限制，经营大型机构很困难，劣势开始显现（福特和拉尔森，2009）。这一报告也指出，一些非常大的银行之所以可能有很高的回报只是因为它们的 TBTF 地位。德·尼可洛在美国的银行、日本的银行和几个欧洲国家的银行中发现银行规模和银行破产之间呈显著的正相关。

博格等人（1993）对银行机构有效性的文献进行了综述，得出结论，银行业的平均成本函数呈"相对平滑的 U 形，中间规模的形式比非常大非常小的企业都多少更有规模效率"。汉弗莱（1990）所做的调查也有同样的结论。有些研究使用了资产只在 10 亿美元之下的银行，有些研究使用了全部规模的银行，一个研究包括了所有资产超过 1 亿美元的银行，并发现资产在 7500 万美元和 3 亿美元之间的银行平均成本最小（博格等人，1987；费雷尔和洛弗尔，1990；博格和汉弗莱，1991；鲍尔等人，1993）。一些研究只使用了资产超过 10 亿美元的银行，并发现最小的平均成本点在 20 亿美元资产和 100 亿美元资产之间（亨特和蒂默，1986，1991；诺拉斯；亨特等人，1990）。麦卡利斯特和麦克马纳斯（1993）发现小型银行存在实质上的规模无效率，约 15000 万美元的资产可以达到最佳规模效率，此后平均成本基本不变（直到 100 亿美元资产）。与银行业类似，储蓄银行和政府金融机构的文献也显示，平均成本曲线呈 U 形，资产在 1 亿美元以下的机构存在规模经济，而大型机构存在成本不变或规模不经济（穆雷和怀特，1983；金和允，1986；戈尔斯坦等人，1987；梅斯特，1987，1989，1991；孔特和史密斯，1990）。

银行并购对效率的影响已经通过大量实验研究考察得很清楚，这些研究基于并购前和并购后的财务比率，比如运营成本占总资产的比率，股本回报率或资产收益率（若迪斯，1986，1990；林德尔和克兰，1992；科内特和尼安，1992；斯宾特和塔尔汗，1992；斯里尼瓦桑和沃尔，1992）。大部分研究都发现并购没有带来益处。

变大的风险

人们早就认识到，没有政府政策保护更为广泛的利益群体，大型企业（无论何种）都会彻底终结于滥用权力以赚取越来越多的钱上。大不仅意味着寡头和市场权力，大型金融机构过大以至于难以管理，当它们在产品上充分多元化时，利益的冲突将会出现（因此有了《格拉斯—斯蒂格尔法案》）。然而，大规模最严重的后果是大型金融机构要求 TBTF 地位，而一旦它们陷入困境便期望纳税人的资金。

4.8 金融机构日益增长的政治影响力

金融机构和它们的老板变得如此有影响力，并与政治相关联，以至于他们有能力促使政府不断去管制化，同时在自身陷入绝境时，要求（并获得）纳税人的钱，即使这种绝境是贪婪和无能的结果。约翰逊（2009）将这一现象称为"无声政变（quiet coup）"。2009 年 12 月，英国前任首席戈登·布朗在向 G20 财政部长演讲时，态度坚决地认为"金融机构和公众之间必须在信任以及公平分配风险与回报的基础上，建立一个更为完善的经济和社会契约"。布朗提出的问题是，金融机构和纳税人之间的经济和道德关系是否对称和公平，答案毫无疑问是"不"。他也号召金融机构与"主流人群持有的价值观保持一致"。另一位英国首相温斯顿·丘吉尔在 20 世纪 40 年代对金融部门和社会的当代关系作出了清晰明确的描述。他说："在冲突的历史中，从来没有这么多的人对这么少的人如此亏欠。"那时，丘吉尔的少数人指英国皇家空军飞行员，但是这一表述也恰到好处地适用于一个包括少数金融家和大多数纳税人的机构。唯一的区别是少数和多数当前的冲突在于他们的利益如此悬殊。

约翰逊认为，金融家在创造全球金融危机的过程中扮演了至关重要的角色，他们沉溺于政府含蓄支持的豪赌之中，导致了这次崩溃。他认为，令人更为吃惊的是"这些人现在还在利用自己的影响抵制为防止经济直线下滑而必须迅速采取的改革措施"。他写道：

"有些政策变化或许本可能阻止危机，但由于限制金融部门的利益——比如如今闻名遐迩的布鲁克斯利·伯恩 1998 年在商品期货交易委员会监管信用违约掉期的尝试——它们都被忽视或搁置起来。"

尽管全球金融危机已经改变了一切，但是金融家依然目中无人，他们期盼财政救助和奖金，即使他们给地球上的中产阶级造成了伤害。他们拒绝为金融危机负责，将这次危机归咎于宏观因素（比如低利率）和全球失衡（就像其他事情一样，它被归咎于中国，甚至里约，以套用迈克尔·凯恩一部电影的标题）。看起来金融危机开始后，大银行积聚了政治力量，利用人们对系统性失灵的恐惧与政府达成有利于自身的协议。美国银行提醒美国政府，它可能无法完成对美林集团的收购，这是财政部不希望面对的前景，此后它获得了第二笔紧急援助（2009 年 1 月）。我们始终要记住，金融机构赚了取之不尽的钱，并将它们四处使用，以攫取举足轻重的政治权力。这是金融监管改革很难进行的一个原因。

4.9　受害人还是恶人

金融家和他们的支持者拒绝为金融危机的到来负责，诽谤、中伤、妖魔化的言论无处不在。比如，2009 年 4 月，萨尔曼（2009）引用了一个金融部门的狂热分子和支持者佩吉曼·尤西菲札德罕的话：

"美国金融服务业人才的外流要'感谢'日益加剧的管制，对阶级福利言论的追求和奥巴马政府及其同盟者的政策，还有将当前经济衰退归咎于对冲基金等实体的趋势，而这些实体与金融危机毫无关系，人才的外流今后足以伤害美国金融服务业。"

这是多么地可笑和令人震惊！尤西菲札德罕先生（据萨尔曼说，他非常不安）不仅号召为摧毁了世界经济的罪犯免罪，更号召我们放任金融家再次做出更深的破坏，并给他们更多的奖金以防止"人才外流"。这种言论只能由意识形态主导，来自某个将自己描绘为自由保守的共和党人。当奥巴马总统被授予诺贝尔和平奖时，尤西菲札德罕在他的网页上谴责这一奖项，并将它称之为"完全荒谬的决定，没有真凭实据，没有各方认可，这一决定只是青睐一个没有任何具体成就可以配得上和平奖的政治人物，而此人的个人声望很可能是短暂的。"

对自由保守共和党的回应

菲利克斯·萨尔曼用某种讽刺的口吻回应了尤西菲札德罕先生的言论，他（萨尔曼）说，如果"伤及"意味着缩减金融部门的规模以及金融部门公司利润的份额，那他自己今后想要伤及美国金融业。他将类似于这样的方法描述为，"庇古政策回应：你向你希望更少的东西征税并进行监管"。尤西菲札德罕至少应该熟悉一个事实，即奥巴马及其"同盟"（不确定他们是谁）在大型金融机构上使用的财政救助资金已经到了将美国财政赤字提升到 1.4 万亿美元（GDP 的 10%）的程度，甚至在第二次世界大战期间都没有见到这一差额。然而，萨尔曼并没有对"人才外流"做出评论，也没有就对冲基金与全球金融危机无关这一言论回应。因此，我必须回应这些荒谬的言论。

人才外流

首先，我思考了一会儿，尤西菲札德罕应该在谈论美国国家航空和宇宙航行局（NASA），因为这才是与人才相联系的。那么，我们这里讨论的人才外流是什么？《经济学人》（2008a）做了一个有趣的观察，即银行"在培养杰出的管理者方面毫无建树"（重温了美林集团和花旗集团为离职的首席执行官指派继任者的闹剧）。纵然管理才能很重要，但基础的银行业和金融业（这正是我们支持经济活动需要的）不要求大量的人才。它要求勤勉、诚信、透明和良好的服务（这并不是说"诚实但木讷"满足要求）。

而尤西菲札德罕想必是在讨论那些发明了担保债务凭证、信用违约掉期和其他有毒产品的人才的外流。如果这是事实，那么人才外流使每个人受益。如果他所指的是金融家如约瑟夫·卡萨诺、斯坦·奥尼尔和"世界上最糟糕的银行家""剪刀手"弗雷德（任职于苏格兰皇家银行）等人才，那么人才外流使这些公司的股东和整个经济受益。或者他正在谈论密尔肯和马多夫这样骗取了人们数亿美元的人才？真正的人才（这是很严肃的）包括了一些天才的数学家、物理学家以及由巨额金融奖励吸引进金融行业的真正工程师。金融机构的人才外流也是有益处的，因为数学家、物理学家和工程师能更好地为科学和脚踏实地的工程服务，而不是发明有风险的金融产品并为之定价。那些被引诱到金融业的人才，更适合学术研究，他们可能现在又回到了学术界。此外，这使每个人都受益（当前混乱局面下学术的作用和金融部门的后起之秀将在第 5 章讨论）。因此，金融机构的人才外流对每个人而言都是良性的，它不应该被阻碍。

如果有什么影响的话，真正的人才外流已经由金融部门施加给经济的所有部门。因此，金融机构不是人才外流的受害者，而是人才外流的罪魁祸首。金融业已经从经济的其他部门吸引了顶尖的数学家、物理学家和工程师，而他们在各自的经济部门有比较优势，能创造有用的东西并提升我们对周围世界的认识。将一个致力于改善内燃机燃料效率的机械工程师转变成一个竭力将衍生品变得更复杂和不透明的金融工程师，这从不符合社会和经济的利益。

对冲基金的作用

第二项言论，即对冲基金与全球金融危机无关，相当荒谬。对冲基金是不受监管的、不登大雅之堂的、高度杠杆化的金融机构，它们承担过度风险，因此成为了这次灾难的一剂猛药。假定绝大多数观察者同意，这次危机是由过度杠杆化和风险承担共同导致的，那么对冲基金无法免罪，因为这恰是它赖以生存的特征。贝尔斯登公司出现压力的第一个征兆是，它的两只对冲基金由于过度卷入抵押贷款证券市场而陷入困境。2007 年 6 月，贝尔斯登要求从对冲基金提取现金，但是对冲基金并没有履行相应义务。贝尔斯登掌握了对冲基金的资产，但没能使它们流通，这导致巨大的金融困境。

尤西菲札德罕似乎记性也不太好，于是他不受拘束地发言。1998 年一只对冲基金美国长期资本管理公司由大量人才管理（金融部门将人才外流的结果施加给学术机构），却损失了 45 亿美元并要求 TBTF 地位。的确，我们可以说，对冲基金是工程师发明的担保债务凭证和信用违约掉期的受害者，但它们只能谴责它们自己，因为它们受贪婪驱使过度杠杆化，并且不计后果的承担风险。在这个过程中，它们失去了从银行借来的资金，并且这笔钱的一大部分来自小型存款人。

莫里斯（2008）认为，对冲基金是推动担保债务凭证市场发展的动力，因为它们是有毒资产的大客户。他这样解释此观点：

"它们必须是希望承担巨大风险而赚得超额回报的投资者。它们必须有相当大的自由选择它们所投资的产品。理想情况下，它们不会向紧张的股东或受托人披露仓位的具体细节。它们需要使用巨额的投资资金，并且必须自由地再杠杆化其仓位以提高收益。是的，正如读者所猜到的，这就是对冲基金。整个行业都随着它们的旋律而舞动。"

抱着对冲基金与全球金融危机无关的观点只会延续我们的不信任。这是现实，不是梦境或仙境。

为巨大回报的辩护

另一个金融业狂热分子是托马斯·多诺霍。这位美国商会的主席在

2010 年 1 月 12 日举行的一次新闻发布会上支持华尔街的补偿方案（http：//self－evident. org/？ paged＝2）。多诺霍将收到奖金的人形容为"疯狂的科学家"，他们是"与众不同的人"。他们相信："我们是特别的，我们值得奖励。"这解释了为什么金融家总有某种膨胀的权力意识。他们的确是特别的和与众不同，他们从事的工作往好了说是无用的，往坏处说则是毁灭性的，没有其他行业的人会因此获得巨额的金钱。问题是，即使只是为了讨论的方便，我们假设他们做了一些有益于人类的事情，但这些失去高薪工作而收到巨额奖金的人也不知道债券和购物单的区别。

将这些收到奖金的人和科学家比较是对科学的极大侮辱。只有杰出的小部分科学家因为做出一个使我们生活更精彩的发明或发现而获得诺贝尔奖。为了奖励这项发明或发现背后约 40 年辛勤的工作，一个诺贝尔奖科学家收到了一生只有一次的"奖金"，这笔奖金要比金融专家二十分之一的年终分红还要少，而正是这些金融专家使他们的公司和冰岛经济破产。达拉斯花旗集团一位清醒的前计算机程序员曾经写道："我认为他们（花旗集团）的金融专家和高管是无能的，心胸狭窄的，他们与那些在信息技术部门操纵一切的家伙一样自私"（德拉姆，2009）。

罪犯，而不是受害者

据我所知，金融家是罪犯，而不是受害者。奥巴马总统在 2009 年 12 月接受斯蒂夫·克拉夫特的采访时，承认了这一事实，他明确地说，金融危机"一部分原因在于华尔街完全不负责任的行为"。他还说："尽管银行获得了财政救助，经济出现了衰退，但银行家没有为他们的行为感到羞耻，为他们巨额的补偿汗颜。"但毫无疑问，尤西菲札德罕相信，奥巴马先生不配获得诺贝尔和平奖。

第 5 章

皇冠上的珍珠

5.1　一些事实和图表

自 20 世纪 80 年代初期以来，大多数（实际上，全部）发达国家的金融部门比其他经济部门增速快得多，金融部门在 GDP 和企业利润总额中占据的份额不断增加。事实上，金融部门已经形成了自己的王国，一个只为自身而存在的实体，它并不以支持实体经济活动（生产我们需要或想要的产品和服务）为目标。它已经成为一个目的——而不是达到目的的手段，即以提供信用卡、流动性和支付手段促进经济活动。以支持现实经济活动的基本功能为判断依据，整个金融部门增长得太大，可能过大以至于对经济不利——或者正如《经济学人》（2009f）所说，"脚比靴子大"。它成为了经济皇冠上的明珠。这就是为什么很多学者使用"经济金融化"（米泰斯，2009）这一术语。

金融部门在 GDP 中的比重

托马斯·菲利蓬（2008）研究了 1860 年至 2007 年美国金融部门的增长，并得出结论，直到 2001 年，这些增长基本都反映了经济的基本需求，但是 2002 年后，这一部门保持快速增长的原因就不太清楚了。他的分析和最后结论的前提是：金融机构向家庭和公司提供服务，金融部门在总收入中的份额揭示了经济的其他部门附加在这项服务上的价值。

图 5.1 考察了所选年份，金融部门在 GDP 中所占比例的叠加趋势。在 19 世纪中期，这一部门在 GDP 中所占比例约为 1.5%。金融部门占GDP 比例的显著增长发生在 1880 年和 1900 年之间，菲利蓬认为，这是因为铁路和早期重工业的金融化。结果是，金融部门的比例在 1900 年

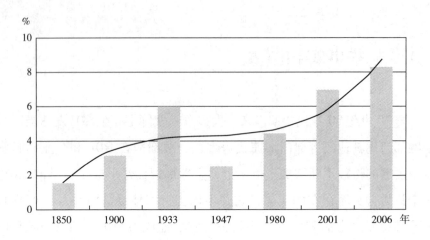

数据来源：菲利蓬（2008）。

图5.1 所选年份美国金融部门占 GDP 的比例

超过3%。第二次巨大的增长发生在1918年和1933年，原因是电力行业、汽车业和药业的金融化。到1933年，金融部门占 GDP 比例略低于6%。随着金融部门比重在20世纪30年代和20世纪40年代的持续下降，它在 GDP 中所占比例于1947年降到只有2.5%，但这只是一个低点。第三次大幅增长发生在1980年至2000年，菲利蓬将原因归结为信息技术（IT）革命金融化。2001年底，金融部门占 GDP 比例略高于7%。IT 股票暴跌之后，这个趋势一直持续，2006年金融部门在 GDP 中所占比例达到8.3%。

这个简单模型将金融部门的规模归因于公司对金融服务的需求，基于这一模型，菲利蓬发现，金融部门占 GDP 的比例太大了，规模约占 GDP 的1个百分点。2008年4月，《华尔街日报》的贾斯汀·拉哈特采访菲利蓬，并且用以下方式总结了这次讨论：

"菲利蓬先生认为，金融活动的巨浪开始于2002年，它创造了一个就业泡沫，这一泡沫现今破灭了。他的模型表明金融业和保险业的就业总人数只有降至630万人，才能回到历史标准，这意味着该部门失去其他70万个就业岗位。"

菲利蓬反对这样解释他的研究结果，并指出，他的模型不是关于工作数量的，而与金融部门占 GDP 比例有关，这意味着，金融部门的年度工资需要缩减约 1000 亿美元，这样说更准确一些。然而，他承认他的模型无法解释金融部门从 2002 年以后的持续增长，并暗示他不确定"这些由疯狂的交易量和房地产衍生品提供的服务是否与其标价相符。"

菲利蓬研究的主要缺陷是他的前提，即金融部门的规模反映了经济其他部门附加在金融服务上的价值。后续的讨论会指出，即使当更广泛的利益群体开始意识到一些所谓"金融工程"的产品是无效的，且起不到任何有意义的作用时，金融部门的膨胀仍会得到支持。这就是菲利蓬对 2001 年后金融部门的持续增长迷惑不解的原因。事实上他低估了金融部门的规模，他对金融部门 1980 年之后增长的解释忽视了一个重要的解释因素：金融去管制化。

金融部门在公司利润中的份额

美国的金融部门占据了公司利润的很大比例，同样也占据了总工资的很大比例。《经济学人》（2009e）估计，1996 年至 2007 年标准普尔 500 公司的利润从 650 亿美元急剧上升到 2320 亿美元，从占公司总利润的 19.5% 急剧上升到 27%。约翰逊（2009）提出了如下有趣的事实和数据：

"从 1973 年到 1985 年，金融部门赚的钱从来没有超过国内企业利润的 16%。1986 年，这一比例达到了 19%。20 世纪 90 年代，这一比例在 21% 和 30% 之间摇摆，这样高的比例在战后是空前的。而进入 21 世纪以来的这个十年，这一比例已经达到 41%，工资也急剧上升。从 1948 年至 1982 年，金融部门的平均补贴范围大约在国内所有私人行业平均值的 99% 到 108% 之间。从 1983 年起，它急速上升，在 2007 年达到 181%。"

就这些惊人的数据，萨尔曼（2009）评论道：

"金融服务企业应该是中介机构和中间人。任何时候，中间人拿走总利润的41%意味着它是一个竞争很强的行业，这种观点是非常错误的。"

莫里斯（2008）引用了《金融时报》马丁·沃尔夫的话，他说："在过去很长时间内，金融服务业的利润高达其他行业的两倍"，这"与自由市场经济学的基本主张相抵触，而自由市场经济学认为不同企业的利润会随着时间趋于均衡"。莫里斯将他所说的"金融服务的永久优势"归因于"它们并不真正在自由市场中竞争"这一事实。他如下解释他所说的"金融服务的过度特权"：

"它们（金融机构）赚取高额的利润，因为它们承担巨大的风险，与其他行业相比，它们高度的杠杆化就是例证。然而，在真正的自由市场，高风险和高利润的时期已经被大量亏损的时期所抵消。但是在金融服务业，尽管高额的利润由经理和股东获得，但他们的损失往往部分社会化。"

2001 年以后的持续增长

思考战后时期金融部门的增长，可以将这一时期分为两个子阶段：1947 年至 1980 年，以及 1980 年之后。在 1947 年至 1980 年，金融部门在 GDP 中所占的比例从 2.5% 升到 4.4%。自 1980 年起，这一部门开始快速增长，并且持续至今。这不是一个巧合，因为 1980 年是全面解除金融管制的开端。金融部门的增长是由解除管制和政府的偏袒所维系的，这也就是为什么技术革命的结束对这一趋势毫无影响。

解除管制似乎在金融部门增长中扮演的角色比它在经济增长中扮演的角色更加重要。金融部门和整个经济的联系非常脆弱。20 世纪 60 年代，经济增长得相当迅速，但它只需要很少的金融中介。金融在 20 世

纪 80 年代快速发展，但是经济停滞，这一状况直到 20 世纪 90 年代才
再度改变。所以要有一个庞大的金融部门用来支撑经济增长这个说法绝
对不正确。即使偶然观察显示，金融业与增长正相关，但这只是简单相
关，而不是因果联系。更富裕的国家相对于 GDP 有更多的金融流动，
而更发达的金融业并不能以任何形式提高 GDP，这就是我们了解到的
全部。

金融部门过大吗

全球金融危机强化了这样一个信念，即金融部门过大，它应该被缩
减。比如，菲利蓬（2007）认为"当前的金融危机告诉我们，我们不
应该用 8% 以上的经济资源去购买金融服务"。他的估算是"如果美国
想继续成为一个有创造力的、资金密集型的国家，那么金融部门应该占
GDP 的约 7%"。他对金融工程师的命运做了一个足够讽刺的评论，认
为"他们应该重新成为工程师"。

很多人会认为即使占据 GDP 的 7%，金融部门也过于庞大。在接受
《展望》（2009）杂志采访时，金融服务管理局（FSA，前英国监管机
构）的特纳勋爵指出，英国金融部门发展得过大，从社会角度看，它
的一些活动毫无价值，并且使英国经济不再稳定。他认为膨胀的金融部
门和过高的工资应该通过缩减该部门的规模或征收特别税而终止。而冰
岛在其银行体系崩溃后，才沉痛地明白了这个道理，即它的银行体系过
大，超出其较小的经济。瑞士的银行业享有声望，但是官方宣布瑞士政
府无力承担其最大的银行——瑞士联合银行和瑞士信贷的所有负债。回
到 20 世纪 80 年代，斯普瑞格（1986）曾经明确地说："私人银行不应
该比它所服务的经济增长得更快，监管机构要禁止它们这样做。"

我们分配了大量资源给金融服务和金融产品，但好处却只被金融部
门及其领导者所享有，这些资源的金额和质量都引发了我们的关注与思

考。正如特纳相信的那样，从社会角度看，一些金融活动是无用的，约翰逊（2009）想知道现代金融是更像电力，还是更像垃圾食品。约翰逊相信："它更像垃圾食品。"他指出："不断有证据表明，金融市场和围绕着金融市场发生的绝大部分事情就像垃圾食品——营养价值低，对你的健康有害以及很难改掉。"

5.2 金融市场和金融工程

对那些不接受金融市场已经过大这一观点的人而言，请思考下面这些有关金融市场规模的惊人数据。金融市场规模与美国 GDP 相关，美国 GDP 约为 14 万亿美元，而全球 GDP 刚刚超过 60 万亿美元。2008 年 10 月初，世界股票市场规模估价约为 36.6 万亿美元（这时市场比原先的顶峰下降了不少于 30%）。外汇交易市场每日的交易量是 3.2 万亿美元，只有一小部分用于为国际贸易提供资金支持。世界衍生品市场总量的名义价值估计为 791 万亿美元，是整个世界经济的 13 倍。2007 年，臭名昭著的信用违约掉期的名义价值约为 62 万亿美元。1990 年只有 610 只对冲基金，但是到 2006 年这一数字升至 4500 只。对冲基金的市场价值从 2000 年的 750 亿美元升至 2007 年的 3900 亿美元。正因为全球金融危机，对冲基金的数量和价值在 2008 年才会下滑。这就是为什么弗格森（2008）认为"金融星球正在挤压地球"。

金融"工程"

所谓的"金融创新"和"金融工程"导致了金融市场爆炸式的增长。与创造风险管理的工具不同，金融工程师正在生产有更多风险敞口的工具，这些工具很难理解。多米尼克·劳森（2009）在评论吉莲·

郇蒂的著作《傻瓜的金子》时，讲了一个故事，关于一个复杂信用衍生品发明者向他的同事发送的一封邮件，而信用衍生品是全球经济危机的重要原因之一。这封邮件写道："我们在这里创造了一个什么样的怪物？这就好比你抚养了一个可爱的孩子，而他犯下了滔天的罪行。"劳森认为这些衍生品是摩根大通创造的，这也就是为何摩根对次级贷款工具的敞口更加小心翼翼，而次级贷款工具导致美林集团、雷曼兄弟和贝尔斯登等公司倒闭。

当金融资产变得更加复杂，更难以定价时，评级机构和监管者（依赖这些机构）使对即将到来的灾难毫无察觉的投资者放宽了心，他们声称证券发行者提供的这些复杂模型没什么可担忧的（莫里斯，2008）。乔治·索罗斯对这一事态评论说：

"新产品如此复杂，政府机构无法再计算风险而开始依赖银行自身的风险管理手段，这时超级繁荣就失控了。类似地，评级机构依赖复杂产品的发明者提供的信息。这是职责的一次惊人倒退。"

在评论凯文·菲利普斯的著作《不计后果的金融，失败的政治和美国资本主义的全球危机》一书时，1986 年诺贝尔经济学奖得主罗伯特·索洛（索洛，2008）写道：

"现代金融工程为赌注创造了无限的机会，而这些赌注与生产活动相距甚远。A 可以跟 B 打赌，赌 C 无法偿还 D（A 到时可能散布有关 C 金融状况的谣言，以尝试操纵这次赌注）。"

没有人在意 A 和 B 是否想要打赌，无论这些赌注是赛马、德州扑克、掷骰子、掷硬币还是信用违约掉期。问题在于一旦他们寻求杠杆操作，这些赌注可能产生消极的外部性（通常都是这种情况），即借贷以押注。通过向银行和其他金融机构借贷，押注的资金高于个人的私人资本。当事情发展顺利时，金融杠杆引人入胜，因为它提高了股本回报，但是对于社会整体而言，银行系统卷入这些赌注，对每个人，包括赌徒和其他人，都意味着更多的风险。如果事情遇到麻烦，整个系统都被违约重创，金融系统几近瘫痪，它无法起到为实体经济活动融资这一基本职能。赌注的总量（一些独创的衍生品使为赌注投注成为可能）明显多于基础性的实体活动的数量，但这对某些人是有好处的。那些操作和主导这些赌注的人获得的费用和利息（他们通过提供杠杆为赌注融资，并因此获得利息收入）是由信贷的总量决定的，这只对只顾赚取自身巨额收入的金融家来说才是福音。

总之，金融工程和金融杠杆的结合导致了全球金融危机和随后的世界萧条。在这次危机的前奏中，主要的商业银行和投资银行（以及与它们并行的对冲基金）是美国和其他国家住房和股票市场双重泡沫的巨大受益者。日益增长的交易数量给他们带来利润，而这些交易则建立在较小规模的实物资产上，。每一次，一笔贷款被出售、打包、证券化和再出售，银行都收取交易费用，购买这些债券的对冲基金随着证券持有量的增长，而获得了日益增加的巨额费用。

金融工程的基本产品或许是有用的，但是金融工程师们做得太过分，其目的仅仅是为他们的老板提升商业规模。尽管相对简单的衍生品为风险转移提供了契机，但不断复杂和模糊的衍生品却用来提高杠杆化以及避开投资限制，银行资本规定和税收管制。以声名狼藉的信用违约掉期为例，它主要用于对赌抵押支持债券的违约行为。刘易斯和埃因霍恩（2009）将信用违约掉期描述成"大部分人不了解的保险"。他们认为，这些衍生品"更像为你邻居家买的火灾保险……一旦有人在你的街坊邻里放火，这家公司并没有真正赔偿你的能力"。正如我们所熟知的，那家公司叫美国国际集团。

工程师和"工程师"

我们在重大事情上依靠工程师，比如，我们所乘坐的飞机的维修，以及电网、输油管、道路、桥梁和隧道等事物的维修，还有其他的事情。工程师负责设计和生产汽车、耐用消费品、电脑、轮船、建筑以及我们每天所用所见的每一件有形资产。因此，我们轻松的生活很大程度要归功于工程师。我正在讨论的是机械工程师、电力工程师、化学工程师、结构工程师、土木工程师、控制工程师、海洋工程师及航空工程师。

但是没有金融工程师，他们是债务担保债券和信用违约掉期的发明者，他们是摧毁世界金融体系并使冰岛破产的衍生品的发明者，而冰岛是一个与世无争的小国，它本应尽可能远离金融工程的震中。正是这些"工程师"设计了结构性产品，其价值从预期现金流的离奇组合中衍生出来，某种程度上，金融工程师出售这些（产品）也（自然而然）购买这些产品，他们自己毫不知晓产品中所蕴含的风险。当谈及购买结构性产品的投资者时，我可没说他们是幼稚的投资者。美林集团的前任首席执行官斯坦·奥尼尔使公司过度介入担保债券凭证，并解雇了敢于表示异议的员工，最终摧毁了美林集团，并将它推向灭亡。苏格兰皇家银行的前任总裁弗雷德·古德温现在隐居在法国南部，他因为类似的做法，决定了该银行的命运，最初他却不愿承认这一点。

奇异的金融产品

正如我之前所说的，基本的产品（衍生品）是有用的。这些包括远期合约、期货、看涨期权、看跌期权、基本类型的利率和货币互换。这些工具及它们的组合不仅仅适用于对冲和投机。期货的发明是为了避开与远期合约相关的一些问题（比如缺乏流动性），而期权的通用性为对冲世界上任何情况和或有风险提供了方法。基本的互换对减少借贷成本和规避外汇风险敞口很有效。那么我们到底为什么需要期货期权、期权期货、期权上的期权、期货期权上的期货、期权期货上的期权等？为什么我们需要所谓奇异期权？所谓的触碰失效期权（也被称为下降敲出期权、障碍期权、可消灭期权以及激活/非激活期权)、路径依赖期权和美式后定选择权对生产和我们的幸福有任何价值吗？除了允许赌徒为更加复杂的结果下赌注，这些衍生品没有任何有益的用途。

　　衍生品可以使国家破产，并且摧毁其公民的生命。比如，希腊深陷金融危机，就是由于希腊政府一时听信了贪婪银行家的建议，使用衍生品来积聚巨额和无保障的债务同时规避外部审查。2010 年早期，随着希腊债务远远超过欧盟的上限，对希腊的担心使世界市场慌乱起来。据《纽约时报》记载："高盛、摩根大通和其他很多银行开发的工具（一些新型互换）使希腊、意大利，可能还有其他地方的政治家能超额借贷。"从这个意义上说，银行（借助于金融创新）使希腊能够在透支的情况下借贷。2001 年，希腊政府因为达成上述交易，支付给高盛 300 万美元的费用。《纽约时报》称："这些不能公开发文或披露的衍生品，为希腊陷入到困境增加了不确定性。"实际上，希腊采取"旧货出售"的方法，将机场和高速公路（以及国家彩票的税收收益）抵押以换取现金。

　　当思考希腊的混乱局面时，一个想法出现在我脑海里。为了提醒大家远离香烟，人们使用一些诸如"吸烟有害健康"以及"吸烟导致癌症和心脏病"等口号。那么，为什么相关组织机构（比如国际货币基金组织、国际清算银行，甚至联合国）没有提醒各个国家远离衍生品？它们确实极富杀伤力。如果一个特定的跨国界因素在某处引起了环境破坏，人们通常会义愤填膺。金融机构对希腊和其他国家所做的一切，理应引起同等的愤怒。

大规模杀伤性武器

　　基础投资不需要金融工程提供的所有先进技术。沃伦·巴菲特可能是世界上最好的投资家，他采取的只是一种不需要这些工具的简单策略：购买价值被低估的资产，而获得资本收益。这位伟大的投资家将衍生品称为"大规模杀伤性武器"，这一评价完全在理。乔治·索罗斯可能是最成功的货币投机者，他依据基本原理在货币市场建立仓位，进而创造财富。我的一位朋友，作为投资银行家和投资组合经理都事业有成，但他始终不明白一个投资者为何需要衍生品以获得成功。他说他只购买自己认为价格会上涨的资产（听上去很像巴菲特的策略）。他不相信卖空交易或者使用工具就能使他在市场低迷时投机成功。这位成功的投资者没有用到"天赋异禀"的金融工程师所生产的武器就已经有所成就。

迪泽（2008）认为，如果正如巴菲特所说，衍生品是"大规模杀伤性武器"的话，那么普莱斯·马斯特就是"世界的摧毁者之一"。据《卫报》报道，马斯特是被称作"摩根大通末日使者"的精英组织的一员，他们发明出复杂的信用衍生品，这些衍生品是全球金融危机的核心所在。事后，马斯特对世界的灾难毫无忏悔之意。在与《卫报》的邮件交流中，马斯特将责任归结为衍生品的滥用，而不是衍生品的本质。当提到信用违约掉期时，她愉快地说："我的确认为信用违约掉期不太合适，这就好比工人总在抱怨他们的工具"（迪泽，2008）。

同理，罗伯特·默顿促成了美国长期资本管理公司的破产，却将责任（和迈伦·斯科尔斯一起）归为"外部压力"，他与马斯特站在同一条阵线上思考问题。在哈佛大学的专题讨论会上，默顿认为"金融机构的管理层和董事会已经无能为力，他们无法理解由新金融经济学创造的新产品"（麦克唐纳德，2009）。没有人会否认，默顿在解决偏微分方程时天赋异禀，而且他对随机分析、测量理论、连接函数等领域有深入的理解。然而，期待每个人都和他一样聪明无异于痴人说梦。如果管理层和董事会因为使用他人的钱冒险交易"新金融经济学"发明的产品而受到责难，那么这些产品的发明者有责任将它们标记为"万分小心处理"的产品。我只是好奇为何巴菲特和索罗斯几乎对这些产品毫无理解，却能做得极其出色，反倒是那些号称理解了这些产品的人摧毁了他们所在的公司以及他们周围的世界。那些"新金融经济学"的拥趸是时候回到原点，脚踏实地了。

衍生品的现状完全不令人满意。赛德曼（2009）写道：

"在创造金融'产品'的洪流中，银行忽视了其核心目标。事实上，它们的目标是守护客户的金融资源，并促进资本配置以在社会中产生效用。未来，银行家应该更少关注自身的'创新'，更多支持企业真正的创新以及那些创造了有形价值的创新。华尔街属于金融服务业——即服务他人的行业。"

的确，我们需要回归本源。银行和其他金融机构应该将工程师送回到属于他们的地方：工厂和实验室。

5.3 政府对金融机构的强烈兴趣

金融业，特别是美国的金融业，创造出一种"繁荣的金融部门必定意味着繁荣的经济"的图景，集体思维则巩固了这种定式，从而金融业将自身置于一个无与伦比的地位，即政治家，包括法律制定者和那些政府要员，不仅接受了金融业的这一形象，并且一再强化这种形象。美国政府的货币政策的变化导致了金融业的崛起。1979 年 10 月，美联储将政策从利率目标转变为货币供给目标，使利率极不稳定，证券交易有利可图，催生了像高盛这样的机构。

政治家和监管者的支持

《经济学人》（2009e）认为："（金融）行业的收益使它可以获得政治影响力，无论是通过为竞选者筹集资金，还是利用政府保护纳税企业的意愿。"约翰逊（2009）指出，尽管金融业已经成为政治竞选活动最主要的捐赠者之一，但它的影响力是如此之高，以至于它不用像烟草公司或者军事承包商那样，用这种方式寻求好处。约翰逊认为金融业"受益于一个事实，即华盛顿的内部人士已经确信，大型金融机构和自由流动的资本市场对美国在世界上的地位至关重要"。政策制定者本应监管金融机构，但他们除了称赞这些机构外，什么也没做。众所周知，艾伦·格林斯潘表态支持不受监管的金融市场，同时本·伯南克（2006）说：

> "市场风险和信用风险的管理日趋复杂……过去的20年间，不同规模的银行组织预估风险和管理风险的能力有了实质性的进步。"

我们付出了惨重的代价才清楚，金融机构有能力或意愿适度管理风险的观点是荒谬的。当银行业这艘巨轮下沉时，格林斯潘主席和布什总统仍然坚持，经济"基本面很健康"，复杂证券和信用违约掉期的巨幅增长印证了"健康经济"的运行，而风险被安全地分摊。但是危机后期，格林斯潘就他看待世界的方式致歉。2008年10月，他承认，当他意识到自己的世界观和意识形态不正确时，他感到震惊（福克斯，2009）。

旋转门

美国政府对金融业强烈喜好的解释之一是，人员从金融业流向政府，也从政府流向金融业，即在政府和金融业之间有所谓的"旋转门"。这就是杰格迪什·巴格瓦蒂（2009）所说的"华尔街—财政部情结"。高盛集团的前任联合主席罗伯特·鲁宾，在克林顿治下就任财政部部长，不久后又成为了花旗集团执行委员会的主席。当任职财政部部长时，鲁宾先生对放松银行管制起到了至关重要的作用。他允诺银行从传统角色中抽身而出，默许它们通过多种金融活动获利，这使花旗集团的创立成为可能。他阻碍对有毒金融产品的严格监管。鲁宾是通过"旋转门"的众多有影响力的人物之一。

高盛集团长期繁荣期间的首席执行官亨利·保尔森，成为了乔治·布什政府的财政部部长，并以此身份发起了对美国国际集团的财政救助（为了保护高盛的利益）。保尔森的继任者约翰·斯诺，从高盛离职，成为了一家大型私募股权公司——博龙资产管理公司的董事长，丹·奎尔也是这家公司的高管之一。在离开美联储后，艾伦·格林斯潘成为了太平洋投资管理公司的顾问，这家公司或许是国际债券市场上最大的玩家。这些行为强化了政府和金融部门的联系。高盛集团不断发生类似的行为，高盛的员工在离职后进入公共服务领域已经成为一个传统，或许当他们以后离开政府时，他们能回到高盛获得更好的职位。

荷兰病

在英国，许多人相信一种观点："当我们有了金融城，谁还需要制造业"。这种观点指，只要金融部门进展顺利，它就能创造财富以弥补因为解散制造业而损失的财富。然而，事实证明，英国比欧洲大陆国家在全球金融危机中受到的创伤更为惨重。原因是金融城对英国经济来说太大了（现在也是如此）。看上去，金融城已经成为了祸根，创造了"荷兰病"的另一个版本。同理，冰岛经济也被危机重创，因为它的金融部门与其小规模的经济相比不成比例地大。

金融部门自身就能独立撑起现代经济的说法荒唐可笑，但是很多人相信这种无稽之谈。1994 年，我曾经在一次聚会上与一个同事交谈，表达了我对钢铁业从英国北部城市谢菲尔德消失的失望，因为这里曾是世界上最大的钢铁供应商。他回答说："谁在乎？英国经济现在以服务为主导。"我回答说："有两种途径消除经常账户赤字：出口电脑和出口妓女。这是一样的吗？"

2009 年 10 月，英国银行连续曝出奖金计划，包括那些获得政府财政救助的银行（最著名的是苏格兰皇家银行）。政府威胁要向它们征收特殊的奖金税，而这种方式已经被在野的保守党所废除。像往常一样，银行家争辩说，这会损害银行系统，对增长有不利影响，并一再声明银行系统是增长的动脉。他们还预言，一些以英国为主的银行会迁至其他地区比如日内瓦。让人耳目一新的是，英国政府的发言人在 BBC 新闻上宣布："政府不会任其勒索。"他甚至声明："如果它们想走，它们就走吧。无论怎样，金融部门还是太庞大了。"他还进一步强调，银行家在像撒切尔时期全国矿工工会的领袖阿瑟·斯卡吉尔一样行动。最后，一些政府官员意识到对健康的经济而言，英国的金融部门（占 GDP 的10%）实在过于庞大。

5.4 解除管制所扮演的角色

无论在美国还是在英国，金融业异军突起，以至于成为经济这座皇冠上的明珠，都始于罗纳德·里根和玛格丽特·撒切尔掌权后放宽金融管制的极端措施。在美好的旧时代，金融机构有界限清晰的职能：商业银行吸收存款，发放贷款；投资银行处理公司金融（并购和收购，首次公开募股等）；证券公司代表他们的客户交易证券；共同基金为股东管理多元化投资组合。每一项职能都由一个授权的监管机构监督。不同职能之间的竞争受限，金融机构规模适度而健康。

去监管化与自由市场意识形态如影随形，其在提高金融部门地位方面扮演了重要的角色。我们在第 2 章描述了解除管制的具体举措和规定。接下来是解除管制措施的概述，它使金融部门更加强健，并提升了它的形象：

（1）坚持资本在国际间自由流动。

（2）废除《格拉斯—斯蒂格尔法案》，从而允许商业银行和投资银行并购。

（3）国会禁止对信用违约掉期进行监管。

（4）措施允许投资银行极度杠杆化。

（5）巴塞尔新资本协议允许银行决定它们自身的风险和监管资本（参见第9章）。

（6）无法校正监管方式，以适应金融创新的巨大发展。

传统银行业的消失

解除管制的一个后果是银行业传统"三—六—三"模式的消失，即银行家以3%的利率贷款，以6%的利率放贷，下午3点出现在高尔夫课堂上（《经济学人》，2009g）。这些数字不一定准确或者代表整个银行业，但它们表明，银行家通常寻求合理的价差，而不是过度承担风险或者去做复杂的衍生品。

商业银行被吸引进投资银行业，因为这里利润更高。他们开始利用资本支持其咨询部门，而这与《格拉斯—斯蒂格尔法案》所设想的初衷相冲突。结果，投资银行放弃了传统的合伙制，在股票市场上筹集资金或被商业银行收购。商业银行风头盖过投资银行的一个原因是：存款保险带来的较低的资本成本，以及一度为商业银行保留的 TBTF 地位。

5.5 学术机构的角色

职业生涯的前十年，我是一个投资银行家。我在1991年做出了一个英勇的决定，放弃薪酬的80%，而成为一名学者。这一步非常有见地，至少从写这一部分的目的来看。在银行业和金融业的世界里，"学术"就像人身攻击一样糟糕。金融从业者相信，学者能对他们品头论足，是因为学者不使用真正的钱，并且工作高枕无忧。另一方面，学者认为，由于学者是做事严谨的聪明人，所以他们经常领先从业者。因此，一旦金融实践和金融学术基于利害关系联姻，这种震惊可想而知。波斯纳（2009）提供了一个解释，他说："金融教授和金融业的结合有黑暗的一面"，因为"如果他们批评这个行业，并提出更严格的监管措施，他们或许会成为害群之马，并失去有利可图的顾问工作"。

学术机构在创造金融业繁荣景象的过程中确实起到了（肮脏的）作用，也加剧了这一行业的膨胀及其在 2008 年至 2009 年的毁灭。随着数理金融逐渐被从业者所接受，金融学家开始在金融机构担任顾问和合伙人。两位诺贝尔奖得主迈伦·斯科尔斯和罗伯特·默顿在 1994 年成立的对冲基金美国长期资本管理公司占据了董事会席位，并使这家公司在 1998 年的破产。金融学者认可金融实践，并且为自由主义金融正名，而自由主义金融导致了我们亲历的残酷现实。在对金融经济学的调查中，《经济学人》（2009h）做出了一个有趣的评论："金融经济学家帮助筹备银行家的狂欢派对，有些人还兴高采烈地加入其中。"莫里斯（2008）指出："期权和期货市场随着布莱克—斯科尔斯模型的出现而极度膨胀。"布莱克—斯科尔斯模型就是两位金融经济学家的发明或者说发现。

金融经济学家的角色

金融经济学家提出了有效市场假说（EMH），这是宏观经济学理性预期假说的扩展。芝加哥大学的一位金融经济学家尤金·法玛使有效市场假说显赫一时。这一假说认为金融价格能反映出所有与标的资产价值有关的信息，这意味着资产的价格可以很快收敛于它的价值。有效市场假说的拥趸，比如迈克尔·杰森（1978），进一步声称："在经济学中没有其他观点能像有效市场假说一样有更为坚实的经验证据。"1985年，安德烈·施莱费尔在美国金融学会的年会上展示了一篇论文，其中他列举了极有说服力的证据以反对有效市场假说。迈伦·斯科尔斯将施莱费尔的言论称之为"拉比经济学"（rabbi economics）（福克斯，2009）。斯科尔斯说，拉比的意思是指"那些讲了一个发生在他家里的故事，却非要从这个故事提炼出某些世界性道德问题的人"。他认为施莱费尔就是这种人。迈伦·斯科尔斯在接下来的十年间获得了诺贝尔奖，也是在这十年间他导致了一家对冲基金的破产，从而引发了第一次对非银行金融机构的 TBTF 救助。有效市场假说的批评者经常受到粗暴地对待和回应。

然而，"尽管基于有效市场的理论内在一致且数学上无比精细，但它并不能真实反映市场中到底发生了什么"（蒂纳德，2009）。按照有效市场假说，将不会有沃伦·巴菲特和乔治·索罗斯这样的交易者，因为他们一直比市场大盘做得更好。蒂纳德（2009）说，巴菲特对有效市场假说的观点非常有趣："有效市场倡导投资时不进行尽职调查——他们仅仅跟着大盘走——所以巴菲特的生意才能这么好。"有效市场假说也暗示，投资公司不应该存在：如果你不能战胜市场的话，为什么要组织一个公司，承担行政费用、水电费和其他日常开支呢？如果有效市场假说是有理可循的，那么最好的行为就是关闭公司，将净收入（股东的股权）投入跟踪市场的指数基金或指数期货。

出于为自己谋利的目的，金融界在学界的帮助和鼓励下，对有效市场假说做出了解释，即这一假说的意思是，市场有能力为金融资产定价，对基础价值的偏离不会持久。有效市场假说推动了金融工程的发展，任何复杂的证券都可以通过套利的市场机制准确定价。结果，金融赌徒使政治家、监管者和投资人相信，他们所做的一切都是为了经济，因为他们发现了另类投资渠道和风险管理方法。所以，有效市场假说的信念使行政机构既不愿意限制互联网或房地产，也不愿意限制信贷泡沫

（《经济学人》，2009g）。

　　全球金融危机不仅给了有效市场假说一记重拳，也对整个金融经济学的信条加以重创。哈珀和托马斯（2009）提到了发生在全球金融危机中的事情："买家消失了……从主要的金融市场，特别是衍生品的场外交易市场，这强化了我们对有效市场理论的厌恶。"但是你不敢对学术机构中任何一个主流的金融经济学家说这种话。他们依然赞赏有效市场假说，并惊叹自身对人类福利的贡献。比如，迈伦·斯科尔斯（又一次）认为，不应该将近期事件的责任归到模型和理论上，而应该把责任归到那些在实践中推动模型和理论的参与者头上（《经济学人》，2009i）。他似乎忘了一个重要的事实，弗格森（2008）在提到"星际金融"时曾经嘲讽地引用它："一个抽象的，甚至荒谬的世界……其中数学模型忽视了历史和人类本性，价值也毫无意义。"1998 年在美国长期资本管理公司时，斯科尔斯教授是否过度推进了模型和理论，对此我十分好奇。尽管斯科尔斯教授在美国长期资本管理公司惨败后就不遗余力地鼓吹利用经济模型的同时忽视一些实际因素的风险，但近期，他参与的另一只基金白金木林（Platinum Grove）也遭受了重创。

　　然而，令人欣喜的是，越来越多的经济学家和观察者感到，有效市场假说经过全球金融危机的洗礼，已经走向穷途末路。奎金（2009）指出，"有效市场假说失败的后果遍布经济和金融，并使我们彻底反思对金融监管的分析"。福克斯（2009）宣称，有效市场批评者的胜利在于"揭示了传统市场力量为何有时像理性市场力量一样无孔不入"。

　　有效市场假说不仅是为金融部门服务的理论。金融经济学家，或者其中的大多数人，试图——通过一些僵化的理论来反对从历史中推测出的证据——说服政策制定者，自我监管可以控制系统性风险，进而为始于 20 世纪 80 年代的解除管制措施正名。修贾伊和菲戈尔（2010）认为："一个人越钻研金融学的纷繁难懂之处，越会意识到，主流经济学的认识是多么狭窄……越会认识到，很难真正地将在西方所谓的科学金融机构和主流商学院发明的理论付诸实践。"修贾伊和菲戈尔将这称之为"悲伤的事实",即"金融理论甚至没能提供一个成功的能对简单资产定价的评估模型"。他们进一步认为:"期待这些模型能使高度复杂的工具表现更好无异于痴人说梦。"

行为金融学的拥护者

然而,我必须说,那些把行为金融学作为一个替代范式的特立独行者们多了一分谦逊,少了一分自大,在预测和解释方面也更加准确。比如,罗伯特·席勒很早就提醒我们,美国房地产市场被过于危险地高估了。与有效市场假说的大军不同,行为经济学的支持者不相信投资者是理性决策者,也不相信价格反映了每一笔交易的真正价值和内在价值。相反的是,他们相信,市场参与者也是有感情、恐惧、贪婪和希望的人。因此,一些决策和行为的模式并不一定是一致的和理性的。这一角度被一位在有效市场假说下不应该存在的成功投资家乔治·索罗斯分享,他认为:"用于研究市场和投资者行为的数学模型和技术忽略了重要一环,即人类可以影响事件进程"(蒂纳德,2009)。金融行为学一个重要的政策含义是,由于人们未必按照自身最大利益行动,所以管制存在的依据之一即防止自我伤害(麦克唐纳德,2009)。

宏观经济学家的贡献

除提出了僵化的有效市场假说外,象牙塔里宏观经济学家的观点和模型始终在引导着宏观经济政策。1979 年,美联储将政策转向以货币供给为目标,这使利率高度不稳定,债券交易成为一个有利可图、却充满风险的行业。格林斯潘宽松的货币政策加速了房地产市场的繁荣(和泡沫)。

对这一政策的批评来自于内部。一位获得了诺贝尔奖的宏观经济学家保罗·克鲁格曼将当时的宏观经济学描述为"往好了说极其无用，往坏了说极其有害的学问"（《经济学人》，2009i）。现代宏观经济学的原则使中央银行家担心物价上涨，而忽视了金融资产价格通胀（格林斯潘坚持关注消费物价上涨，而忽视了资产价格通胀）。莫里斯（2008）认为，尽管"学术界能就中央银行为何不关注自身的资产价格举出技术原因"，但"常识告诉我们，当一个主要资产类别的价格非理性地暴涨，也就需要一些干预了"。

通常的宏观经济学模型忽略了金融部门，因此。在一个传统的经济学模型中，金融机构并不存在，破产不会发生，杠杆无关紧要。在丹·帕廷金（1956）的新古典框架下，金融部门仅限于对资金和债券的需求和供给，金融机构在经济中扮演了微不足道的角色。同样，卡尔·布伦纳和阿兰·梅尔策（1963），以及詹姆斯·托宾（1969）将金融机构在决定宏观经济均衡时的角色设定为次要的。在最近的文章中，斯班维塔（2009）强调了这一点：

"DSGE 类型的模型忽视了金融资产和金融中介机构，它们并不包含异质代理人，不对称信息，代理问题以及协调失灵等因素——也就是说，在这些模型中没有什么能使中央银行家感兴趣。对于现代宏观模型中金融变量的缺乏，有效市场假说和中立定理的接受，和金融市场的不稳定使大缓和时期（the Great Moderation）走到了尽头的错觉，或许有一个一致的解释。"

金融机构是多么地不真实，多么地随意！这一信息相当清晰：金融机构的活动是无足轻重的，所以顺其自然吧。

经济学家（不仅宏观经济学家）想出了一系列理论和观点，这些理论和观点都因为金融危机而过时。除去有效市场假说，奎金（2009）还分析了其他五种理论：大缓和，中央银行独立性，涓滴效应，私有化的案例以及个人退休账户的案例。这些理论和观点在很长一段时间主导了经济政策。谢天谢地，并不是经济学家写的任何东西都值得认真对待。梅森等人（1992）做的部分调查显示，一位头脑清醒的经济学家对经济或金融杂志上发表的东西评论道：

"我发现绝大部分（杂志）的内容可能只符合作者的兴趣。数据免费的数学自慰（mathematical masturbation）可不是我自身兴奋的首要来源。我怀疑即使在学术界，每篇文章的平均读者都少于一个人。"

至于经济学，或者说新古典经济学，霍恩（2009）认为："我们正在见证一种方式的解体。至少在这种方法肤浅的主流范式下，我们不得不做出一系列荒谬的假设以得出任何需要的结论——这些假设和结论都令人震惊地游离于现实之外。"她更进一步言之成理地说道："经济学诺贝尔奖名不副实"，即"这个奖毫无品质保证"。为了改善这一境况，霍恩号召扩大经济学的视野。她写道：

"经济学必须被再一次理解成一门包罗万象的社会科学，在有着哲学、社会学、政治学和历史学的富饶土地上更深层地耕作。常规数学方法的使用肯定是这门学科的一部分——但不是许多主流学者长期践行却毫无意义的误用，他们陷入了对数学精湛技巧的痴迷，而忘记提出相关的问题。"

然而，旧习惯很难被剔除，主流经济学家仍然热衷于旧的观点。比如，泰勒（2009）相信政策目前处于"大规模清理模式"，建议"回到大缓和时期使利率运行良好的一系列原则上"。

金融计量学的噱头

由于金融计量学的噱头，很多精通数学的人正在成为计量经济学家，但他们不知道杂货铺和银行的区别，不知道证券和支票的区别，他们在全世界的大学被聘为金融教授。这群学者所做的工作往好了说叫不切题，往坏了说则很危险。这些人告诉金融行业，他们（金融计量学家）能设计出预测金融价格及其波动的模型。他们还认为设计可以作为印钞许可证的交易规则有着诱人前景。我们必须牢记于心的是，就赚大钱而言，那些知道如何赚钱的人是不会轻易发言的，那些经常滔滔不绝的人并不知道如何赚钱。

我们开发出一些复杂的模型，包括 ARMA、ARIMA、ARFIMA、TAR 和 SETAR 等模型。我们还有类神经网络、小波分析和多链马可夫转换模型（听上去像电子工程学）。而且我们有"动力"模型（对，是动力，而不是动态）。诺贝尔奖授予罗伯特·恩格尔，因为他发明出 ARCH 模型（同一项奖被授予弗莱明，他发现或者发明了盘尼西林）。ARCH 模型据说可以解释和预测金融波动，但是事情远不止如此。ARCH 比《大白鲨》、《洛奇》、《第一滴血》和《虎胆龙威》有更多的后续。这些后续包括 GARCH，EGARCH、XARCH 以及 XYARCH，其中 X 和 Y 可以被字母表中的任何字母所代替。接着出现了临界 GARCH 和 ANST－GARCH，它表示不对称非线性平滑转换—广义自回归条件异方差模型。我们只能惊叹："哇！"这就是将把我们带向火星，并使我们能够治愈癌症的东西，而不是我们常提到的通胀和失业。金融业购买了这些东西，并把它当作销售工具，因为它看上去听起来都很酷。但是我还没有见到任何一个人（一个金融计量学家或其他）告诉我，他或她将设法依据这些模型做出预测，进而获利。毕竟，这是预测准确性的终极考验。

福利（2009）认为，计量模型有"致命缺陷"。他写道：

"他们最好的模型有两种，都有致命缺陷。第一种是计量模型：与过去数据相符的经验统计模型。只要情况或多或少保持不变，这些模型就能成功地预测几个季度，但是在面对巨大变化时就无能为力了。第二种类型的名称是动态随机一般均衡模型。这些模型假定了一个完美的世界，正是由于这些模型的实质，我们当前正经历的危机被排除在外。"

结果，福利认为："政策制定者将他们应对当前危机的决策建立在坊间证据上。"正如他所说："世界的领导者靠运气领导经济。"

统计学家和数学家的贡献

统计学家和数学家想出了一些风险模型，这些模型除了使他们沾沾自喜之外毫无用处。有一种模型很有裨益，即给定置信区间为 99.9%，一家金融机构可以用它来计算其最大损失，这是一种在物理科学中可控性实验经验从未达到过的精度。监管者在某种程度上借鉴了这个观点，有关资本充足率的国际协议《巴塞尔协议Ⅱ》允许银行以其自身模型为基础确定监管资本（99.9% 的置信区间水平）。当金融危机袭来时，很明显，大多数金融机构资本并不充足。我们必须记住，金融机构不愿意持有过多资本，因为这会减少股东股权的回报。

统计学家为金融机构提供了使监管资本最小并且看上去符合监管规定的方法。统计学家设计了所谓的"高斯相关"，这一技术用于估计违约的联合概率（给 AIG 及其对手带来了灾难性后果）。在评论吉莲·邰蒂《傻瓜的金子》一书时，多米尼克·劳森（2009）认为，由出类拔萃的人设计的公式本是作为分摊风险的工具，但被严重误用，并加剧了"全球经济的首次萧条"。劳森告诉人们，那些重创了世界的人并没有意识到他们在玩火，因为他们的模型告诉他们"一切事情都进展得很顺利"。劳森也相信，邰蒂这个故事的道德意义在于，"金钱太重要了，以至于不能留给数学家"（实际上，这个例子中应该是统计学家）。而我在"出类拔萃的人"设计的模型被"误用"这方面与劳森见解不同。并不是模型的"误用"导致了这场灾难，而是模型本身没能通过现实的终极考验。

修贾伊和菲戈尔（2010）并没有因为学术界开发出的模型而欢欣鼓舞，尽管这些模型被金融机构用于应对风险，他们认为："当被置于严谨的科学检验时，所有模型都失去了效力。"他们做出了一个有趣的评论："我们最主要的担心并不是学术界没有意识到这一事实，而是参与者也相信这些模型有作用，以至于他们对自己机构中的风险缺乏全面的认识。"他们补充道：

"风险管理中存在严重的失败是公认的事实……他们犯下这些错误，都是因为一个理念，即构造的模型会起作用，而且它们适应任何环境，比如当前的金融危机。"

数学家或数量经济学家提供了抽象的模型，它们显示经济中最可怕的事情在于政府通过监管管制等干预行为妨碍经济自身的运转。毕竟，托马斯·萨金特和罗伯特·卢卡斯的数学模型来自于约翰·穆斯的天才设想，即理性人不会犯下系统性的预期错误，他们借助一系列不可思议的假设重构了该想法，并得出一个观点，即政府不应该干预或管制经济，或者经济的任意分支。卢卡斯曾经说过，他"对次级抵押贷款危机将危害整个市场的观点持怀疑态度"，并且他在 2007 年 9 月，对经济可能衰退的说法表示深切质疑（波斯纳，2009）。还是这个卢卡斯，至今仍相信有效市场假说是一个伟大的发现。

学术界的标签似乎忽视了一个事实，即在正常条件下，政府对经济活动的过度干预无理可循，但是一旦出现重大的打击，政府干预就势在必行（当你刮胡子时，你不需要看医生，不过一旦你遭遇了严重的交通事故，你一定需要医生的介入）。莫里斯（2008）的认识很准确："只有最无可救药的教条主义者才考察历史上的金融繁荣和金融泡沫，并得出一个观点，即市场总是正确的。"他们同样忽视了一个事实，即数学方法是用来研究自然科学的，而在自然科学中，人们的态度并不影响自然事件的结果（如果你从高处跳下，无论你怎样感受重力，你都会被重力杀死或伤害）。修贾伊和菲戈尔写道：

"经济学家争先恐后地涌入贫瘠的、类数学的领域以及先验理论中，而不是认真对待其学科的经验本质。在这个意义上，他们代表了传统的科学方法论，即构造理论解释事实，并且依据其预测的效用，检验这些理论。"

数学模型还用来证明，私有化在任何情况下都有利于经济。我回想起一个讨论会报告，那个汇报者设计出非常复杂的模型，以展现私有化的优势。到提问环节时，我向汇报者提出了一个问题："当你开始构造模型时，你是由揭示'真相'的愿望所推动，还是从你想要证明私有化在任何情况下都有效的立场出发？"毫无疑问，我没有得到一个满意的答案，但我估计他构造模型仅仅为了证明私有化对我们的福利大有裨益。在很长一段时间，坚持私有化有益的立场可以叩开学术界的大门，从而获得研究经费和政府顾问职位。

金融学术界的荣耀

在大学里，金融学已经形成了自己的世界。金融学教授比其他学科的教授领取更高的薪水，这种现象可以将人才吸引到金融部门，所以通常被认为合情合理。金融教授的高工资以及金融学院丰富的资源解释了为何大学有人才外流，即才华横溢的学者离开无利可图的数学专业、科学专业和工程专业，加入金融系。因为这种改变，一些"美丽心灵"（借用罗素·克劳一部电影的名字，他在其中饰演约翰·纳什）不再为半导体和纤维科学的发展倾尽全力，他们转而创造 ARCH 的续篇。

金融系通常由经济学家、会计师，统计学家、计量经济学家、数学家、物理学家，甚至化学家（我至少知道一个例子）组成。这些领域多元的人们往往持一种共同的观点，以及一份精英主义的感觉。他们说，"金融学不是经济学"，这种说法没有确凿的依据，其目的只是为了与资源稀缺，工资较低的经济系划清界限。

我一直认为，金融学是金融经济学，因为它研究金融市场，金融企业和金融产品的定价，这使金融学成为经济学的分支，这也是《新帕尔格雷夫金融大辞典》对金融所下的定义。一次我在金融系发言时，甚至将题目定为"什么是金融学？"，我在报告中指出，金融学是金融经济学，它与劳动经济学不同，举例来说，金融市场就与劳动市场大相径庭。我问了听众一个问题："如果你不是经济学家，那么你们怎么称呼自己：金融家，金融学家，金融会计师，还是什么？"他们静静地听着，但这次讨论暴露了一件事："我们不想成为经济系的一部分。"

金融学术界的失败

经济（金融）理论以及用于报告、估计、假设检验和预测的数学模型和计量经济学模型都是金融理论的组成部分，不过据布鲁姆斯坦因（2009）所说，理论金融已经衰落，这种衰落是金融危机的标志之一。布鲁姆斯坦因将金融理论解释真实世界现象的失败归因为：（1）并没有将经济学作为"真正的"社会科学对待，而认为它是经典物理学方法论催生的应用数学的分支；（2）使用经济模型似乎就可以证明经济理论不再缺乏经验内容。他写道：

"未能理解和认识这些传统的内在缺陷，将对重要金融理论的使用及解释产生致命后果，因为市场参与者和政策制定者就借助这些理论的观念和模型。有效市场假说，理性预期和市场完全性等理论构建不断被当作知识信条而非（部分）错误的假说对待。"

布鲁姆斯坦因指责学术界没有讨论其模型的局限，没有对研究的（潜在）滥用提出警告，没有介绍研究纲领的意识形态特征或片面特性。除此之外，他认为，"有一个普遍存在的错误，即把经济学的重要意义排除在社会科学以外。"为了挽救这一局面并推动理论的发展，布鲁姆斯坦因提出了五个原则：（1）经济学家需要更谨慎地对待经济学本质是社会科学这一内涵；（2）学术界的经济学家尽可能地减少他们理论中的政治或意识形态特征；（3）要将关注点放在解释制度运作上；（4）为道德（伦理）标准留有空间；（5）学者需要明白，计量经济学模型的意义在于"弥补经济理论和金融理论语义上的不足"。总之，学术界需要重整旗鼓，面对层出不穷的现实检验。脚踏实地很重要。

积极的信号

我将以一个更加积极的信号结束这章。我没有说，一旦涉及经济、金融和其他与金融产业相关的领域，学术界就应该怀有愧疚，因为金融部门正在对抗社会的其他行业。我前文就已表明，那些相信行为经济学的金融经济学家，比如罗伯特·席勒，业已提醒我们，危机即将到来。提到经济学家，加诺特确信："一部分学者羞愧难当，他们选择并信任风险模型，在于它的复杂，而不是它与真实经济行为的关联。"他也承认，"经济学家由于他们宣扬的观点受到责难，即不受管制的市场可以带来最大的经济福利"，"我们（经济学家）被既得利益裹挟，因而受到指责"——换句话说，"当枪使"。然而，他准确地提醒我们，经济学家如庇古、马斯格雷夫和斯蒂格利茨提出"深刻理解市场的局限性"。在同一语境（积极贡献）下，他提到了凯恩斯、斯蒂格勒、布坎南、密尔、卡莱尔、克鲁格曼和科登。我将明斯克、加尔布雷思及其他许多人加在他的名单上。霍恩（2009）认为："不应将狭隘的结论和非科学式的肤浅用在那些主流以外的经济学家身上……他们的领域是制度经济学……或公共选择理论，法律经济学，博弈论和行为金融学。"

然而不幸的是，经济学家如斯蒂格利茨和克鲁格曼，还有那些活跃在正统经济学以外的人们，仍然只占小部分，他们与政治体制所热衷的主流意识形态相抗衡。斯潘万塔（2009）评论道："尽管一些学者开始在实践中省察内心，但大部分人若无其事，就像什么都没发生过。"然而，如果乔治·布什和艾伦·格林斯潘等人都能改变他们市场万能的观点，那么人类还有希望。就自由市场的范围而言，我们希望，学术界的自由市场拥护者们将沿着新布什和新格林斯潘的脚步前进。

第6章

是否值得财政救助：
值得还是不值得

6.1　摘樱桃

斯普拉格（1986）认为："财政救助是一个不好的字眼"，"它带来了喜好和特权的含义，破坏了自由市场原则"，并且它"听上去很不美国"。"喜好"和"特权"是斯普拉格论述中的关键词，因此这一节的标题是"摘樱桃"。他考察了财政救助的四个对象，但是一开始他就问了这样一个问题："为什么选择对这四家机构进行救助，是如何选择的？""为什么只有这四家？"以及"为什么你救助伊利诺伊大陆银行而不是我的银行？"他回答了"为什么是四家机构"这个问题，他说："恐怕并不止这些。"那么为什么"我们"仅仅担心这四家机构？

近期的事件

让我们回顾近期的事件，来看看为何财政救助行动就像摘樱桃。2008 年，雷曼兄弟被允许破产（通过申请破产），而美林集团和贝尔斯登公司被政府资助的并购以及政府部分资助的并购从破产中拯救回来，这些并购分别由美国银行和摩根大通进行。花旗集团和美国国际集团（间接是高盛集团）被美国财政部大笔直接注入的资金所拯救。而 2009年一年就有超过 150 家美国银行被允许破产。20 世纪 80 年代，TBTF 地位授予了伊利诺伊大陆银行，但是并没有授予 90 年代的德崇证券。让我们来看另一个例子，由于美联储的干预，美国长期资本管理公司从破产中被拯救回来，美联储还为其失败的管理层谈成（一些人会说，通过施加巨大压力）了一桩极有吸引力的交易，但是另一只比它大两倍的基金（不凋花基金）却走向破产。在英国，一家有着 300 年声望的露菱银行在 1995 年被允许破产，而一家运用极端贪婪的资金模型的北岩银行，却在 2007 年被纳税人的资金挽救。从表面上看，规模庞大只是获得 TBTF 地位的一个必要条件，而不是充分条件。

《经济学人》（2009j）就贝尔斯登缘何被拯救而雷曼兄弟却走向没落这一问题提出了一个政治上的解释。当财政部和美联储在 2008 年 3 月财政救助贝尔斯登时，人们批评财政部和美联储创造道德风险，而其他公司开始确信，它们同样也是财政救助中的一员。据哈佛经济学家肯尼思·罗格夫所说，某种程度上政治压力要求一家大型公司走向破灭。罗格夫说："如果你观察一次金融危机，你就发现，标准的剧本是让 4 家或 5 家大型银行破产，而你拯救其他人。"这里我不同意的一点是，挑出的四五家银行仅仅是机缘巧合，而非有意为之。让雷曼破产的决定的确是政治性的，但不是因为雷曼位列其中，而是因为一些暗中决定的事情。如果高盛破产了，无论它是否算作这四五家银行之一，它都会被拯救。就像前面所讨论的一样，美国国际集团的财政救助很大程度上是由高盛的裙带推动的。

是 WOBO 抑或不是 WOBO

无论是在太平盛世还是艰难时期，TBTF 地位绝对是价值数十亿美元的特权。第 4 章的一个论点是，金融机构膨胀的一个基本动力就是攫取 TBTF 地位。让我们重温布鲁尔和加提亚尼的证据（2007），这些证据表明，金融机构为并购和收购支付一笔额外费用，以使自己成为 TBTF。这里出现的问题是，政府如何决定对哪家机构进行财政救助，让哪家机构破产。换句话说，哪些因素使一家机构值得财政救助（WO-BO）？

TBTF 总体的定性定义是，一家有许多客户的金融机构或者一家在金融部门扮演重要角色的金融机构（比如，持有很大一部分的付款或证券交易）。一家金融机构是 TBTF，在于它的破产可能危及其他机构的偿付能力，这些机构要么金融上依附于它，要么彼此关联。如下是核心论证：通过创造多米诺效应，一家 TBTF 机构的破产会使国家经济瘫痪。比如，一家重要机构 A 破产了，其他机构依赖 A 以及它的债权人以履行合约，那么这些机构，以及在财政上与它紧密相连的其他机构，可能也会破产。如果通过这一过程形成的溢出效应足够大，那么一家大型金融机构的破产就会引起经济系统的衰退。同样的理由也被用来证明财政救助希腊的必要，正如支持者所说，一旦希腊违约，那么债权银行将会破产，并向当地政府要求财政救助基金。因此，两条财政救助途径本质上相同。

我们如何事先知道哪家银行是 TBTF，也就是说，它的破产会引发金融体系的崩溃，并预示萧条如期而至？一个相关的问题立即浮现出来，如果不救助美林集团、花旗集团、贝尔斯登和美国国际集团，情况是否会有所不同。即使救助了这些机构，信用市场依然死气沉沉，萧条依旧不可避免。如果美国政府救助了雷曼兄弟而允许贝尔斯登申请破产，那么事情会峰回路转吗？我对这一点持怀疑态度。为什么一家 TBTF 金融机构的破产对经济和金融系统就是灾难性的，而加在一起规模相似的一百家金融机构同时破产却无关紧要？

6.2 规模是系统重要性的决定因子

前一部分阐述的 TBTF 总体定性定义有"许多"、"庞大"、"大型"等字眼，所有这些都代表规模。泽林（2004）认为："大型代表规模，'大而不倒'这个词暗指绝对规模或相对规模。"然而，之前提出的一个论点是，大而不倒的概念应该被系统重要性的金融机构（SIFI）的概念所代替。泽林认为："实际上，这个语词（大而不倒）不必然与规模相关。"这个观点指出，规模并不是起作用的唯一因素，在决定系统重要性时其他因素应该被考虑在内，包括透明度以及与交易双方的关联度。比如，有人认为，"尽管一家机构的系统重要性可能与规模紧密相关，但不能把两者混为一谈"；还有人说，"不是特别大的银行却总被认为大而不倒，这是因为它们在金融市场和支付体系平稳运作的过程中起到了重要的作用"（埃尼斯和马莱克，2005）。詹博格（2009）如下定义一家系统重要性的金融机构：

"如果一家金融机构对金融稳定构成了重大的风险，这里金融稳定的风险可以定义为对金融系统的平稳运作构成了严重的干扰，那么它就可能被看作系统重要性的金融机构。大家普遍承认，规模是一家系统重要性机构最重要的单一特征。"

非规模标准

除了规模，詹博格提出了系统重要性金融机构的其他两个特征：（1）这家机构可能通过影响整个系统（特别是存款机构）的信心，进而影响其他机构；（2）这家机构的盈利能力与金融市场的波动正相关（比如对冲基金和高度杠杆化的金融机构）。詹博格对对冲基金为何应被视为系统重要性的金融机构作了如下解释：由于波动为对冲基金和高度杠杆化的金融机构提供了更好的盈利机会，所以这些机构操纵市场以便享受垄断权力，创造金融市场波动的动机很强，这些波动不受欢迎，足以威胁金融稳定。如果事情确实是这样，那么就有充足的理由管制这些机构，削弱它们操纵市场的能力，这些能力恰是由大举借债所推高的。与之相反，对冲基金基本上不受监管。

托马森（2009）提出，除了规模，其他标准也可以用来定义系统重要性机构，以取代 TBTF 概念，后者只停留在规模上。这些标准包括4C：扩散性、相关性、集中性和（潜在）条件性。所以，与"大而不倒"不同，我们现在谈论的是系统重要性太高而不能倒（TSITF），它可能太容易扩散而不能倒（TCTF1），彼此过于相关而不能倒（TCTF2），过于集中而不能倒（TCTF3），在特定条件下过于重要而不能倒（TIUSCTF）。按照这些标准，或许一家机构规模算不上超级大，却是系统重要性的金融机构。因此一家值得财政救助的金融机构应是系统重要性的，而不是严格意义上大而不倒的。

削减规模

如果一家公司在经济上有明显的溢出效应，那么它就可以被认为是一家系统重要的公司，即可以使金融系统动荡，并对实体经济有负面影响。托马森（2009）认为，这个概念定义"不能令人满意，因为它对实践的指导很少"。因此，他提出，我们需要对"系统重要性"有一个切实可行（可操作）的定义，并认为："描绘出可能使一家金融机构系统重要的因素是管理因它而始的危机的第一步。"

托马森确信使用规模门槛有所缺陷（无论它是基于资产，还是基于活动，或者两者都有），他认为，原因在于起作用的不是规模，而是资产组成。例如，一家银行持有的证券投资组合大部分由政府证券和机构证券组成，一家相应的银行持有的债券由商业贷款和工业贷款组成，那么前者的系统性影响可能较小，大致因为它破产的概率更低——即使它破产了，它承受的损失也更小。但是这个观点有几处漏洞。首先，没有证据表明，小银行持有贷款的比例更高，大银行持有政府债券的比例更高。当经济下滑（由于更大的偶然性和违约概率的增加）时，所有银行都降低消费贷款和商业贷款的比率，更多持有投资级别的证券，反之亦然。《经济学人》（2009k）认为，"如果贷款的类型相同，它们（银行）则会面临类似的风险"，"每家银行对出借的愿望都是同起同落，非常一致的"。

我们不应该忘记，银行具有非对称损失函数，因为它们使用他人的资金，并且考虑到银行家对高额奖金的巨大渴求和贪得无厌，所以他们喜欢商业贷款，因为它高风险，高回报，同时形成大量费用收入。他们尤其喜好为杠杆收入融资的风险贷款和其他高杠杆的交易。比如，李（2007）就明确指出："银行不喜欢将它们的资产投入固定收入证券，因为没有丰厚的回报。"这句话表明，银行持有投资级别债券的唯一需求是流动性需求。李考察了三家规模不同的银行：富国银行，太阳信托银行和 M&T 银行，并证实这三家银行分别持有它们收益性资产（贷款和债券）的 16%、18% 和 17% 作为证券。无论规模大小，贷款都是银行资产的主要部分，因为它们是银行的"蛋糕和黄油"。

托马森并不否认规模的重要性，但他认为规模不是唯一起作用的因素。相应地，他尝试使用数量作为决定一家机构成为系统重要性机构的规模门槛。一家金融机构若想被认为系统重要，要么它必须享有一个核心金融部门或金融市场 10% 的活动或资产，要么他享有全部金融部门或金融市场 5% 的活动或资产。他进一步阐明了表外业务的门槛，以及非银行金融机构（NBFIs）的类似标准。比如，他认为一家类似投资银行的非银行金融机构（并非一家传统的保险公司）可能被认为系统性重要，如果：（1）资产持有总量位居所在国银行的前十；（2）资产总量位居银行前二十，而调整后资产总量位居银行前十；（3）它占了 20% 证券的承销（过去五年平均值）。问题在于，这些数据具有随意性，可能只是大致挑选出来的。我们还不清楚为何这份表单上的企业一旦破产，就会重创金融系统，而另一家机构的破产，却无法阻止金融系统的良性运转。

艾辛格等人（2006）考察了欧洲银行系统重要性的决定因素。通过从增量风险和条件期望损失（另一个与风险价值模型相关的观念）的角度测量，他们认为系统重要性规模的决定因素包括平均资产的回报，总资产的股权价值和同业拆借率。这一结果反映了规模和同业拆借率的重要性（可能由于衡量的是相互关联性）。

6.3　扩散性作为系统重要性的决定因素

托马森认为："扩散性作为系统重要性因素之一的两个经典例子是 1984 年的赫斯塔特银行（事实上，赫斯塔特事件发生在 1974 年）和伊利诺伊大陆银行。"我们至今不清楚为何赫斯塔特银行这家较小机构的关闭"可能扰乱国际支付体系，并对交易双方造成不可估量的损失"。罗斯（1994）认为，赫斯塔特银行的破产出乎意料，"使很多银行失去庇护，并且一度使外汇市场瘫痪"。上述言论令人诧异，假定这家银行在外汇交易中损失了 4 亿美元，但即使相比于 1974 年外汇市场的规模，这都只是沧海一粟。这些损失可以由很多银行和交易双方分摊。4 亿美元就能使外汇市场瘫痪的说辞无异于危言耸听。我不想回忆随后发生的灾难。我认为，更有说服力的一点在于，赫斯塔特事件敲响了警钟，即类似的事情会发生在大型银行的身上。这就是巴塞尔银行监管委员会 1975 年成立并发布资本充足率标准的原因。

相对于规模的扩散性

1984 年联邦对伊利诺伊大陆银行"慷慨解囊"的理由是，损失恐怕会扩散至约 2300 家与大陆银行有着代理银行关系的社区银行。这仅仅因为大陆银行是一家大型银行。没有人会关注 2300 家社区银行中的一家或几家，正如 2009 年 150 家美国银行的破产无人问津一样。实际上，扩散性来自体系的互联性，但不利后果的程度依赖其规模。托马森（2009）认为"美联储在纽约的总部似乎出于扩散性的考虑，而支持摩根大通对贝尔斯登的收购"，因为"损失可能通过信用违约掉期市场扩散"。这里立即出现了一个问题：雷曼兄弟很少卷入信用违约掉期市场吗？我不相信，雷曼兄弟，贝尔斯登和美林集团三家公司对有毒资产的喜好基本一致，它们具有同等的互联性。因此，让雷曼兄弟破产，却救助贝尔斯登和美林集团的决定与其说是由扩散性推动的，不如说另有缘由。雷曼兄弟在资产规模上两倍于贝尔斯登，所以规模也不能单独解释为何美林集团和贝尔斯登是 WOBO，而雷曼不是。

再举一个例子，一家长达 101 年之久的公司美联信集团（CIT Group），在 2009 年夏天曾经争取财政救助的资格，理由是"被迫加入第 11 条破产保护会将灾难波及到客户身上"，使"这个国家里依赖它的小企业和中等规模企业一片疮痍"。接着人们决定对美联信采取一种不同的破产方式，即债权人所有权不变，让它经过破产程序重组，这一计划得到了债权人的广泛拥护。这一次，监管者经过一个夏天得出结论：即使美联信对需要融资的众多小企业不可或缺，但这家公司的问题不足以构成系统性危机，所以不需要像对美国银行和花旗集团那样对其激进地援助。

估算扩散性

托德和托马森（1990）使用银行同业敞口作为潜在扩散性或系统性风险的指标。他们提出了论据和一些经验证据以支持三条假设：（1）高水平的银行同业敞口降低了银行系统的安全性和信心，因为它加剧了一家银行或几家银行的破产对其他众多银行的影响；（2）银行同业敞口影响美国联邦存款保险公司使用市场规则限制银行风险承担的能力；（3）不断提升的银行同业敞口是金融系统稳定性不断降低的征兆。即使这些假设都有优势，扩散性也不能替代规模。银行同业敞口随着规模的增加而扩大的说法更有说服力。然而，我不清楚，托德和托马森（1990，p141）为何认为"银行同业敞口……不构成扩散性或系统性风险，这种风险在银行系统安全和信心方面有着重要政策含义"。

托马森（2009）试图量化扩散性对形成系统重要性金融机构的影

响，并认为如果一家金融机构的破产会造成如下后果，它就是系统重要的：（1）机构实际的资本减损加在一起占金融系统资产的 30%；（2）基本支付系统（国内或国际）资产减损或关闭；（3）一个或多个重要金融市场的崩溃或冻结。他将支付系统或市场的巨大损失定义为"长期而严重，以至于影响现实经济活动"。尽管 30% 这一数字听上去有些武断，但扩散性的定量方法似乎表明，当以规模定义扩散效应时，规模就起作用（这些机构合计的规模占金融系统资产的 30%）。托马森对规模的反对听上去并不一致，"无论基于资产还是基于活动"。

如果扩散性暗示了内在关联性，那么有一种观点很有说服力，即一家普遍关联的机构会比一家鲜有关联的机构更加保险。这是因为前者的损失由很多家机构分摊，每一个机构引起的损失都是可控的。

6.4 相关性作为系统重要性的决定因素

系统重要性特征之一的相关性，正是托马森所说的"多到不能倒"问题。其观点的实质在于，如果风险敞口是相关的，那么一组银行或许会变得系统重要。金融机构喜好承担的风险，往往与其他机构息息相关，因为一旦它使其他很多机构同时资不抵债，监管者就很难关闭它。这可能解释了为何在全球金融危机的前奏期，金融机构让自身过分接触次级贷款、贷款抵押债券和相关的抵押担保证券。然而，这一观点与托马森早些时候为强调规模重要性而采用的观点并不一致，当时他说重要的不是规模而是资产的组成，暗示私人银行持有大量不同的资产组合（特别针对信用评级债券和它的对立面商业贷款）。我原先就指出，这不是一个很有说服力的论证，因为银行倾向持有类似的证券投资组合。这里，托马森使用了"同一条船上的观点"以证明相关性是系统重要性的决定因素。因此当托马森认为相关性是比规模更重要的标准时，他自相矛盾。这里重要的是总规模，因为它涉及贷款的规模。

多到不能倒

多到不能倒问题要求一组机构或机构的子集由联合系统重要性区分。即使托马森将参数赋值给相关的风险敞口（包括由证券投资组合决定的相关性水平所造成的系统威胁），并阐明风险模型、压力测试和情景分析等方法的重要性，这也完全不切实际。幸运的是，托马森认为："一些大型的金融机构正在进行这一类型的风险建模和情景分析，以观察自身的风险状况"，且"他们的工作为其他正从事于其中的人们奠定了基础"。但是全球金融危机暴露了这些技术的弱点，不只因为罕见事件发生比风险价值模型（VaR）预测得更为频繁（塔勒布的黑天鹅问题，2008）。金融机构使用的风险价值模型是不完善的，因为金融危机清晰地呈现出，使用这些模型的金融机构最终资本严重不足，被巨额损失重创，而根据模型的预测，它们根本不应该经受这些损失。更糟的是，金融机构发现运用模型以产生人人满意的结果几乎是不可能的（穆萨，2008，2010）。

托马森一度试图确认引起系统性问题的相关风险水平。据他所说，使一组机构系统性重要的门槛包括：（1）金融或经济动荡将使机构核算的资本累计损失达到金融系统资产的35%或银行资产的20%；（2）经济或金融动荡有潜在的可能，使机构核算的资本累计损失达到金融系统资产的15%或银行资产的10%。但资产是衡量规模的手段，这意味着相关性标准最终还是落到规模上。

6.5 集中性作为系统重要性的决定因素

集中性根本的观点是，在重要金融市场或金融活动中，主导企业的存在会产生系统重要性，一旦这些机构其中之一破产，就将极大地扰乱或锁住市场。这是指相对于市场的规模，因此集中性就是规模。集中性由企业活动相对于市场可竞争性的规模衡量，即如果其他东西保持不变，集中性似乎并不会使一家金融机构变得系统性重要，一家失败机构的活动可以轻易由市场新的参与者或者原有公司活动的扩张所承继。因此，修正集中性门槛以解释可竞争性很有道理。看上去，集中性只是规模的某种修正后的测量方式。

托马森认为，一家金融机构若想系统性重要，必须符合集中性的门槛（在合并基础上）：（1）在一个重要金融市场处理和解决超过25%的交易；（2）进行的日交易量超过基本支付系统的25%；（3）承担一次重要信贷业务30%以上的活动。因此，托马森提出的这种任意的测量方式仍然与规模密不可分。

6.6　条件或环境作为系统重要性的决定因素

条件或环境背后的根本观点是，在自然的特定状态下或者在宏观金融条件下，破产的后果并不独立于这些环境而存在。换句话说，监管者不情愿一家失败的金融机构在特定的经济或金融市场条件下官方破产（关闭），一旦它的破产在更普遍的条件下可以迎刃而解。因此，条件或环境是系统重要性的要素之一。托马森承认，由于条件或环境而具有系统重要性的机构目前可能最难识别，但是他认为压力测试和情景分析可以用来识别它们。结果是，一组在常态经济或金融条件下没有构成系统威胁的机构会变得系统性重要。

美国长期资本管理公司的例子

约瑟夫·豪布理希（2007）提出，美联储不愿意允许美国长期资本管理公司破产很大程度上源于当时金融市场的脆弱性——由于亚洲金融危机和俄罗斯违约。这可能部分解释了为何美国长期资本管理公司被认为是系统性重要的。然而没有证据表明，不凋花（比长期资本管理公司大两倍多）就不是系统性重要的。我们知道，由于一些原因，美联储竭力为美国长期资本管理公司争取了一桩比巴菲特财团所提供方案更好的交易。

我认为，一桩更好的交易对美国长期资本管理公司的系统性影响毫无作用，尽管这笔交易取悦了其管理层，并保留了一些他们本应由于职责范围内的错误判断而失去的财富。我不能理解，在当时情况下，它又是如何使整个金融系统时来运转。而我能理解的只是，9 年后美联储理应像对待美国长期资本管理公司一样，对待比它大得多的雷曼兄弟。

另一个例子是对贝尔斯登公司破产的干预，其手段是在 2008 年初将它并入摩根大通（还有慷慨的援助），但德崇证券却在 1990 年被要求申请破产。既然雷曼兄弟运营的环境比美国长期资本管理公司运营的环境更加险恶，那么为什么雷曼兄弟被勒令破产？

评估条件或环境

托马森提出了两个原则用以判断企业是否由于条件或环境而系统性重要。首先，经济或金融状况是否将实现一种可能，即产生一家企业或一组企业变成系统性重要的自然状态？其次，系统重要性的门槛（想必是基于扩散性、集中性和相关性以区分 SIFIs 的那些门槛）是否适应常规的市场状态？我们已经看到，这些门槛最终落到规模上。那么，如何判断特定条件使企业系统性重要成为可能？导致环境或条件这一标准的量化彻底没有依据，是相当危险的事情。

6.7　一种划分标准

托马森（2009）提出了一种划分标准，借以根据系统重要性以及监管特征将金融机构归为五个类别，即企业承受的严厉的监管措施越多，它就越是系统性重要。在每一个类别中，每一家金融机构都会经受同等的监管手段和管理强度。

五个类别中的 1~3 类别包括了被视为系统性重要的金融机构，这些类别的依据是：（1）规模和集中性；（2）内在互联性；（3）相关的风险敞口和环境或条件。所以，托马森不止一次地将规模视为系统重要性的主要判断因素。类别 4 包括了不属于系统性重要的规模庞大机构，但是它们的破产会对地区经济产生经济上显著的影响，而类别 5 包括了所有其他机构，基本上是社区金融机构。我无法理解的是类别 5 被置于那类规模庞大却只对地区经济重要的机构之下。这些机构没有遍布全国，或者遍布各州，按理说，它们难以这样庞大。所以我不能理解类别 4 和类别 5 的区别，二者都包含了"地区"一词。

托马森认为，将金融机构划分为五类，有利于实行渐进的系统性舒缓措施，防止大而不倒或者系统性重要而不能倒的情况出现，即预防财政救助的诉求。这一观点认为，类别 5 的机构将会经受安全稳健的管理和监督。类别 4 的机构不会面临任何类别 1~3 才会遇到的附加费或活动限制，但是它们需满足额外的报告要求，实行风险管理体系，以及采取比类别 5 的机构更复杂的风险控制。

托马森认为，类别 3 的机构至少要经历阶段性的压力测试，并要求随时都能拿出应急计划。对类别 2 的机构来说，建立监管机构要求的报告势在必行，以跟踪和测量银行内部或企业内部直接和间接的敞口。至于类别 1 的机构，它们比类别 2 的机构新增了两种监管手段：强化的市场规则以及对股东双重赔偿的体系，二者作为有效的一环，可以为这些机构提供适可而止的激励。

另一种分类标准

另一种不同但是相关的分类标准由克利夫兰美联储的主席桑德拉·皮纳尔托（2009）提出，她称其为"分层校验（tiered parity）"。在这个分类标准下，金融机构"基于其复杂性"被分为三类。但是这一体系与托马森所提出的标准本质上是一致的，唯一不同的是，类别4和类别5被合并进第3层，而类别2和类别3被合并为第2层。因此复杂性的标准与规模如出一辙。规模无处不在。

斯坦达德和普尔（2007）在一篇研究文章里提出了另一种分类标准。这一体系包括三个类别：（1）高度的系统重要性；（2）适中的系统重要性；（3）较低的系统重要性。高度的系统重要性包括高层次的存款接受者，在经济中起到战略性作用的机构，违约有显著系统性影响的机构，以及支付或交易体系对经济至关重要的机构。适中系统重要性包括第二层次的零售存款持有者，从局部问题中复苏的机构，那些向市场提供信贷和通货的机构，以及违约对系统的潜在影响在国家水平上可控的机构。较低的系统重要性包括零售存款市场份额极小的机构，破产对零售消费者的影响有限的机构，以及违约对系统的潜在影响极小的机构。

6.8 所以，只有规模起作用

我们已经看到，无论提出的哪一种替代方案，在最后的分析中都回到了规模上。此外，即使用另一种标准来决定系统性破产的可能性，破产的程度（以潜在的损失论）也由规模决定。古德哈特和黄海洲（2005）提出最后贷款者的模型，证明中央银行只会救助在基本规模以上的银行。大型机构的破产比小机构的破产杀伤力更大，从这个意义上说，规模的确至关重要。其他标准如内在互联性，复杂性，相关性，环境或条件要么与规模不相关，要么从规模衍生出来。虽然"规模起作用"的论述不需要质疑，但这并不意味着，不允许大型金融机构破产已成为惯例，或者决定是否救助一家金融机构仅以规模作为依据。

告诫

第一个告诫是，大型金融机构的破产毋庸置疑是破坏性的，但它未必一定是灾难性的。世界金融史见证了无数家金融机构、私人大型金融机构以及一组小型金融机构从破产到迅速复苏的例子。在大萧条中，超过 5000 家美国银行倒闭，但是银行系统和经济由于第二次世界大战或其他原因，最终渡过了难关。没有丝毫证据表明，拯救这些机构会有显著的不同，而且拯救它们还使政府向生产性活动分配资金的能力受限。只要存款保险基本覆盖，应该允许银行破产（小型或大型）。

第二个告诫是，规模和财政救助事件以及政府支持的收购之间没有明确的相关性。摘樱桃不是规模的函数。与雷曼兄弟相比，美国长期资本管理公司是一家小公司，而它被拯救回来，雷曼兄弟却走向破产。类似地，雷曼兄弟两倍于贝尔斯登，它走向灭亡的同时，贝尔斯登却由于政府的介入而幸存下来。事实似乎是，美联储软硬兼施地加速美国银行对美林集团的收购，而美联储连瞧都没瞧，就把美国银行收购雷曼兄弟的交易叫停。

政治力量

如果不是规模，那么托马森明确指出的原则就是系统重要性的决定因素。但是我们已经看到，这些原则最终都归为规模。只剩下政治力量和关联性，它们也不是独立于规模而存在的（规模既产生市场，也产生政治权力）。对美林集团和贝尔斯登的财政救助，对雷曼兄弟的置之不理，不能单凭潜在的系统性影响解释。另一个更有说服力的解释或许是金融机构在博得政府同情上的能力。政治联系对这一目的有着举足轻重的作用。此外，并不是说规模和政治权力是完全相关的。

尽管高盛集团的规模还不及美国银行和花旗集团的一半，但它是与政治联系最为紧密、最有权力的金融机构，这早已不是秘密。高盛集团似乎不止政治上很有权力。在一篇标题很有煽动性的文章《你不值得，但高盛值得》中，迈克尔·克罗克利报道说，高盛收到了大剂量的猪流感疫苗，而这种疫苗在纽约的一些医院和诊所都供不应求。刘易斯（2009a）嘲讽地评论说，高盛拥有直属的行政部门。他写道：

"每一次我们听到'高盛集团的美国'这个短语，我们若有所思地摇摇头。每个初中生都知道，美国由三个行政部门组成。高盛仅拥有其中的一个；第二个只是我们（高盛集团）租来的，第三个我们根本没兴趣。"

所以，规模很重要，因为它产生了政治权力。但是它对获得 TBTF地位或者 WOBO 地位只是必要条件而不是充分条件。或许政治上关系太强而不能倒（TPCTF），是比大而不倒更为准确的描述。2009 年 10月，英国 timesoline 社区网站上的评论员写道，英国愈发陷入到公共财政的困境中："（戈登）布朗拯救银行，就像在爱护自己的皮肤。这是一个错误，我们将为之偿还数年。"另一位观察者写道：

"将来我们会清晰地看到，拯救银行实际上是一件错误的事情。之前银行可以破产，为什么这次不行？我认为你应该从政治的视角寻找答案，而不是站在金融的视角。"

规模起作用

规模的重要作用在于它有利于获得政治权力。有时 TBTF 会变成互联性太高而不能倒，太复杂而不能倒，国际化程度太高而不能倒，但是问题还是规模。即使一家机构是高度关联的，如果它涉及的机构数量很少，它的破产也没有那么可怕。那么，我们为什么要防止金融机构变成 TBTF 呢？这个问题将在下一章讨论。

第7章

为什么不能接受"大而不倒"

7.1 TBTF 存在争论吗

那些支持和反对管制的人都反对"大而不倒",也就是说,他们反对纳税人对摇摇欲坠的金融机构施以金钱救助,我觉得这很有趣。那些拥护管制的人说,金融机构理应接受政府监管,因为这么做可以避免必要的花费,可以解救 TBTF 机构。那些反对管制的人,包括信奉金融自由放任的人,认为"大而不倒"问题是由管制所引起的。他们认为如果政府不插手,那么一定会在私营部门产生一个应对金融机构失败的解决办法,那些机构会以一个正确的价格找到一个买主,然后问题就解决了。自由市场论者认为救助金融机构制造了巨大规模的道德风险。我认为双方都正确。

TBTF 只存在一个核心问题,就是系统性风险和破产的问题。米什金(2006)表达了他的观点,如下所述:

如果它们(大银行)倒闭了,那么整个银行系统将受到威胁,会引起系统性风险。大企业的破产,不仅会在银行和金融系统的其他方面引起交易对手立即破产,而且会引起信心危机。它会影响到其他的银行和金融机构,引发瀑布似的破产和金融危机。当政府知道一家大银行的破产会引起怎样的潜在经济损失时,政府一定非常不愿意让大型金融机构破产。

就像我们会看到的那样:若不去挽救那些大银行,有些人就会提出世界末日的假设,而且他们通常会使用"瀑布似的"这个词,因为这样能使他们假设的情节听起来更加可怕。

在历史和经济学中得不到支持

一家机构的失败会引发整个金融系统和经济的浩劫(他们提到了

赫斯塔特银行但最后被证明那是个骗局）这个论点，从历史上是得不到印证的。大量的小型金融机构的破产同样会引发浩劫，这个观点从历史上看也无法得到支持（例如，在 20 世纪 30 年代有 5000 家美国银行倒闭，在 2009 年有 150 多家美国银行倒闭）。雷曼兄弟的破产打击了世界金融体系，的确如此。但是，如果采取拯救雷曼兄弟的决定，后果并不一定如我们以为的那样具有毁灭性。相反地，如果美国政府选择让美林集团破产，可能会得到一个状况相反但可以控制的结果。

如果一家金融机构破产，它导致的损失，通常情况是由大量的投资人和债权人承担，这些人已经在前些年得到很好的收益。一些已经积累了大量个人财富的经理会失业，不过他们很轻松就能找到其他工作。但此时小雇员们失业，所以倒不如用这些救助金为失业者们创造新工作并且发放失业救济金。一个衰退的机构会破产是因为作出严重错误的决策，这说明什么呢？

沃尔特（2004）表示"尽管生意失败对于企业的经理和雇员来说不是好事，但是对社会来讲是有益的，因为这使得商业资源不会被用于低效率的企业"。一些人会认为一家金融机构的破产会导致许多人进入失业人名单中。但是这正是资本主义的一个特征，这个特征被称作"创造性破坏"。意思是，只有当现在那些老旧的、不那么合适的东西离开当下的位置时，更新、更有力量的东西才能占据这些位置。这就好像老的森林必须被烧毁，新的嫩枝才可以生长。

考夫曼（2011）发表了一个有意思的评论，说亚当·斯密会因为"当前收购行为，尤其是发生在金融部门中的一些趋势而深深烦恼，即大而不倒问题成为了政府弱化市场规律的论据"。亚当·斯密深信自由主义，深信当市场参与者为了利润而竞争，愿意冒很大风险时，经济效率会得到提升。他还认为，企业必须要承受失败的后果。每年大量的公司破产或缩减，使得大批人失业。格普（2004b）指出，在 1985 年至 1999 年，每年 37000 家到 67000 家公司申请破产，其中大约 70% 最终破产了。这是资本主义的特点造成的，金融部门也不可免除。

不存在有效的支持论据，反对呼声很高

我的看法是，无论是政府救助还是 TBTF 学说都没有任何依据。我认为金融机构因经营不善而倒闭会带来灾难性、系统性的损失，是个骗局。就像本·伯南克解释的那样，遵从于 TBTF 政策是有危险的，他说（盖普，2009）：

"市场参与者认为一个特殊的企业可以大而不倒，这个想法会产生许多不良的影响。例如削弱市场规律，鼓励企业承担过大的风险。也人为地给了企业一个动机：即企业不断壮大的目的就是为了被认为是大而不倒的。此外，在小企业参与时，这种想法还造成了一个不平等的竞争环境，而这并不会被当做政府的隐性支持。"

大而不倒就像吃太多而无法消化。因此我们来思考一下包括伯南克的观点在内的反对 TBTF 的理由吧。

7.2　理由 1：难以决定谁是 TBTF 企业

我们在前几章的讨论中已然看到了，不存在一个客观的方式，决定在破产前和破产后哪家金融机构处在 TBTF 的地位，值得获得政府救助。这就造成了一种鼓励为个人利益游说的环境。这样的环境有益于某些企业的成功，这些企业有政治势力，他们可能和政府有人员交易往来因而与政府有私人关系。

7.3　理由 2：资源没有被配置在更有效率的部门

就像我们从基础的微观经济学中知道的那样，有限的政府资源存在

机会成本。对于用来救助金融机构的资金，它的机会成本就是把它用于其他目的，诸如在经济中更有生产力的部门创造一些就业岗位。在2009年10月底，财政刺激的效果是美国开始走出经济衰退（如果我们能把四分之一个正增长称为恢复的话）的一个原因。我相信财政政策的效力，但我也在想，如果把花在金融机构上面的钱转而用在崩溃的基础设施建设上，复苏也许会更强劲。从大萧条和"二战"中我们已然看到了财政刺激的确有用。对于这个问题，艾略特·斯皮策（2008）写道：

"现在用于一揽子救援计划的巨额资金，如果用在如下情境中，可能已经起作用了：用于增加下一代知识分子的能力，或者用于支持一些能给我们带来更具有实际竞争优势的基础研究和发展，或者用于重建我们臃肿的医疗保健部门，再或者用于建设我们需要更具竞争力的物质基础设施。"

关于花旗集团的救助金，路易斯和埃霍恩（2009）通过如下表述简明地解释了资源转移：

"三千亿美元确实是一大笔钱。这几乎是百分之二的国内生产总值，大约是我们农业部、教育部、能源部、国家安全部，住房与城市发展部和交通部每年花费的总和。"

同时，他们认为，那些花在位于金融体系顶层的、破产机构的钱，应该转移至位于底层的个体上。特别需要指出，他们建议援助金应该用于（1）修复社会安全网；（2）将对银行的援助转变成为对贷款者的救助。

据英格兰银行所说，美国和欧洲的政府和中央银行用了14万亿美元去支援金融机构，这大约是世界生产总值的25%。正是因为这样的花费，再加上由全球经济衰退导致的税收下降，许多国家的公共财政已然扭曲了（福特和拉森，2009）。安查里亚等人（2009）认为TBTF"代价高得难以置信。因为它已成为一种竞赛——一种争取成为系统性机构的竞赛，这有些荒谬，并且触及到了道德风险。而且，当危机袭来时，它会导致财富由纳税人转移到具备系统性（影响）的机构。"

然而并不仅是政府资源处于危险之中，TBTF 还会通过其他途径危及经济健康。只要大型的或者复杂的金融机构持续大而不倒的状态，他们会继续从更多应得到奖励的企业中把借款人的钱转移走。据沃尔兹和维多（2009）所说，从一个更深远的角度来看分配不当，是"一家谋求到 TBTF 补助金的银行，会投入资源致力于自身成长，使自身规模超过社会最优规模"。佩纳斯和乌尔娜（2004）还有凯恩（2000）都为这个观点提供了依据。

7.4　理由 3：助长了寻租这种生产效率低下的行为

寻租意味着从别处取得了不需回报的价值，且对生产没有作出任何贡献。寻租行为得到了金钱收益但是却没有生产商品或服务。例如得到陆地和其他先已存在的自然资源的控制权，得到专门的垄断特权。详细来说，如一个农场游说团体寻求关税保护，或者一个娱乐游说团体寻求版权保护范围的扩张。其他寻租行为与致使财富重新分配的努力有关，例如税负转移，或者政府支出分配。

寻租通常的形式，是为了监管进行游说。一个相关的概念是，是指企业与被指定去监管企业的政府代理人之间的共谋。这为更广泛的寻租行为提供了可能，特别是在监管者必须通过企业才可得知市场信息的时候。寻租这一行为被官僚们用于贪污腐败，他们任意地运用他们手中的法律权威，使他们的客户可以得到利益，不管这个利益是否合法。他们希望能够从中得到贿赂作为回报。

寻租的道德风险可能是极大的。如果一家企业"购买"一个有利的监管环境所付出的，比创立更有效益的产品所付出的要少，那么它会选用第一种方式。企业这么做可以获得收益，但并未对社会总财富或福祉作出任何贡献。这会导致资源的非最优分配（把钱用于游说或反游说，而不是用于研究与发展、增强商业实践、培训雇员或增加固定资产），从而阻碍经济发展。一家寻租的企业，通常情况下，都与政府腐败指控有关，或者受到特殊利益的不良影响。通过了解寻租活动的特征和相关范例，人们会发现那些大型金融机构似乎就是这种行为的最明显代表。通过对 TBTF 地位的游说，它会将资源配置在：（1）酬谢官员；（2）塑造一个有益的公众形象；（3）提升企业规模和复杂性。

高盛：寻租之王

无论"寻租"这个词是否被提过，高盛集团——投资银行中的吸血乌贼——这个名字总是会出现。在一篇名为"高盛的批评者和小高盛（Goldman Critics vs. Little Goldmans）"的文章中，柴德姆·科尔达斯（2009）为高盛做了辩护，他认为（1）做投行是赚钱的，即使它不发生在美国，也会出现在其他地方；（2）那些政府坚持认为高盛在雷曼兄弟破产使市场瘫痪时得到的公共钱款，高盛已偿还了；（3）奖金类似于未分配利润，不存在任何问题。实际上这是我第一次听说，高盛被迫拿了纳税人的钱，用于一些听起来像是在对纳税人（如果他们心爱的高盛拒绝了这份"礼物"，他们一定会很失望的）表达善意的事情。如果高盛说了"不"，我不清楚政府会怎样迫使高盛拿这些钱。还有奖金是如何类似于未分配利润。未分配利润替代了借款，用于为企业运转提供经费，而奖金是用于给这些领奖人的奢侈生活提供经费供给。

对这些言论的反应中，有一个评论者认为科尔达斯似乎未注意到事实真相：寻租是高盛利润的主要来源，这是通过与财政部和美联储高官的私下联系的方式进行的。另一个评论者同意这个寻租的观点，他说高盛和政府之间"愉快的"关系是有证据可以表明的："保尔森和高盛的莫斯科会议，美国国际集团、财政部和高盛的三方协议高盛200亿美元的资助，保尔森在高盛时所使用的手机表明了他和布什与伯南克的接触交流，还有高盛通过特殊的纽约证券交易所通道抢在了交易之前交易"。没错，美国政府和高盛感情亲密。

因此，纽约证券交易所委员会在2010年4月决定以欺骗罪控告高盛，得知这个消息时，我的精神为之一振。高盛被控诉的缘由为"通过向客户售卖由一家对冲基金（名为艾博卡斯（Abacus））设计的抵押证券进行欺诈，这家对冲基金是由约翰·保尔森经营，他们把赌注押在崩溃的房地产市场上面而大赚一笔"（楚克曼等人，2010）。我来解释一下：客户购买了一种只有当房地产市场持续走高时他们才会受益的证券，而对冲基金和高盛把堵注押给了市场崩溃。而一些高盛的同情者声称这是在对冲风险，我只想说为什么他们没有建议客户也去做风险对冲。这是信息不对称的问题，也是保护客户监管金融机构的一个原因。我认为，高盛的所作所为就是欺诈，这是简单明了的。在伦敦，英国金融服务监察局在2010年4月底表示会调查高盛。感谢上帝，是全球金融危机才使得高盛不能"逃脱谋杀"（的罪名）。

7.5　理由4：TBTF 造成了严重的道德风险

"道德风险"是指，因为总是会有救助金，这会减轻一个人或一家公司对不当的经济决策带来的后果的担忧，会使得他们认为未来的行为都是无风险的。当那些被认作是大而不倒的金融机构破产时，政府会给它们注入大量的资金，同时这也含蓄地保证了它们未来不会破产。这加强了从事这种高风险行为的趋势，因为当企业经营良好时企业收益增加（作为承担风险的奖励），而即使企业收益减少时他们也会得到保护。道德风险是经济学中最基本的概念之一。如果一个人会为你的意外事故埋单，你就会不再那么谨慎地避免事故发生。保险公司相当了解这一点，这也就是为什么大多数保险合同中包含了责任免除和限制的范围。实在不清楚为什么政策制定者们忽略掉这么重要的一课，或者，也有可能是他们在假装对此并不了解。

莫斯（2009）指出，在全球金融危机时，政府火速为金融机构提出了救援，这是"全部道德危机的源泉"——一望无际的隐形救护保障。他还说"将隐形担保范围扩展到所有系统内重要的企业，这使金融系统的道德风险升高到了一个全新的高度"。伯恩赛德等人（2000，2001a，2001b）分析阐示了如何用道德风险解释金融危机。

尽管米什金（2006）认为 TBTF 问题并非像描绘出来的那样严重，但他承认，它的确使大银行道德风险的问题严重了。对此，他进行了如下解释：

"大而不倒的政策增大了道德风险问题。如果一家存款保险机构，如联邦存款保险机构要关闭一家银行，且只能偿还存款人 100000 美元的保险上限，那么一旦银行倒闭，大额存款人就会遭受损失。所以他们就有了动机去密切监控银行的行为……然而，一旦大额存款人知道了银行是大而不倒的，他们就没有了监控银行的动力……这个大而不倒政策的结果就是大银行愿意去冒更大风险，这使得银行更容易倒闭。"

只有几家中央银行家和监管者针对道德风险问题给予了应有的重视。默文·金在他 2009 年 10 月 29 日的评论中说道"救助金创造了有史以来最大的道德风险"（康韦，2009）。约翰·吉弗是英格兰银行的前副行长，他发出警告说经济复苏后，政府在银行系统内制造的道德危机会很危险。他特别提及了英国政府给予苏格兰皇家银行的数十亿英镑和确保该银行免予数以亿计英镑的潜在贷款损失的协定。他还认为,经济复苏后,银行背后的安全网会"使得下个循环更糟糕"。

道德风险的维度

道德风险不止一个维度。那些大型金融机构的债权人希望政府能保护他们的借款,他们几乎没有动力去监控这些机构的行为,也不愿选择那些小心谨慎做决策的机构。另一方面,大型金融机构明白他们受到的债权人监控较少,也明白破产时政府会援助他们,所以他们会去做一些极有风险的项目。而且就算他们必须要为自己的行为承担全部责任,通常情况下,他们实际做到的也比应该做到的要少。结果就是引起资源的浪费和更多能导致破产的行为。政府提供给没有保险的债权方的保护越多,它制造的道德风险问题就越大。

莫耶和拉米(1992)给出了另一个道德风险问题的维度,它牵涉了银行业的结构,即 TBTF 鼓励大银行维持比小银行低的资本比率。《巴塞尔协议Ⅱ》中关于资本充足率的内容加强了这个趋势(关于这个问题第 9 章会有详尽讨论)。

多德(1999)认识到了道德风险问题的另一个维度,他认为 1998 年对美国长期资本管理公司的援助使美联储遭受了"不受控制的道德风险"。他指出,对美国长期资本管理公司的援助意味着,美联储要对美国的对冲基金负责,即使实际中没有立法授权。不仅如此,美联储并没有被赋予监管对冲基金的权力,并且美联储主席明确地声明不可能有任何类似权力。因此美联储处在了一个特殊的位置上,关于对冲基金它没有任何权力但却要为之负责,这个行为对于对冲基金来说是多么美妙呀。这件事使得大型的对冲基金可以不受美联储的控制去冒险,但是当基金陷入了困境时美联储会来替它们补上缺口。

7.6 理由 5：带给后代金融负担或导致恶性通货膨胀

为了提供援助金，政府会做出以下三种行为中的一种或几种：增税、借债和印钞。如果政府当时没有提高税负，它会转而发行债券卖给本国和外国的投资者，从而通过这种方式借到钱。在未来，无论通过什么方式，利息和本金是必须要偿还的，其中一个偿还的途径就是让后代纳更多税。但是，后代人与当代执政者的错误行为没有任何关系，这个情形就类似于一个不饮酒的就业者发现他们必须要为失业的酒鬼的酒水付账（回忆第 1 章的轶事）。

如果政府通过让中央银行印钞来支付援助金，可能的结果就是恶性通货膨胀。恶性通货膨胀指价格持续、快速地上涨的现象，主要是过度印钞的结果。这个现象曾经在许多国家发生过，它有着毁灭性的恶果。最近发生的一次是在津巴布韦。TBTF 的支持者声称，对破产大银行不进行支援或许会造成整个支付系统的崩溃，没有证据可以表明类似事情会发生。而经验表明，恶性通货膨胀的确破坏了支付系统，因为它导致本币失去了储存和支付手段的功能。

7.7 理由 6：多数人付出代价拯救少数人

这个论点中的少数人和多数人分别指的是金融家和社会其余部分。假设经济中只存在典型的两方关系——给予、获取和分配潜在的支出和收益，当然其实事实非如此。金融家是站在上风的，当事情进展顺利时他们赚取奖金和丰厚的薪水，但当事情出错时他们希望纳税人能维持他们的奖金和薪水。这种 "坐在赌桌前，总要分输赢" 的情形对金融家们更有利，它包括财富从谨慎节俭者到肆意挥霍者的转移，俨然是 "颠倒的罗宾汉"。纽约市发生了一起谋杀案，有许多人在旁边。但没有人做任何事情去援救受害人。塔布莱和特里亚纳（2008）提到了这件事，并且把它与全球金融危机和由此产生的救助相类比：

"我们刚刚在金融市场目击了一个类似的现象。犯罪行为发生了。没错，我坚持是个犯罪行为。这里有受害者（无助的退休人员，损失资金的纳税人，甚至是资本主义和自由社会），有大量的旁观者，也有掠夺者（拿着丰厚的奖金而隐瞒风险却被过度补偿的银行家；定量风险管理经理公然地贩卖伪造方法却获得了过高的报酬）。"

我对于 "拯救少数人" 中 "拯救" 这个词有质疑，因为它并不是完全精准的。受到死亡、伤害或经济困难威胁的人才需要拯救。但是 "拯救" 金融家意味着维持他们奢侈的生活作风，为他们提供经费，使他们能雇佣一些本会失业的人去翻新他们寒暑期度假的家。更糟的是，救助的存在相当于支持会引起银行破产的犯罪行为。布拉格（1986）揭露了 1986 年联邦存款保险公司的调查结果，结论为，百分之四十五的破产银行，破产的主要原因都是内部人员的违法失当行为。金融部门和其余社会部门的关系的确是不对称的。在这个世界上，我们为什么会允许这种道德上的堕落？

7.8　理由 7：奖赏鲁莽行为，阻碍市场规律

大而不倒学说对长期金融稳定有严重的影响。如果金融体系要稳定，必须要激励各个机构有良好的财务情况。救助了一个处于困境的机构会传递出最糟糕的信号，因为这会使得其他的机构认为他们在陷入困境时也可以得到救助。这就弱化了他们要保持自身财务状况健康的动

机，使得他们更容易陷入困境。救助一家虚弱的金融机构也许能在短期内恢复市场的平静，但这么做会破坏长期的金融稳定。企业对救助的预期降低了他们遵守市场规律的动机，从而造成经理们追求更有风险的操作，最终使金融系统的整体风险增加。沃尔兹和维多（2009）相信 TBTF 问题的出现正是出于这个原因。

以投资银行为例，政府愿意对投资银行提供帮助，这可以被视为"投资银行不可缺少"的证据。但这种意愿恰恰凸显了这些机构在最近这些年业务经营地有多么差劲。因为投资银行通常会举债经营，所以他们必须非常善于管理风险，而且他们必须要保证用户足够信任他们，能够在几乎没有担保的状况下借给他们大量的资金。正因为如此，大家都希望投资银行能谨慎地平衡风险和回报，谨慎地赢得并保持用户和债权人的信任。而事实却恰好相反，投资银行承担了很大风险，但没有告知外界他们的投资规模，甚至连股东（现在似乎不是了）也不知道。

政府帮助大型机构的贷款人避开市场约束，金融业的债务高到了不可持续的水平。正因为 TBTF 学说，贷款人监管金融体系（拒绝向有风险的机构借钱）的重要作用消失了。TBTF 学说是导致大型金融机构做出不负责任行为的直接诱因。艾略特·斯皮策（2008）写道：

> 是让市场发挥作用的时候了：这意味着成功者和失败者的真实竞争；公司可能消失；股东和 CEO 们可能成功也可能失败；政府只会在我国长期竞争力上投资，而不是投资在一个失败的金融集中模式上，也不是投资在无人负责的失败的风险管理上。

长期资本管理公司又来了

在多德（1999）对长期资本管理公司的救助的评价中，他认为"如果美联储希望促进金融机构变强，就应该举出他们一个失败的例子。"在那篇文章中，美国长期资本管理公司给联邦储备系统提供了一个好机会去实现那个例子，去传递出这样一个信息：企业（无论规模多大，多么有交互性，或者其他什么）不要期望能得到救助，不要期望能从自己犯下的错误中逃脱出来。因此其他企业也会引起注意并且加强自身建设，金融市场会更加稳定。多德认为，"让美国长期资本管理公司破产，可以使金融市场变强健而不是变衰弱。"他同时指出，理论上，处于资本主义经济中的公司，自己的商业决策能够导致自身的成功或失败。如果他们失败了，选择购买他们股票和债务的投资者也会失败。风险应该是让每个人都专注于做更好的决策。这不就是我们所谓的"风险管理"吗？

多德强烈反对把"大而不倒"扩展到保护对冲基金。他指出，这会损害美联储决策者的可信度，更严重的是他们的道德权威也会被损害，这是美国长期资本管理公司事件造成的最坏的后果，因为他们在鼓励其他国家的同行们，继续完成经济自由化这一必要的，但是困难且痛苦的过程。银行与金融服务委员会主席詹姆斯·李奇极为明智地指出（李奇，1998）：

美国长期资本管理公司的传奇，充满了关乎道德权威和道德风险的讽刺。我们的政府一直这样对外国政府（尤其是亚洲）说教：实现现代化的方法是要依靠市场机制而不是内部的援助，要允许薄弱的机构破产。说教的同时，美联储做出了干预行为。

艾伦·斯隆（1998）在《新闻周刊》更加生动地表达了相同的观点：

15 个月来，金融市场在一个又一个国家崩溃，就像台风中的茅草屋。美国向其他国家宣讲裙带资本主义的罪恶——为了援助富有的自己人，让其他所有的人付出代价。美国官员和金融家们说要让市场的力量来配置资本，以达到效率最大化。泰国的农民、韩国的钢铁工人和在莫斯科领取养老金的人，在本地经济和货币崩溃时会受到重创——但是我们会严肃地告诉他们，为了大局这是他们必须付出的代价……裙带主义是不好的，资本主义是好的。然而紧接着长期资本管理公司崩溃了，俱乐部的精英成员，还有富有的特权投资人和抢手的、有关系的经理也随之遭殃。但在你能说出"救助"前，美式的裙带资本主义就抬起了它丑陋的头……约翰·梅利韦瑟和其他人，他们经营基金失败却还能保住工作。

要使金融机构在市场规律下运行，首要原则就是不允许 TBTF 和救助。不论是谁在状况好时获得收益，他必须也要做好在状况差时付出损失的准备。

7.9 理由 8：TBTF 是业绩不佳的原因

莫耶和拉美（1992）认为，TBTF 政策会对银行效率产生消极的影响。一个针对 20 世纪 80 年代的银行业问题的研究结果表明，大型银行的表现不如小型和中型银行。这是因为，在 1984 年对伊利诺伊大陆国民银行的救助后，大银行就认为自己受 TBTF 保护。博迪和格特勒（1994）发现"中型银行表现优于大型银行的原因是大型银行的风险敏感性较小，这是 TBTF 所导致的后果"。

斯特恩和费尔德曼（2004）认为"与让企业参与竞争相比，TBTF 问题会导致企业以一种成本无效率的方式运行"。巴特尔和哈里森（1999）认为，公众对企业的支持似乎解释了它们的低效率好过被政府直接拥有。斯特恩和费尔德曼进一步说明，TBTF 保护在此次危机中扮演了重要角色。

7.10 理由 9：TBTF 造成了扭曲

现在已经发现保护 TBTF 的两个后果：它造成了银行业的规模畸

形，并且它突出了存款保险造成的风险畸形。一些经验研究表明，在一个相对中等规模的银行中（拥有资产 2 亿美元），实现规模经济就很费劲了。这就意味着大银行的存在或许也是 TBTF 扭曲的后果（安妮丝和马利克，2005）。另一项研究发现，在 1984 年 9 月，通货监理官在国会面前证明了有些银行是大而不倒的之后，相较于行业中其他的银行，那些银行的股权价值上涨的格外得多（奥哈拉和肖，1990）。

沃尔兹和维多（2009）检查了存单市场潜在的价格畸形。他们的发现表明，价格已经被规模效应和投资者的看法扭曲了。规模效应来源于 TBTF 地位，还来源于投资者的观点——他们认为（机构）只要需要就可以得到救助金。特别地，他们发现，规模上增加 1 个百分点，存单利差会减少两个基本点。他们还提到，当一家银行大到在必要时即可获得救助，股票价格就会出现扭曲。类似地，弗兰诺雷和索兰斯库（1996）发现小银行支付更高的次级债券价差。奥哈拉和肖（1990）给这个结果做了一个解释，他们指出一家银行的存款利率，存单利率和非存款类贷款利率反映了破产的可能性。TBTF 意味着取消了存款保险计划的承保上限，用救助或者财富效应有效地支持了大而不倒的银行。摩根和斯特奥（2005）发现，在 1984 年有 11 家银行以大而不倒的身份被提名，这些 TBTF 银行新发行债券的评级会被评级机构上调，而那些未被提名的其他银行就不会有这种待遇。

米什金（2006）举出一些 TBTF 扭曲的例子：（1）大银行实行兼并，可以带来市场价值的提升，但是这情况并不存在于小银行中；（2）大银行的存款成本更低；（3）规模大的银行信用评级要高于只是规模小但在别的方面都与它相似的银行。

7.11 理由 10：TBTF 使得大型机构规模更大

我们在第 4 章的讨论中知道，救助会使大型机构的规模更大，更有影响力。一个观察员说到"我一直认为，无论是政府机构还是一个私人机构，持续增强其权力的行为都是消极的"，并且他讲："我们一直以来反对垄断不就是这个原因吗"，"国父们把政府分成三个分支也是为了限制权力啊"（Word Press，2008）。支持一个失败的体系，这么做的危害不用再多说了。

TBTF 对金融市场的竞争有负面影响，很意外地这个论点得到艾伦·格林斯潘的支持。麦基和兰曼（2009）引用了他的话，TBTF 银行"得到一个隐含的补贴，它可以以更少的成本借款，因为贷方相信政府总会介入来保证他们得到偿还"。他认为这是"排挤竞争对手，给金融系统制造了危害"。

7.12 理由 11：使提升金融部门的道路更遥远

大而不倒问题，已经成为了过去二十年金融体系贪污腐败的中心。首先，TBTF 增加了金融机构中经济生产部门的人才流失。另外，根据希德曼（2009），"一个有着太多能源，人才和资本流动的社会……依照定义，在经济的其他领域是投资不足的"。我们可以看到，对于经济的有效运作来说，金融部门极其庞大，这引起了资源的分配不当。TBTF 使得本来就不好的事情更加糟糕了。

7.13 针对所有人的反对论点

一个观察者认为，反对 TBTF 的论点适合所有的政治观点（http：llselfevident. org/？p = 720）。以下是他所说的话：

● 对财政保守主义者，TBTF 正在使得国家破产。

- 对社会保守主义者，TBTF 制造了寡头政治，而不是家庭价值。

- 对自由主义者，再多的调控也无法涵盖 TBTF 所造成的威胁。

- 对温和派，现状就是即将发生的灾难。

- 对平民主义者，讲什么都没有必要了。

就像他说的一样，TBTF 是对所有其他人不利的金融欺骗。它是金融家们胜利的战斗。因此（这是我的话）TBTF 必须得消失。

第 8 章

处理TBTF的威胁

8.1 为什么 TBTF 应该被扔进垃圾桶

2009 年 4 月美国联邦存款保险公司主席西利亚·贝尔在纽约竞技俱乐部发表演讲，她建议 TBTF 的概念"应该被扔进垃圾桶"。我完全同意。要削弱金融家们的影响，减小金融部门的不均衡规模，TBTF 必须消失。要减少寻租这个无收益行为，TBTF 必须消失。要阻止把稀缺资源从生产性部门转移到依附性部门的行为，TBTF 必须消失。要使道德危机的发生率最小，TBTF 必须消失。要减少由于一小部分这一代人所做的不当行为给下一代人带来的财政负担，TBTF 必须消失。要停止让财富从辛劳的工作群体到金融精英们这个倒罗宾汉式的转移，TBTF 必须消失。要停止奖励轻率行为，TBTF 必须消失。要加强市场规律在金融机构的作用，TBTF 必须消失。要避免其他 TBTF 学说所带来的负面影响，它必须消失。TBTF 问题太大而难以处理，但它必须被解决。凯（2009b）说道，它"与民主互不相容，它也破坏了活力这一市场经济的主要成就"。

约翰逊（2009）把一家大而不倒的银行形容为"大规模毁灭性的金融武器"，他认为"一个大规模毁灭性武器，落在不安全的人手中是不能允许的"。作为一个坚定地信奉世界和平的人，我宁愿这个世界没有大规模毁坏性武器，也不要这样一个世界——我们不能希望这些武器不要落入不安全的人手中。出于同样原因，我宁愿看到一个全部金融机构都不是 TBTF 的世界。

8.2 大问题

因此，有很多令人印象深刻的原因解释为什么 TBTF 学说应该被扔进垃圾桶。然而大多数人认为，重要的问题是如何才能做到。我想这个问题并不是那么棘手，问题的答案并不难找。但是在极端的时期去实施极端的举措，这个政治决心是很找到的。盛行了大概三十年的观念使得这种极端的措施看起来是极为不正统的，反市场的，社会主义的，左派的，可能甚至是共产主义的。然而经历了全球金融危机的痛苦，大多数人在一定程度上改变了他们的想法，开始重新燃起对凯恩斯、明斯基，还有，是的，马克思的兴趣。只要能采取方法克服 TBTF 的威胁，这些人可以接受市场主义者（被证明是错的人）给他们贴上反市场、社会主义和左派的标签。甚至一些管理者也是这样想的，因为他们身处前线，被指控缺少有力管制和严格监管，从而导致了全球金融危机的出现。

坦率的监管者

例如，默文·金（英格兰银行行长）在 2009 年 10 月发表的（勇敢的）评论中说，他确定自己是最坦率的反对正统自由市场主义的监管者（赛格尔，2009）。首先，金明确认识到这个事实，"会有几代人来为最近的经济危机埋单"。然后，他呼吁银行分离，让他们的零售业务部门和更有风险的投资银行业务分开，从而得以呼吁重新启用《格拉斯—斯蒂格尔法案》或实施其他版本。他同时批评了银行业改革的失败，尽管它得到了"令人惊讶的纳税人的支持"。

2009 年 10 月 21 日金在爱丁堡告诉商业领袖们，"目前的制度安排不切实际"并且"很难理解为什么不在销售、公共事业和银行业方面限制资金支持"。他同时和他们说"对小额储户和其他债权人进行担保，并且建议把资金用于支持高风险的投机行为中去。任何人提出这种想法都会被认为太天真了"，他还补充道，"这就是我们现在正在做的"。讽刺的是，金的意见来自包括那些靠政府援助才存活下来的众多银行，他们准备好花费数以亿计英镑，用于发放红利（似乎一切照常）。金的评论中有一个很重要的信息，那就是银行应该分解，以防止成为 TBTF。他甚至建议，如果银行不愿意分解，金融部门应该"不断增强管理监督"，这么做会让行业付出很高的代价。

很不幸，财政部比金更为传统，拒绝了分解银行的提议。同样不幸的是，观察员说，投资银行和商业银行的分离不可能发生在金的任期内。还有，金关于"不断增强管理监督"的预言可能不会实现，因为金融家们仍然太强大，难以控制（TPRBDT）。在 2009 年中期，英国财政大臣和温·布里什乔夫共同主持了一个调查，温·布里什乔夫是破产的劳埃德银行行长，他说"应对危机的新规定可能会改变一个城市的国际竞争力，因此对这些新规定做出限制很重要"。

方式评判结果

那么，如何能抵制 TBTF 政策？首先，不要再提起这种可能：金融机构会改变他们的坏习惯，或者会充满责任感和社会自律性。他们感兴趣的只有生意，像往常一样："快速赚钱"才能有丰厚奖金。为了终结 TBTF 学说，一些被视为非正统的激进的主流意识形态应该被采纳。为了真正达成这个目的，应该考虑所有的必要方式，无论是正统的还是非正统的。

我从不相信"用方式评判结果"这个说法，或者是所谓的效果论原则——用后果判断（以道德和实用性的名义）行为（安斯康姆，1958）。我一直很相信义务论（义务的道德理论）的观点，即一个行为的适应性或者其他类似的特点形成了这个行为本身的特点。从这一观点出发，我会稍微麻烦地从间接角度分析以寻求一个更好的解释——一个道德恰当的行为会产生好的结果（对大多数人有利）。摆脱这个叫 TBTF 的大规模毁灭性武器，是一个很好的理由。更好的消息是，这件事中的效果论证明了措施的正确性。大多数人情况会变好，少数人情况轻微地恶化，这实际上可以被认为是（修正过的）帕累托改进了。

一些政客，管理者，记者和观察员，经济学家和大部分普通人在博客发表对时事的评论中，也建议了我在这里拥护的不正统的和极端的措施。为了摆脱 TBTF 威胁的措施，我把这些措施总结如下：

1. 阻止金融机构发展过大。如果这不起作用，或者作用程度有限，那么就采取措施让金融机构的发展成本变高。

2. 加强监管，降低破产率。

3. 如果一家金融机构处于破产的边缘，并且这个机构的情况使人绝望，那么就应该让它破产。甚至，应该采用一种金融安乐死的方式帮助它破产。

前两个措施是预防性质。通过减少破产率，就避免涉及 TBTF。第三个措施，是采取一个严格无救助的政策，建立政府公信力。这三个措施会依次减少破产率，因为 TBTF 机构变得不那么想去承担过度风险。这几点会在这章的剩下部分讨论。

8.3 与金融机构的肥胖作斗争

如果一家金融机构是 TBTF，那么它就是 TBTS（大而不能挽救的）且 TBTE（大而不能存在的）。因此，应该阻止金融机构发展得过于庞大，这是"毫无疑问的"。就像一位观察员在一个网站（www. community. timesonline）为了回应默文·金在 2009 年 10 月发表的反对 TBTF 机构的评论所描述的观点那样。他是这样说的：

1. 由于政府似乎很难控制它们（金融机构），它们可能会再一次陷入麻烦。

2. 如果它们发展成为规模过大的金融机构，并且陷入麻烦，纳税人再一次会援助它们。

3. 我们没有钱再去资助它们了。

4. 因此，不应该允许它们发展得过大。

实际上，我喜欢把规模和陷入困境联系在一起的观点，这个观点是有据可依的。原因是规模过大会导致自满，并且 TBTF 会产生道德风险。对于某些人来说，一个大型机构不能破产，或者说不能被允许破产。但是政府（纳税人）没有钱给救助行为提供资金，而且，如果真的这么做了，那为什么不用这笔钱去修一个大坝或者是一条高速公路呢？我们的目标是建立一个中小型金融机构所组成的金融部门，这是在大型企业出现之前的普遍模式。

把一个大型金融机构分成小部分，意味着它们其中一部分的终结并不会产生对剩下部分构成威胁。大企业可以根据活动和产品进行纵向划分，也可以通过实体之间既定的活动进行横向划分。这个意见可归结为，在金融服务业中强制实行竞争政策。而且为了这个目的，也应该有适用于以下情况的法律：（1）分解现存的金融机构；（2）防止小型机构成长为过大的大型机构。

激进的思想家

把现存的规模过大的金融机构分解，默文·金是这个意见的其中一个支持者。一些自由市场主义者形容那些拥护分解大型金融机构的支持者们为"激进思想家的新浪潮"。据马思和他的同事们（2009）所说，这些所谓的"激进思想家"包括格劳厄（2008），比特（2009），凯（2009c），菲尔普斯（2009）和斯蒂格利茨（2009）。一个像艾伦·格林斯潘的自由市场主义者，他现在正在呼吁分解大型银行而被称为"激进的思想家"，很奇怪吧。麦基恩和兰曼（2009）引用了他的话"美国政府应该考虑分解那些被认为是大而不倒的大型金融机构"。格林斯潘心意的改变可真是令人振奋啊。

如何分解它们

可以采取一些方法对现存的金融机构以再私有化的形式开始进行分解。由于救助的存在，这些金融机构全部或部分属于政府。如果情况理想，大型金融机构按中型规模进行出售，并按照区域或业务类型划分。假如它们将在短期内可以被分解，那么它们就可以整体出售，这个想法（迅速出售这些机构的想法）是不切实际的。这一推论，与哈伯德等人（2009）提出来的主张是一致的：把破产的金融机构分成两部分，不良资产由一个不好的部分承担，另一部分什么都不用承担。在不好的部分中，不良资产的价格损失由贷方承担。好的部分可以继续运转并且筹集资金，免于被政府接管的命运，与其他任何走出破产的公司相同。

反垄断法只能在私有大型金融机构发挥分解的作用。约翰逊（2009）建议，现在需要彻底修正反垄断法。反垄断法是在100多年前为了抵制行业垄断而制定的。他说，这项法律并不是为了在金融部门应对市场力量而设计的。当然，我们也可以恢复格拉斯法或者它的修改版本。的确，奥巴马总统对所谓的"沃尔克法则"的认可，是本着恢复格拉斯法精神的目的（希尔，2010）。有一个可追溯的法律实践，表现的是一家商业银行从投资银行中分离，这保证了包含两种功能的现存机构被分开，并且商业银行和投资银行之间不再合并。它还有个额外的优点就是可以避免利益冲突，这也是为什么在20世纪30年代出台《格拉斯—斯蒂格尔法案》。

相关的措施包括改变管理银行控股公司和全能型银行运营的法律。要允许修正管理银行控股公司，这项法律很有必要，可以使得商业银行从其他金融服务业如保险、基金管理和中间人业务中分离出去。为了这个目的，监管并购同样是必要的。兰彻斯特（2009）认为并购破坏了价值，这一点在苏格兰皇家银行中体现得很明显。苏格兰皇家银行曾经被称为并购之王（就像我们看到的那样，苏格兰皇家银行破产的主要原因就是它收购了荷兰银行，而荷兰银行在有毒资产上投入巨资）。合并或收购不会违反《格拉斯—斯蒂格尔法案》，反垄断法和任何阻止商业银行和其他金融机构联姻的法律。一个合并计划或收购计划若要得到监管者同意，需要的条件是不违反法律，并且需要申请人出具一个证明，证明合并或收购会产生协同作用。如果并购会导致的结果是一家机构会成为 TBTF，或者会给某些机构带来更多的资源聚集和市场权力，那么监管者必须加以限制。

小规模的好处

缩减金融机构的规模也有其他好处，因为大型金融机构是有问题的，我们在第 4 章中已经看到了。然而，或许有必要再重复一下大规模机构的缺点和小规模机构的优势。小规模机构更容易管理，并且它们破产的可能性小。即使它们破产了，处理起来也容易。小规模机构不愿意承担风险，有更小的市场和更小的政治权力。一个参与者是许多小型机构的市场结构更有助于竞争。小型金融机构的优势是更加重视当地需求、更加灵活和具有透明度。大型金融机构缺乏灵活性，管理更困难，有更多雇员的自营交易和代理问题，不能有效地适应本地交易所需要的经济需求。过大的机构不成比例，影响了公共政策。它们因为 TBTF 而得到权力，这个事实就可以证明这个问题。包办一切的大型机构就是专业化和比较优势理论的对立面。我们在第 4 章中看到，两家瑞士银行是怎样因为扩展业务范围而导致破产的。规模经济和范围经济往往会变成规模不经济和范围不经济。

在入门级的微观经济学中我们学到，平均成本随着规模减小而减小，因为（1）由于产量大，所以成本减少；（2）生产要素（人力和机器）的专业化；（3）经验。但是如果企业目标是追求范围经济，那么实现专业化和经验优势是不太可能的。此外，官僚主义下的低效率，激励劳动力的问题，以及企业创新和创业活动面临的更大障碍，都会导致规模不经济。同时还有更多的委托—代理问题，这是由股东目标和经理目标的不一致所引起。有一个说法是这样的，创新和完全新的业务出现并不是来自已建立的和占优势的公司，而是来自新公司（比如微软和谷歌）。凯（2009b）也认为这个说法正确。由于"官僚文化"，创新并非来自现存的大型企业。

分解然后让它们变小

卡马思等人（2009）认为，若考虑到实施大型跨境银行集团分解时所受到的阻碍，在法律上分离商业银行和投资银行，或者禁止银行承担不必要的特殊业务，这其实是有利的。意识形态主导的观念可能会忽略一个事实，就是在极端的时间需要极端的举措。这一步似乎有些粗鲁和武断，但是这是限制部门内个人机构权力的最好方式，对于经济整体来说很重要。

一些支持金融管制的人，反对与庞大的金融机构作斗争。例如，马修·罗格朗（2009）写道：

通过阻止企业变成"大而能不倒"来限制系统风险（和抑制道德风险），我对这个提议持怀疑态度。首先，我同意保罗·克鲁格曼的说法，他说能使银行对体系不产生威胁的合适规模是不存在的。我很支持加强金融监管，然而有一个观点我不认可，就是我们应该试图将金融机构缩减，直到不存在任何大而不倒现象。基本上这是不可能的。

之后罗格朗提出，他口中的"银行瘦身理念"是源于一些关于金融危机本质的立不住脚的假设：（1）大型金融机构的倒闭总是标志着体系开始瓦解；（2）为了阻止危机，政府应该对分布在众多金融机构中的风险少一些干预。他做出这个结论：用 20 家小型机构来代替一家大型机构，20 家机构以完全相同方式破产，这样做所带来的作用非常有限。

罗格朗似乎漏掉了重点。重点不是关于危机是否由大型或小型的金融机构破产开始，重要的是一家机构是否足够大到符合 TBTF 的程度。我同意罗格朗所提出的一家大型金融机构的破产和许多家小机构的破产是等同的（至少在损失规模方面），但这与当下讨论的问题还是有很大区别的。一家大型金融机构可以是大而不倒的，然而 20 家小型机构之中的任何一家都无法做到。例如，如果在 2008 年，是美国银行而不是雷曼兄弟申请破产，这是否可以阻止美国国际集团申请大而不倒的保护？不应该有金融机构可以大而不倒，这是我们的底线。

对于"使它们更小"的改革，存在"静态"和"动态"挑战，斯特恩和费尔德曼（2009）对此做了区分。静态的挑战涉及如何鉴别需要变得更小的决策标准。这个问题我们在第 6 章中讨论过，并且做出了结论，其他系统重要性的标准都可归为规模。动态的挑战是关于监管者的能力，能否随着时间的推移把机构的规模维持在上限以下。关键是防止机构在首次分解后再次壮大，这点并不容易。例如，让苏格兰皇家银行恢复壮大是很容易的一件事，就像癌细胞一样。在金融部门大多数机构的壮大都是通过合并和收购完成的。通过监管并购，可以控制它们的壮大。斯特恩和费尔德曼（2009）承认了缩减金融机构这个政策的好处：（1）规模容易判断；（2）实施这个政策很容易；（3）小机构管理起来很容易。本着这项政策的精神，他们呼吁接下来的措施：（1）对 TBTF 银行允许溢出相关成本的特殊存款加强风险评估；（2）在银行并购方面，维持国际存款上限；（3）修改大银行的并购审查过程，对减少系统性风险给予更多注意力。

另一方面，约翰逊（2009）为小型机构做了辩护。他写道：

更好的政策可以使我们重返那个多样小型的业务实体之间互相竞争

的时代——没有什么（机构）能对整个结构如此重要或者不可或缺。而如今，权力的中心——政治和经济——仅仅会存在于一部分机构中，在面对真正的问题时这个危机不可能是先进的。想象一下，如果不是越来越多的银行并购在一起，而是分开它们并要求真实竞争；或者做出另一种假设，假设当前状况下，并没有太多的机构大而不倒，那么也许救助本来是不必要的。

凯文·德拉姆（2009）回应了约翰逊，他认为，问题不在于个体金融机构的规模，而是在与金融部门整体的规模和它们的相互关联性。他同时认为，金融机构的游说力是金融部门盈利和规模的产物。为了减弱整个金融部门的游说力，我们必须削减整个行业的规模和适应性。一个评论员在回应德拉姆时说道，"大银行优于整个行业成为了中心"。《华尔街观察报告》称，"在玩 TBTF 游戏时会有最小规模效应，这种情况下你可以从政客那里买保险，并且通过纳税人的收入减少损失"（http: //motherjones. com/kevin – drum）。

伯尼·桑德斯是佛蒙特州的一名独立派参议员。他建议，所有一旦破产就会严重破坏财政系统的金融机构，都应该被财政部门分解（https: //self – evident. org/？p = 720）。根据"如果一家机构大而不倒，就说明它大而不能存在"这个概念，桑德斯先生建议颁布"大而不倒所以大到不能存在的法律"，这可以指导财政部长汇编出一份大而不倒的金融机构名单，目标是使这些机构在法案签署成法律的一年之后被分解。

一些人认为分解金融机构会产生"效率成本"。换句话说，放弃金融超市而回归到金融小商店是不太好的。尽管表明了效率优势可能会有低效成本，但敏感的人们一旦知道，作为纳税人，他们需要给破产的金融超市高官们支付奖金，他们还是宁愿选择在小商店而非超市做金融业务。我不认为我在处理银行、保险、资金管理和各个机构的佣金时有任何问题。我们告诉学金融的学生们，多元化可以减小风险（不要把全部的鸡蛋放进一个篮子里的"理论")。而有一些认同这些规则的人却劝说纳税人使银行合并，因为他们认为在同一个地方办理金融业务很方便。

银行自然会这么辩论："大不仅仅表明出色，而且对现代经济来说很重要"。在 2009 年 11 月，德意志银行的首席执行官约瑟夫·阿尔克曼宣称："我们可以靠中型储蓄银行运转现代经济的说法，完全是误导"（福特和拉森，2009）。很多人不同意这个说法，甚至公司客户也是。大量小型银行的出现使客户有了挑选机会，直到挑选出最满意为止。毕竟，商业和投资银行经营（例如贷款和证券承销）联合的案例，是典型的增加风险的银行联合行为。这也是为什么我们有联合贷款和一些类似产品，指导着经理、联合经理和承销商们。事情的真相是银行家们（像阿克曼先生）有着有利可图的个人动机，他们为了自己的利润而追求银行规模。但是为什么一个像本·伯南克的管理者在一个美国会议（2010 年 3 月）独立银行家圈子中宣称"保持全球经济繁荣需要大企业吗？"（库克，2010）。我认为，传统的习惯（和观念）难改。这种态度使得那些努力维持现状的金融家们妥协。

奥巴马 VS 特权

奥巴马总统阻止金融企业壮大并且承担极大风险的英勇行为，让人耳目一新。在 2010 年 1 月 21 日，奥巴马先生提出了一个意见，要"限制金融机构壮大和冒险"。这个计划会禁止银行进行自营交易操作，即银行不应该拿客户的钱孤注一掷，或者说不应该把客户的钱投在对冲基金、私募股权基金中。这个行动尤其会对高盛投资公司和摩根大通公司产生影响，它们都有自营交易台和股权私募单元。它们也有控股公司的身份，意味着它们可以从美联储贷款，可以吸收零售存款。

奥巴马先生在他的声明中说："美国的纳税者们不会再被大而不倒

的银行劫持了"。一些观察家们解释说，这个计划意味着为了防止继续
扩大，一些最大的美国银行将会被分解。令人惊讶的是，英国保守党支
持奥巴马的行动。影子大臣（现任大臣）乔治·奥斯本说："奥巴马总
统的行动受人欢迎，这和我们的思路也非常一致"。自由民主党的副领
导人温斯·凯博呼吁（英国）政府"着手分解银行"，他认为"相较于
美国，英国对银行的依赖性更强，所以我们的银行业更容易崩溃"。这
一措施会面临更多非生产性的寻租行为的挑战，这种行为可以使银行保
持其特权。但是奥巴马足够勇敢地挑战了特权阶层。他说："如果先生
们（金融家）想要来一场斗争，它会是一个我希望发生的斗争"。2010
年4月，在一次每周广播演说里，奥巴马承认了这个事实："为了反对
一些甚至可称为基本的，常识性的改变，利益集团正在发动残酷的行
动"（www. azfamily. com/news/national/91199914. html）。然而，不幸的
是，2012年7月美国金融改革法（多德—弗兰克立法）在处理规模和
自营交易的问题上并没有走得太远。

增加扩张成本

假如由于某些原因不能阻止大规模金融企业，那么管理者可以让它
们壮大规模的成本变高。我们使用税收来控制外部性，那我们为什么不
能同样来控制这种外部性呢？这里的税收可以是真正的支付，也可以是
打着资本需求的名义，是资本和规模的比值。《经济学人》（2009m）这
样建议的，分解金融机构的做法是有问题的，而另外一种选择是"在
（金融机构）扩大规模或承担更多风险时提高最小资本比率。"

8.4   合适并且有效率的监管

除了在前面讨论如何削减规模时提到了一些监管措施外，监管内容

不应该只包括资产，还要包括杠杆、流动性、衍生品交易、高管薪酬和税收。

首先，我们应该忽略《巴塞尔协议Ⅱ》，因为全球金融危机已经证明了这个协定效力薄弱并且不够充分。它有许多漏洞，并且实际上与它所宣称的内容背离，早先的协议的实施并没有阻止金融危机或者减小金融危机的严重程度（穆萨，2010）。我们不应该选择对《巴塞尔协议Ⅱ》采取修饰性的修改，但是巴塞尔委员会却试图这样做（详见第 9 章）。这是因为"以过去三十年大量的监管者的失败为代价，现在终于明确，对系统做出微调好像并不起作用"（邦内和约翰逊，2010）。

放松管制是全球金融危机的一个原因

自由市场主义者倾向于把放松金融管制这个行为排除在全球金融危机的成因之外，而把主要责任推到货币政策上面。例如，泰勒（2009）认为，金融危机的引发和它在开始一年之后戏剧性的延长和加重，都是由于政府的具体措施和干预行为（特别指出货币政策）。在一个关于全球金融危机成因的研究中，卡马思等人（2009）认为宽松的货币政策应该为此负责，许多"所谓的"原因其实都是这种错误政策的结果。他们指责世界资本市场的充分流动性，认为这导致了收支严重失衡，尤其是来自能源和石油出口国的大量资本流动所导致的美国大量和持久的经常性赤字。他们声称这些"全球"失衡，会引起短暂的金融资产和金融债务的激增。他们总结称，值得推荐的正确做法相当简单："没有必要采取令人反感的监管措施去约束非银行中介和新型金融工具"。

尽管我同意宽松的货币政策是引发全球金融危机的一个重要原因，但过分强调这点就很滑稽了。考虑到投资银行和对冲基金制造成的损失要我们所有人共同承担，因此允许非银行金融机构做它们想做但是本应该集中在商业银行上的事情，是种不该发生的退步。莫斯（2009）认为"如果把注意力全放在政府的错误上，就会留下政府不能解决任何问题的印象"。莫斯同时指出，全球金融危机是"错误的监管哲学的产物"，"在许多案例中，监管者不去选择使用他们拥有的工具，或者忽略了金融系统发展中需要面临的挑战"。波斯纳把这场金融灾难归因为市场失灵，他认为"为了放宽金融市场，强调依靠自由放任的资本主义的自愈力恢复经济，这种行为做得太过了"。波斯纳同时强调了"需要更加积极和明智的政府来保证我们的资本经济运行不脱轨"。维普罗兹（2009）排斥任何贪婪行为和金融创新，并且把这些完全归咎于缺少管制。他谴责缺少管制是对的，然而他否认金融的创新和贪婪是错误的。

斯特恩（2009b）谴责了不正确的监管行为，他认为"大型而复杂的金融机构的冒险行为既没有受到有效的监管，也没有受到市场力量的制约"。他进一步写道：

如果这种错误情形继续下去，结果一定是金融资源的低效编组和分配，严重影响金融稳定，带来生活水平的下降。因此，我们必须要尽可能地加强监督和管理。

卡马思等人（2009）也（正确地）将全球金融危机归因于信贷繁荣、资金杠杆和金融创新。其中包括证券化、衍生品和银行"贷款并证券化"模式的暴增。这个说法不同于他们所呼吁的，他们声称只留下"金融创新工具"，这会让债务抵押债券责任和信用交换违约的受害者蒙受不公。关键是如果创新对资金杠杆的发展有帮助，那么它就需要监管，但这不是他们（卡马思等人）希望的。银行救助可能会发生溢出效应，他们通过影响银行救助产生的根源，做出许多政策上的改变来减少银行救助的发生。

在其他的改变中，他们建议政策制定者采用压力测试和应急计划的方式，确定经济中一个主要银行的破产会带来的可能影响，这是减少溢出效应不确定性的方法之一。其他的建议包括采纳在发生破产时为债权人提供更强的流动性的政策，在债权人产生更大损失之前关闭摇摇欲坠的银行，要求存款共同担保，转变现存的支付系统以限制银行之间通过现存系统相互亏欠。这些观点里的其中一部分还不错，但是还要再来一次压力测试吗？压力测试是一个会产生自满的错误程序。给破产机构的债权人而不是破产机构自身提供救助，这个救助行为也是由纳税者埋单，不应被允许。

自由银行制度作为一种选择

由大而不倒产生道德危机，这个问题的其中一个解决方案是自由银行制度。在自由银行体系之下，银行不会受到约束，并且也不存在负责发行货币的中央银行。支持者相信在自由银行体系中，银行极其稳定，破产的倾向也小一些（比如多德，1993，1996a，1996b；格拉斯纳，1989；霍维茨，1992；罗考夫，1975；斯瑞斯特，1993；哈耶克，1976；弗里德曼，1960）。

自由银行体系的热衷者说，苏格兰，瑞典和瑞士（在中央银行的出现以前）的银行业相对不受管制，这为他们的立场提供了历史支持。卡斯曼等人（2009）认为，如果在此种体系中的银行比在当前体系中的银行破产可能性更小，那么自由银行体系或许值得被用来限制 TBTF 保护的成本。关于自由银行制度，论述中讲了很多优点，比如市场规律，现代银行家总是要求这种放松管制的行为，这样他们可以尽可能地实现自由银行制度，而且当他们遇到困难时能够寻求 TBTF 保护。这简直就是双重播种。事情的实际情况是，银行太重要了，不能留给银行家（或者银行界，就如兰卡斯特（2009）所称）。合适的监管，比废除所有管制，更加有利于金融稳定。

具体的监管措施

我不会逐一细说针对金融机构的那些监管。我要说的是,监管需要适当、有效,需要以系统重要性的程度作为根据。汤姆森(2009)论述了关于不同监管的基本原理,他从经济效率和公平的角度做出论证。经济效率规定了监管应该增长到那一点——增加最后一次监管所付出的成本,等于从增加这次监管中所获得的收益。在这方面,汤姆森认为"满足额外监管的成本可能会和企业规模和复杂性负相关",因此"由于机构变得越来越大越来越复杂,为了符合经济效率,需要更多的监管和更有力的监督"。同样,我们在扩大体制范围时要顾及到公平性,所以需要逐步加强监管或介入调控手段。有一种相似的观点是"公平竞争环境":系统重要性在一定程度上会赋予机构竞争优势,公平性则会要求一个采取渐进监管方式的系统,取消(至少是最小化)现有的(或者是将会有的)系统重要性所赋予的优势。

例如,采取布尼和约翰逊(2010)建议的监管改革的指标。这些"简单而苛刻"的指标包括如下几方面:

1. 资本金要求提高至大概占资产的 15% ~ 25%。

2. 需要准备好简单的规则限制杠杆率。

3. 难以衡量风险的复杂衍生品有更高的资本金要求。

4. 所有金融机构的规模必须足够小,才能保证它们在倒闭时不会对经济产生重要危害。

5. 需要一个高效的税务系统,来惩罚和抑制不合理的企业规模。

对于布尼和约翰逊给出的建议,我建议再补充两项:

1. 充分披露金融衍生品的状况,包括利润、损失和交易对手信用级别。

2. 应该赋予监管方权力,可以对那些贷款标准低于监管机构提出的安全健康标准的金融机构采取措施。

管制建议

为了应对全球金融危机，经济学家、政治家、记者和商业领袖们提出要变革监管。甚至像艾伦·格林斯潘那样一度反对监管并且支持去管制化的专家，都呼吁要变革监管。格林斯潘（2009）建议银行应该具备他所说的"更大的资本缓冲"，要求资本监管应该有衡量规模大小的功能。他的继任者，例如美联储主席本·伯南克（2008），为了关闭影子银行系统中有问题的银行，提出建立一个决议程序。约瑟夫·斯蒂格利茨（2008）则更多地担心杠杆问题，并且提出了自己的依据。他提出要对金融机构承担的杠杆作出限制。此外，斯蒂格利茨（2009）建议将高管薪酬与长期表现更多地联系起来，并且呼吁《格拉斯—斯蒂格尔法案》的重新启用。西蒙·约翰逊建议分解 TBTF 机构（兰德尔，2009）。沃伦·巴菲特更加关注抵押，他提出首期款不低于 10% 并且提供收入证明（路透社，2009）。艾瑞克·迪纳罗（2009）提出，金融机构要有必要的资金保证以支撑他们的金融担保。他呼吁管制金融衍生品，通过交易资本状况良好的股票来限定交易对手的风险。艾格拉·拉加恩（2009）希望金融机构维持充足的"或有资本"，这意味着他们必须在繁荣时期给政府缴纳保险费，作为政府在它们处于低迷时期给予的救助。其他的建议包括：建立预警系统来监测系统风险；在纳税人的钱被用于救助前，给债券持有者和交易对方"剪发"；对破产银行进行国有化。

斯特恩（2009a）提出了他所说的"系统焦点监督"的作用。这是以一种防御性的方式来解决 TBTF 问题，这样做可以减少溢出效应。它有三个关键（1）早期的识别，（2）更及时的纠正措施，（3）稳定的联系。早期识别是指合理判断大型金融机构及类似机构在资本市场中所显示出的资料。更及时地纠正措施，是指一家银行的资本跌落至一个特定数额后，监管者需要采取特定措施。第三项是需要监管者向债权人传达他们在前两部分中所做的努力。在这里，我看到的问题是第二项中只关注了资本。那么流动性呢？这在全球金融危机期间产生了明显的影响。

监管杠杆、流动性和金融创新

严格的监管措施不应该只针对资本需求，也应该包含杠杆和流动性。高杠杆（股本负债比或权益乘数）标志了金融机构消化损失的能力低下。巴塞尔传来一些鼓舞人心的消息，《巴塞尔协议Ⅱ》正在修订，其中提出了针对杠杆和流动性的规定。金融"创新"也应该被管制，因为据说许多金融机都是以赌博的形式规避风险。

某些金融创新也许能帮助金融机构回避管制。例如，资产负债表外的融资会影响机构给出的缓冲资本。甚至一些自由市场主义者承认"在金融市场中一直有种现象，为了逃离管制并且承担更大风险来提高收益，银行和其他代理人一直在加快创新"（卡马思等人，2009）。为了反对场外交易市场，一个好主意是限制衍生品交易在交易所内进行。模糊的金融产品应该被视为不合法的（在未来掉期交易的选择上没有更多选项）。《经济学人》（2009n）引用了约瑟夫·斯蒂格利茨的说法：世界上最大的银行对衍生品的使用很有可能是不合法的。成立一个类似于美国禁毒署的金融执法机构，这也许是个好主意。

2009年5月，奥巴马政府寻求新的衍生品监管权，要求国会快速推进法案，允许对多种外国金融衍生品进行监管，包括信用违约掉期在内。财政部长蒂莫西·盖特纳宣布，"措施要求掉期交易和其他类型的金融衍生品要在交易所进行交易……并且要依靠资本储备"。这个想法很简单：就像银行需要持有资金以防发生损失，衍生品发行人也应该持有资金防止支出增加。回想美国国际集团，它没有必需资金，没办法偿还违约掉期产品的持有人，只能拖欠。这样的措施会使得发行者进入交易品市场的代价变大。但是这样的付出是值得的，因为这项措施可以迫使衍生品公开，可以减少影子银行系统的影响（拉巴顿和卡尔梅斯，2009）。

2010 年 4 月，一个关于金融监管改革的新立法草案被公布，草案要求向监管者和公众实时报告衍生品交易（卡麦伦，2010）。这类法律的目的是废除《商品期货现代化法案》的某些规定，这项法案在 2000 年 12 月被采用，目的是放松管制。讽刺的是，这个法案当时被劳伦斯·萨默斯支持，后来他成为了财政部部长。当商品期货交易委员会主席布斯克里·波恩提出要像传统衍生品一样把一些新型衍生品纳入管制时，萨默斯拒绝了，他告诉国会"这类合约的当事方都是非常完善的金融机构，他们有能力保护自己免于欺骗，有能力防止交易对方破产，这一点似乎很明显"。劳伦斯·萨默斯现在是奥巴马总统的经济顾问，当涉及加强管制时，他显得很强硬。

监管高管薪酬

至于高管薪酬，约翰逊（2009）建议，"尽管这么做会使人想起民粹主义，但给高管报酬制定上限也许有助于政治权力恢复平衡并且阻止新的寡头政治"。这个措施的一个优势是遏制金融部门的力量，防止其他经济领域的人才流失。就像约翰逊说的，"对于在那里工作的人，以及对于那些从金融业的繁荣中沾光的政府官员们，华尔街的主要吸引力是可以赚很多钱，多到令人吃惊。"这么做是唯一的办法，或许能剥夺金融部门在经济中不应得的资格，就像皇冠上的钻石。

一些经济学家反对政府干预私人企业高管薪酬（例如，维普罗茨，2009）。然而，维普罗茨指出"宏观审慎监管会促进银行推出更多激励措施，这些措施有益于长期发展"。接下来的问题是高管给自己多少报酬。要不要给股东们一个发言权？我肯定，股东们不会介意收到分红，这与他们对高管收到奖金的态度截然相反。一些人会说，设立支付上限是不合适的，尤其从长期来看，这种措施是禁不起推敲的。还有一些人说，设置支付上限会使金融机构的人才流失（所谓的人才流失理论）。我要说的是，金融机构需要的是正直的人，天才们还是去美国国家航空和宇宙航行局吧。但我必须再一次强调，"正直但愚笨的"人也是不合适的。我的意思是，即便没有那些擅长解决偏微分问题的人，基本的金融业也可以运转得很好，以支持实体经济活动。关于如何覆盖外汇风险敞口的问题，我和客户说，其实它和想象中的不一样，并不需要通过像确保航天飞机返回地球大气层时不会突然着火那样的计算。使用复杂的方式设计赌注策略（衍生品），这个铺张华丽的行为存在潜在的致命后果。

为了防止薪酬方案中的极端风险，美国联邦存款保险公司（以公共传阅文件的方式）公布一项提议，这项提议提出了关于支付上限问题的另一种选择。从收集的信息来看，这个文件包括了很多问题，关于何种方式应该鼓励，和员工薪酬应不应该以及如何纳入到基于风险的价格体系中。为了保护这个提议，联邦存款保险公司的主席希腊·贝尔引用了"学术研究的广泛共识"，认为"不好的薪酬设计会造成不当的激励并且会引起风险"。她同时认为，"最近的危机显示，鼓励极端风险的薪酬措施会导致金融系统和存款保险基金的重大损失"。贝尔明确了这样一点，这个提议旨在对薪酬方式进行规划而不是简单地给薪酬等级最终定上限（麦克尔罗伊，2010）。

佩妮·卡根是惠誉集团子公司（Algorithmics）的信用和运营风险经理，她认为，联邦存款保险公司提出的建议，比她所说的"政府的应激反应"要好。特别地，她反对向奖金征收重税，这样会导致"企业增加基本薪酬，企业索性不再考虑风险和绩效薪酬的适应性，金融部门会因此失去竞争力"（贝纳洋，2010）。这里我们重复一遍：任何使金融机构高管们待遇下降的行为，都会有损金融部门的竞争力（我不确定是哪种方式）。美国通货监理官约翰·杜根反对他所提到的这份"联邦存款保险公司过早发出的文件"的内容。

向金融机构征税

在 2009 年 11 月 8 日，安德鲁街（苏格兰），戈登·布朗在一次对 20 国集团财长的演讲中，对以下观点做了辩护：要对金融交易征税——现代版的托宾税。他建议，所收税收的一部分可以转移到国际货币基金组织运行的基金中，用于支持未来的银行救助，或者用于帮助发展中国家成长，而另一部分税收可以帮助减少预算赤字。一位政治家说这种"折腾"未免太夸张 。这位政治家是一名财政大臣，他认为金融税收这个观点有"大问题"和"非常大的缺点"（《经济学人》，2009a）。联邦安全署的领导罗德·特纳进行过类似的辩论，为此他还受到伦敦市长鲍里斯·约翰逊的批评。因为对城市征税的建议，特纳被形容为"黑客"。戈登·布朗也在 2009 年 8 月表示不喜欢特纳提出的建议。但是，就像特纳和其他人不断强调的那样，对金融交易征税的唯一条件是每个国家都这么做，这样对任何人的竞争力都不会产生损失。这一点又被布朗强调，他说："只有当世界上其他的国家做到了，英国才会去做"。关于金融税收的国际协定，幻想比落实容易多了。

金融交易税的提议被认为不切实际，并且还会破坏金融系统流动性，所以受到了抨击。但是，如果金融交易主要是通过有组织的交易所完成，那么交易税的问题就会简单很多，管理起来很方便。此外还有另一个反对理由：金融交易税会减少交易数量，因此会降低商业效率。实际上，这句话反过来说才是对的：金融部门大规模地扩张，因此减小规模才会更有效率的。赫顿（2009）说了一句风凉话"个人银行有机会制造财富，他们是有效率的——但是剩下的我们是低效率的"。关于征收金融交易税的可能性，赫顿发表评论说"不能取消"，还说"我从没想过能活着见到实现的这一天"。

奥巴马总统提出一项特殊的税叫"金融危机责任费"，奥巴马总统在 2010 年 1 月宣布要"归还本属于美国人民却用于经济救助金的每一分钱"（卡尔梅斯，2010）。这个说法背后的含义是归还 1170 亿美元的救助金损失。这个税收政策会在 2010 年 6 月 30 日后开始实施，针对银行、储蓄机构和保险公司，总计超过 500 亿美元。这个税收提议通过给小银行免税，可以分解行业游说团体，给他们留下少数的综合银行。奥巴马先生的提议得到了德国和英国的认可（索尔特马什，2010）。几乎在同一时间，一群白宫民主党人士呼吁，要向那些获得援助金的银行发放的超过 5 万美元的奖金征收 50% 的税。然而在过去，政府反对向奖金征税，政府说应该由持股人决定薪酬政策。奥巴马先生回应说，通过促使银行减少奖金，可以有相同的税收效果。

金融家对向金融机构征收特殊税的提议持反对态度。鲍勃·凯利是纽约梅隆银行行长，他说在国际领域上，税收对于国家来说是一个不好的政策。因为在某些地方，这项政策会使美国银行产生不同费用而占据劣势。此外，他提醒到，税收会迫使银行为避免传递费用而裁员。他说，"我总是担心这些失职行为会产生意料之外的结果，会导致一些事情发生"。税收还会影响银行追求并购的野心。凯利说（华尔街通讯，2010），"这之中有许多事情都不利于整个行业或者国家发展，这些事都需要考虑进来"。这又是一句耸人听闻的话。我可以想象到，减小银行追求并购的野心是好的，但是我不确定税收会怎么样。华尔街在反对这个提议时用了一个怪异的逻辑：援助的代价更适合由全体美国人民而不是华尔街去承受（多么简便！）。高官们的逻辑这么怪异，是由于他们给自己发了大量奖金，这种行为使愤怒的观察员对这些高官的态度变得更为严厉。一个高官说，"如果需要援助金，那么得到过援助的机构的现有资产和最近五年的前百分之 X 的高收入者的薪资必须首先被没收，以用来支付援助金"（基准情景，2010）。

到了 2010 年 4 月底，国际货币基金组织提出了一个方案，要对金融机构收费和征税。在一个命名为《金融部门公平而可观的贡献》的文件中，国际货币基金组织提出了两个方案。一个被称为"金融稳定性贡献"，指的是金融部门要给一只基金支付资金用来帮助较弱的金融机构（或者说付款直接纳入政府总收入）。另外一个提议是针对利润和薪水的"金融活动税"。国际货币基金组织的方案得到了英国前任财政大臣的称赞，他说"银行应该对社会作出贡献，正是在社会中它们经营得有声有色"（英国路透社，2010）。国际货币基金组织不再像往常一样对自由主义抱有热情（也许是由于来自成员国政府的压力），他们能够意识到这一点真是令人惊喜。

得到的收费用于未来资助破产金融机构，在这点上这个税收提案是存在问题的。表面上这听起来很好，对破产的补偿由它们自己支付，而不是把负担压在纳税人身上。然而，这项措施并不会清除道德风险（还有 TBTF 问题），甚至可以把这项措施视为一种资金转移，资金由管理完善的金融机构转移到管理不完善的金融机构。我更加倾向于把收入直接交给政府或者发展援助基金。

改革和消费者保护法

美国众议院金融服务委员会在 2009 年 12 月起草的华尔街改革和消费者保护法中，提到了一些曾经讨论过的监管措施。这个法案的主要条款涵盖了消费者保护、金融稳定性、高管薪酬、衍生品、掠夺性贷款、信用评级机构、对冲基金和保险。其中一些条款如下：

- 创建消费者金融保护局（CFPA），负责保护普通人免于"泛滥的金融产品和服务"。需要一个相关的规定，要求证券交易委员会提高保护投资者的能力和强化管理金融市场的能力。

- 创建内部监督委员会，确定并监管过于庞大而且相互联系，或是有风险的金融机构。它们的衰竭会使得整个金融系统处于危险当中。

- 给股东们一个"薪酬发言权"。这是一个顾问式的投票，关于报酬机制的，包含高管薪酬和"金色降落伞"。法案同时赋予监管者权力，禁止不合适或者不谨慎和有风险的报酬机制。

- 监管场外市场的衍生品。

- 监管抵押、掠夺性贷款、信用评级机构、对冲基金和保险业。

在 2010 年 3 月 15 日，参议院银行委员会的民主派主席克里斯·多德公开了一份新的银行监管法案，这项法案赋予美联储制定新的监管规则的权力。新的监管规则针对资产超过 100 亿美元的银行、所有与抵押相关的企业和大型非银行金融机构，如保险公司。自然，那些反对监管的游说团体反对任何举措。"加强美联储的权力，让监管贯穿整个美国经济"这个计划，被认为"预示了美国新型政府的开端，这个新型政府是被一小群腐败的精英们控制的银行独裁，而这些精英是谁没人清楚"。这个措施甚至被评为"比前苏联和中国共产党的计划经济还要激进，美联储甚至不用对美国政府负责"（沃森，2009）。你看到这令人畏惧的言辞了吗？你注重的是"监管"这个词，而你得到的反馈是"共产主义"。如果美联储的责任有问题，解决方法很简单：国有化。政府操控下的中央银行，不存在任何共产主义色彩。

在 2010 年 7 月，《多德—弗兰克法案》通过，它的作用是"提升美国金融稳定性，通过加强金融系统的责任和提高金融系统的透明度终结'大而不倒'，终结援助，保护美国纳税人，保护消费者，避免他们受到泛滥的金融服务和产品的侵害等等"。由于银行家"卓有成效"的游说，这个法案的效果和原本的提议比起来大打折扣。

8.5　允许即将破产的金融机构破产

最终，如果它们不得不破产了，就顺其自然吧。凯（2009b）声明，"若要解决'大而不倒'的问题，就应该允许金融机构破产而不是给它们提供援助，这样做对政治和经济都好"。同样，乔丹（2009）引述联邦存款保险公司的领导西莉亚·贝尔的话，"大型金融机构承担过多风险却无力偿还，应该允许它们破产。与此同时，它们的股票持有人和债券持有人会破产，高管会失业"。贝尔还说"如果投资者和企业高管认为政府会对这种企业实施援助，那么就会造成一个承担高风险的恶性循环。"她说，与之相反的是"政府应该建立一个更有秩序的系统来解决问题，让存在这种问题的企业，行使其正常金融功能，改善管理，消除股东价值，并恢复秩序"。考夫曼（2003）建议，"银行管理者也许能够有效地处理破产的大型银行，不用通过呼吁依靠'大而不倒'来保护保险存款，对其他银行或者金融市场也不会引起严重危害"。

应该允许摇摇欲坠的机构破产，这个提议与斯特恩和费尔德曼（2004）的理论相同。他们相信，"TBTF 问题的根源在于债权人的期望……在银行破产时，大型系统重要性金融机构的未保险债权人期望得到政府保护"。政府缺乏公信力导致了问题的发生，并且为金融机构承担过度风险的行为提供动力。政府应始终允许摇摇欲坠的机构破产，这样做将会赢得信任，才能解决问题。

令人畏惧的言辞

在政府援助的每个例子中，总存在一个观点：若政府允许一家大型机构破产，那就会引起整个金融和经济的浩劫。就是在 2008 年 9 月雷曼兄弟破产后，沃尔夫（2009）讲了一个趣闻：伯南克被问到"如果我们不做任何事情会怎么样"，他回答说"那么在周一经济就不复存在了"。在 7 月 27 日一个市政厅的会议上，伯南克发表了类似的评论（《金钱的确有用》，2009）：

我们面临的问题是这样的：在金融危机中如果一家大型企业以一种混乱的形式破产，这会拖垮整个金融系统。就像大象倒下了，所有的草也会受到挤压。

讽刺的是，在这里监管者构建了一个只对他们有利的末日情境。他们任雷曼兄弟倒闭，而雷曼兄弟资产是贝尔斯登的两倍。以下是美联储为了证明对贝尔斯登的援助是合理的所说的话（美国联邦储蓄系统理事会，2008）：

破产申请会迫使有担保的债权人和贝尔斯登的交易对手偿还潜在的抵押品，考虑到市场流动性不足，他们的债权人和交易对手恐怕会遭受大量损失。如果他们对损失或者他们所持股份以外的流动性不足做出反应，撤回提供给其他公司的金融担保并且在市场上大量出售非流动资产，一定会对整个经济产生伤害，引发更严重的危机。

第一个重要的 TBTF 援助案例是关于大陆银行，当时的货币监理署署长查尔斯·康诺福构建了一个世界末日场景。康诺福（1984）宣称：

如果大陆银行破产了且存款人和借款人得不到保全，我们就很可能会看到一个国际性或是全国性的金融危机，规模我们难以想象。没有人愿意知道。

白宫众议院银行委员会主席、众议院议员圣日耳曼说，"如果大陆银行破产，所有人都会没有工作，所有公司都没钱可用"（考夫曼，2004）。这个圣日耳曼与在 1982 年放松管制的《加恩—圣日耳曼法案》中的圣日耳曼是同一个人，该法案被视作为一个狂热的自由主义者为政府救助私人部门企业的干预行为做辩护。美联储的前主席约翰·韦尔随后声明，他认为切尔诺贝利灾难和金融破产一样（真是个笑话！）。韦尔（1991）说：

> 是系统性风险导致开始时没有成功控制和制止灾难的发生，系统性风险就像噩梦一样，对任何人都不公平。我能由一个重要大型国际机构的破产联想到的类似情况就是切尔诺贝利核电站的破产。这种破产引发的后果太广泛，并且以迅雷不及掩耳之势发生，你无法事后再控制它们。它带来拖垮其他银行企业，扰乱市场，以及拖垮投资银行的风险……我们甚至可以说破产会瓦解整个系统。

同样地，破产机构的管理者和监管者会同样利用末日般的场景去援助这些机构（或者其他）。例如，一些人会说金融是相互关联的，所以甚至一个不是那么大的企业发生问题时也会拖垮系统。那些同意这些观点的人会说，正是雷曼兄弟（不是花旗集团和美国银行）把世界推到了边缘。这个说法很牵强，因为是金融家们共同的错误行为导致了世界经济崩溃。以任何形式拯救雷曼都不会改变全球金融危机的过程。

回到美国国际集团

当美国政府在考虑如何处理美国国际集团时，破产公司的管理者们声称，政府若不能成功援助它（或它们），就会导致"灾难性的"后果。欧鲁尔克（2009）说，类似的管理者采用的金融手段"展现出他们的傲慢和不负责任已经到了一种可耻的程度"，并且他们不能"实行最基础的风险管理"。在一份 2009 年 2 月 16 日的美国国际集团（2009）档案中——尽管它在网络上可以免费使用，但是它被标示着"绝密"——设想出了如下破产的后果：

- 美国国际集团的破产会对许多美国人寿保险公司产生瀑布般的灾难影响。

- 国家保险基金马上就会被用光，导致保险行业变虚弱。

- 考虑到美国国际集团相对于其他美国保险公司的规模，美国国际集团和其他美国保险公司的"包办婚姻"是不可能的。

- 政府对支持美国国际集团的不情愿会导致其他大型金融机构的信心危机。

- 尤其在对美国公司和债券有大量投资的国家，可能丧失信心，这些国家的居民会承受重大的损失，这是美国国际集团的外国保险子公司破产导致的结果。

- 这会直接导致美国政府证券吸引力的下降和借贷成本的上涨。

- 经济是否能够承受美国国际集团破产所带来的另外一次对系统的冲击，这是个问题。

- 考虑到美国国际集团业务的范围和互联性，美国国际集团的破产会造成"极大比例的连锁反应"。

- 美国国际集团的破产会对美国和全球经济产生破坏性的影响。

- 116000 名就业者中的一大部分可能会失业，其中 50000 名就业者，他们每年的薪金共计 35 亿美元。

- 对 7400 万投保人的负面影响。投保人不能够被其他保险公司涵盖。

- 财政部需要准备回应的可能结果包括：（1）美元贬值；（2）增加财政部借贷成本；（3）引起对美国支撑银行系统能力的质疑。

- 美国国际集团有 1.6 万亿美元名义衍生品风险敞口。在美国国际集团破产时解散投资组合，会对大范围的相关资产级别的估值形成向下的压力。

- 除了这些还有更多。

注意到表达畏惧的词语"重大影响"、"信心危机"、"绝大部分的连锁反应"和"破坏性的影响"。这种词语只有末日代言人才会使用。如果这些言论成真，那么引发这个问题的人应该被判以反人类罪（相反，他们为得到奖金掏光了纳税人的钱）。

但是这些言论是错误的，一家企业的破产从来无法引起这种对世界经济的破坏。它们使破产听起来比一个大规模地震（人们活下来并且在地震后振兴）更有灾难性。我不会一一回应他们的评论。不过，最可笑的是"美国国际集团的破产会导致美元贬值"这个说法。如果我没记错的话，回想起来，2008 年第四季度美元价格飙升，之后随着援助出现而贬值。如果有什么的话，当救助是靠印钱得来时，通货贬值可能是援助破产机构的结果（斯特恩和费尔德曼，2004）。

我不相信，让美国国际集团的合伙人在衍生品交易（主要是信用违约掉期的购买者）中受到严重损失就会导致灾难发生（一个相当严重的词）。他们进行了一个赌博，不过这并没有用。取代援助的另外一个选择是允许（或强制）美国国际集团申请破产，这种情况下美国国际集团的债权人（包括他的衍生品合约对手）会被放到公司资产的案例中。他们会以一定的回收率破产（说是 20%），而自己承受损失。对此他们有能力支付，如果不能那就是他们运气不大好了。在 2009 年 7 月的国会听证会上，迪恩·马霍尼建议，允许金融机构走破产程序，这样的话成本被恰当地传给债权人而不是纳税人（美国联邦新闻服务，2009）。政府不会在股票市场补偿人们的损失，那么为什么要补偿阔绰的公司（以及错误管理它们的富有的人），为其赌博行为负责呢？这就像在拉斯维加斯的赌场开设损失赔偿办公室一样。顺便说一句，我经常在想，为什么政府援助机构而不援助市场。

为了讨论的方便，让我们假设，对美国国际集团的交易对手的担心是合理的，对手包括主要的美国和外国的银行，其中一些会几乎耗尽它们的资本。问题是为什么要给美国国际集团支付对手方所用的钱埋单？它只会使美国国际集团高管们便于得到奖金，而这只会恶化世界局势。政府可以在负担全部美国国际集团的衍生品债务，或者不给予丝毫援助之间选取一个折中的方案，理解这一点是很重要的。例如，政府可以把美国国际集团置于美国联邦破产法第 11 章，但是承诺提供有附加条件的补偿保险，仅覆盖由美国国际集团重组后债权人得到的价值与回收率比如说为 80% 之间的价值差额。

这样的方法允许针对不同等级的债权人设立有区别的估值折扣。举例来说，政府投票的结果可能是不为美国国际集团的欠款提供补充覆盖。这会使得美国国际集团的衍生品交易对手承担一个显著的估值损失，但并不至于引发一场危机。

不仅大型机构为了 TBTF 援助描绘末日场景，甚至不知名的中小型机构也时常这么做。在 2001 年末，一个位于明尼阿波利斯的中型经纪交易商公司 MJK 清算公司经历了严重的金融困境。公司的管理层和明尼阿波利斯的联邦储蓄银行辩论称，它的破产会有溢出效应，并且严重危害到大约 200000 名零售业客户，涉及股票借贷交易的几家经纪公司（这些交易正是罪魁祸首），还有许多小型经纪公司。MJK 清算公司的律师要求享受 TBTF 政策，并且催促美联储提供金融救助。后来证实，他所说的溢出效应被夸大了，最终这家公司没有得到任何援助（斯特恩和费尔德曼，2004）。如果，相反地，美联储选择了进行救助操作，我们就会被告知如果不这样做的话会对明尼苏达州和整个美国经济产生破坏性。

虚报的数据

在破产机构使用的警告性言语中，我乐于看到的是一张清单，内容为，它们的破产会给交易对手带来多少损失。讨论全世界的交易对手遭受的数万亿的美元损失是没有意义的。例如，对衍生品的交易，会产生危言耸听但不真实的数据。例如，信用违约掉期的票面总值一度达到 35 万亿美元，但是这个数据包含了全部担保债券——在家具险中，等同于全部房屋价值而不是保费（《经济学人》，2009n）。利率互换是另一个好例子。未平仓合约是以名义价值来衡量，这毫无意义，因为利息支付只代表的是名义价值很小的一部分。例如，美国国际集团声称一个灾难即将发生，这可能是在衍生品的方面消解 1.6 万亿美元的结果。然而，这个数据包含的是名义价值而不是实际支付，那只是它的一部分。

因此，就像戴维斯（2009）解释，"损失"这个词可以意味任何事情，或者什么也意味不了。当资产价值崩溃时，损失的是"纸面价值"——在一些市场观察家看来是由资产价值上升创造的，那些资产更有价值。损失还取决于是以什么价格水平作为基准。

当它们要钱时，就让它们破产吧

莫斯（2009）建议建立一个破产管理程序，这样可以实现对破产公司的有效处理。他还建议，在经济动荡期间，所有系统性机构只能得到有限的支援。不过，如果结果证明这样是不够的，那么他们就会采取破产管理程序进行清算或重建。然而，他说，一旦这些企业认识到它们看起来可能会破产了，政府就要和企业保持距离并且让企业破产。援助那些一次又一次即将破产的大型机构不是纳税人的责任。莫斯还说道，"政府中的每一员需要对那些辛勤工作的美国人表示敬意，他们进入了政府是靠这些人的投票，而且这些人也没有以牺牲多数人的代价为极少人牟利。"

路易斯和爱恩霍恩（2009）强烈支持这个观点："一家大而不倒的主要金融机构前来索要免费的资金时，财政部还要做其他事情"。其中一件事就是"让它破产"。他们写道：

不能像允许雷曼兄弟破产那样混乱。如果一个要破产的企业是为了荣耀大而不倒的，它应该明确地被国有化，这既为了限制它对其他企业的影响，也为了保护系统的根基。它的股东应该被抛弃，管理者应该被替换。它有价值的部分应该被售卖给出价最高的投标人，就如做生意一样……剩下的部分应该在市场平静时清算。

回到美国长期资本管理公司

再一次考虑美国长期资本管理公司的例子，管理者们使用令人恐慌的语言描述当时的情况（同样是"要做，不然就会怎么样"的故事）。在艾伦·格林斯潘对众议院银行和众议院金融服务委员会的证词中，他作了以下发言（联邦储备金监察小组，1998）：

在这种情形下，中央银行没有理由也参与进来。但如果减价出售很有可能对金融市场活动带来严重的、广泛的和持久的破坏，可以另作考虑……纽约联邦储备银行行长的判断是——对大家都有利，包括债权人和其他市场参与者——只要有可能，就会产生一个有序的解决方案，而不是由一系列违约使企业无序的减价清算。

接下来看看纽约联邦储备银行行长麦克多诺的评论（银行和金融服务委员会，1998，p. 38）：

我认为，你们不得不开始有个概念：我们真的很确信，如果 LTCM 破产了，美国人民会以一个不能接受的方式去忍受痛苦。

他补充道：

我们认为纽约联邦储备银行参与进来是合适的或者是值得推荐的，原因是我们处于一个混乱的市场，而对于实体经济和实际中的人们来说，风险已然足够高了。

美国人遭受依附性的对冲基金崩盘之苦，有时我觉得考虑的主题是 2005 年飓风（卡琳娜）或者是 2010 年墨西哥海湾的石油泄漏，两期灾难把痛苦强加给了美国路易斯安那州的人民。然后我意识到，这个声明在 20 世纪 90 年代后期出现过，那是在这些灾难发生的很多年前。讽刺的是，格林斯潘先生在说完关于的拯救美国长期资本管理公司的必要性后，他声明："我说没有什么是大而不倒的"，并且麦克多诺先生随后说道："我非常同意"。然而，格林斯潘先生补充道："这里存在一个问题就是规模太大以至于不能过快清算"。还有另外"太完美了以至于不能去相信"或者"太离谱了以至于不能接受"的概念。

多德（1999）对美国长期资本管理公司案例做了精彩的分析。他想了一下如果美国长期资本管理公司倒闭了会发生什么，并且美联储的担心是否是合理的。对于援助潜在的观点是：（1）金融市场在1998年9月格外脆弱；（2）美国长期资本管理公司在衍生品交易中是个大玩家；（3）暴露了许多不同交易对手的重要问题，许多头寸解除起来很困难并且代价很高。这就是为什么美联储对美国长期资本管理公司破产的前景很紧张。然而，多德认为金融市场本来可以吸收美国长期资本管理公司破产所带来的震动，并且不会导致美联储官员所担心的金融垮台。他支持自己的观点理由如下：

● 尽管许多企业会受到很大冲击，但是在市场中资本的数量是以数万亿美元计算的。市场和美国长期资本管理公司的联系很大，因此不难看出来市场作为一个整体如何吸收掉震动。正如多德所说，"市场也许会打喷嚏，甚至可能会感冒，但是它们绝不会患肺炎"。一个鹅卵石掉进了大海中是无法引起海啸的。

● 当企业被迫彻底清仓以应对严重打击时，通常有其他企业愿意以一个合适的价格去购买。卖家也需要承受一些清仓的损失，但是通常可以找到买家（问问沃伦·巴菲特谁愿意以合理价格购买美国长期资本管理公司）。对好东西的竞争往往会给卖家的损失设定下限。

● 市场经验表明，甚至一个很大的衍生品买家破产通常只会对那些买家活跃的市场产生影响。全球市场的流动性从未被任何这样的衰败威胁过。由此，接下来美国长期资本管理公司的破产可能会对资金活跃的某些衍生品市场产生很消极的影响，但是不会引起全球性的流动性危机。

● 相当极端和不寻常的市场中，即使受到严重打击后，流动性立即瘫痪，参与者也能尽快恢复交易。20世纪90年代中，衍生品市场一次又一次地展示了吸收严重打击的非凡能力，并且能够很快恢复正常。没有理由去假设如果美国长期资本管理公司破产了，市场的反应会有什么很大的不同。

● 衍生品风险管理的重要进步意味着，大多数企业真实暴露出的问题现在只是"如果不怎样做就会如何"的问题中的一部分。美联储所谓的"大量平仓，广泛的市场冻结"的末日场景变得遥不可及，甚至在脆弱的市场条件下也是如此。

一些实证研究被用来量化美国金融系统中美国长期资本管理公司惨败的影响，得到的结果与重要系统影响的意见不一致。用事件研究法考察后来在纽约联储局的援救会议中四家银行的反应，库等人（2000）总结：

我们的分析显示了当事情发生时，市场很好地区分了受影响和不受影响的银行……所以"市场行情随银行波动，银行在市场中要得到保护"这一观点没有存在的前提。我们的证据，尤其是向那些为了推动援助金而强调美国系统风险的人，提出了重要的质疑。

库等人的研究成果表示，在美国长期资本管理公司的传奇事件伤害到市场中银行的利益时，市场自身的偿付能力不受到任何威胁，这一点很明确。弗法恩（2006）发现，没有证据表明投资者限制了最终参与了美国长期资本管理公司援救的九家银行的借贷。

他们应该写下遗嘱

我们提出的关于让运行不好的机构在必要时破产的建议，需要机构留下遗嘱，准备好一个破产应急计划，内容是如何能够快速而有效地解决破产情况。这种计划需要金融机构以及时且更加仔细地追踪和记录它们出现的风险。另外，管理者必须检查资产负债表并且识别出那些在严重经济衰退时无法存活下去的机构。这些机构应会面临一个选择：写下你的资产与它们的真实价值比值并且在专门的一段时间内提高私人资本，或者是让政府接管。政府会把机构的不良资产纳入破产管理中，并且将那些资产转移到为一个独立的政府实体，它会为纳税人尽可能争取救助。一旦这些机构清理过资产负债表，并且可以安全地提供贷款后，它们会重新得到借贷者和投资者的信任。然后它们就能被售出了。

《华尔街改革和消费者保护法》的其中一项条款就涉及了这个问题。它呼吁建立"一个有序的程序，解散掉大型濒临破产的机构，结束援助，保护纳税人并且预防危机向金融系统的其他部分蔓延。"但是，它没有考虑到，若没有灾难的威胁，如何能让濒临破产的金融机构破产。人是有弹性的，如果他们能够在自然灾害中存活下来，并且之后能再度繁荣，他们一定能在某个金融机构的崩塌中存活下来并且之后再次繁荣，无论它是美国国际集团，还是美国长期资本管理公司或者任何其他。

第 9 章

忽略《巴塞尔协议 II 》吧

9.1　在全球金融危机后的新巴塞尔协定

第5章中讨论了为什么金融部门规模很大并且有那么重要的地位，放松管制是原因之一。第8章中给出了建议，解决TBTF问题办法需要有效并且适当的管制。一些管制措施在第8章中简单地讨论过了，而这章致力于讨论以《巴塞尔协议II》为代表的国际银行监管的措施既无效又不合适。对巴塞尔协定的评估中，建议采用更一般的管理措施。

随着全球金融危机的来袭，一个具有争议的问题产生了，即《巴塞尔协议II》是否能够预防危机或者能否减少金融危机带来的危害。《巴塞尔协议II》的制定者们居住在美丽的瑞士城市巴塞尔，他们认为如果协议能够早一些实施就能够取得惊人的成效。例如，巴塞尔委员会的主席诺特·伟林克（2008）认为，《巴塞尔协议II》"是为了阻止全球金融危机的发生"而"《巴塞尔协议II》允许银行的冒险行为，因此引发了危机——这完全是个误会"。他承认"《巴塞尔协议II》采用的模型没能成功地处理最近的骚乱"，他声称"不允许银行继续使用失败的信用定价模型"。此外，他还认为，《巴塞尔协议II》会为银行提供动力，促进银行产生"前瞻性的方式去评估和管理风险的方式，并且提供足够的资金用来应对风险"。知道了这些观点，你可能会想知道，《巴塞尔协议II》是如何处理美国国际集团的不当行为（一家没有被协定覆盖的保险公司），如何处理北岩银行的极端融资模型的。

在这次危机来袭的很久之前，一些经济学家和观察家对《巴塞尔协议II》作为银行管制的一部分表示了担心。例如，罗德里格斯（2002）表达了这个观点"还不能确定新的构架（《巴塞尔协议II》）是否会保证国际银行系统的安全健康，或者保护纳税人免于道德风险，这些道德风险来源于明显或者不明显的政府存款保险"。我完全同意这个观点，除了一点，我会把"存款保险"替换为"援助金"。

在危机之后，观察家们迅速地给对《巴塞尔协议Ⅱ》的质疑投下了一个阴影。在2008年2月28日的《金融时报》中，哈罗德·本尼克和乔治·考夫曼发表声明说"骚乱揭示了《巴塞尔协议Ⅱ》的欠缺"，他们建议不要实施协定，如果真的要实施，首先要做出一些重要的改变。他们特别提出了两个问题：（1）《巴塞尔协议Ⅱ》能充分解决与管理金融危机相关的关键问题吗？（2）《巴塞尔协议Ⅱ》的全面实施能有效解决当前和未来的金融市场混乱吗？一个参考答案是"《巴塞尔协议Ⅱ》没有完全解决当下金融事件中发现的管制问题"（卡鲁阿纳和纳拉因，2008）。

危机突显了关于《巴塞尔协议Ⅱ》的两个额外的更加基础的问题。第一个问题是，协议中包含的资本管理形式是否从根本上被误导了。第二个问题是，尽管《巴塞尔协议Ⅱ》提供了本地管理的方式，但是对资本的国际协调是否有用和适合呢？（塔鲁洛，2008）。由于危机，人们的态度发生了变化，批判的对象由巴塞尔协议技术和方法变为巴塞尔协议的概念本身。《经营风险和依从性》杂志（2008）刊载了一篇名为"《巴塞尔协议Ⅱ》失效，巴塞尔协议Ⅲ万岁"的社论，自此宣告了《巴塞尔协议Ⅱ》的终结。

9.2　巴塞尔协定

1988年，巴塞尔银行监理委员会（BCBS）确立了一个衡量银行资本充足率的全球性准则，那就是著名的巴塞尔协定（也被熟知为1988年资本协定）。巴塞尔协定的目标是：（1）为银行业的国际性竞争建立一个更完善的"公平竞争环境"；（2）竞争会导致资本比率被压低到一个极低水平，巴塞尔协定要降低这种事的发生概率。巴塞尔协定致力于确定一个单一的风险资本等级，这个等级可以应用于全世界。在一个相当短的时间里，巴塞尔协定被大量的国家采用过。

巴塞尔协定最重要的特点是以下的这个规定：要求银行根据贷款投资组合的认知信用风险去变化持有资本。在那之前，管理者仅关注于简单的（但也许更加核实和有效）杠杆率，这是以总资产为基准计算得出的——也就是说，资产价值对风险并不适用。在巴塞尔协定的条件下，根据交易方的信誉，个人资产的评定被划定为四个信用风险类别。每个类别配以一个权重，由 0（无风险资产）变化至 100%（最有风险的资产）。协议规定，银行持有的资产不得少于它们风险权重资产的 8%。

针对人们对巴塞尔协定的抨击，以及协议不能有效地应对银行环境变化，巴塞尔银行监管委员会作出回应，他们决定创建一个新的资产协定，即《巴塞尔协议 II》。新的协议涉及了市场创新，并且对银行业做出更复杂并且根本性的转变。巴塞尔银行监管委员会在 1999 年 11 月公布了第一轮修订资本充足率框架的提案，后来又在 2011 年 1 月和 2003 年 4 月发布了额外的提案，并且对这些提案产生的影响进行了大量研究。在这个协商过程中，产生了修订框架，这个修订框架发布于 2004 年 6 月。后来，巴塞尔委员会进一步对 2005 年 11 月和 2006 年 6 月出现的框架进行修正。尽管巴塞尔协定的关键元素没有更改，诸如银行应该保持至少 8% 的风险权重资产作为资本充足率，但《巴塞尔协议 II》提供了一系列决定资产需求的选择，允许银行采用最适合其运作的方式。

《巴塞尔协议 II》为评估银行资本充足率提供了更加复杂的度量框架。《巴塞尔协议 II》公开宣布了一个重要创新，就是要大量利用风险评估的内部模型和资本管理的计算方式。但这是一个特权，只有大银行才拥这个权力（再一次，"大"这个字突然出现）。此外，它还能够避免巴塞尔协定的缺陷，并且用来完成以下目标：（1）提升金融系统安全健康性；（2）增强竞争的平等性；（3）建立一个更加全面的风险处理方式；（4）使经济资本与监管资本平衡（通过银行使用内部模型），这会消除对武断资本监管的鼓励。接下来我们将会发现，这些说法都有问题。

9.3　新巴塞尔协定是一个以资本为基础的规则

在资本规则的背后的含义是，一家具有充足资本的企业在遭受了较大的损失时是有能力解决的。但是这个观点只是停留在表面，并且总的来说，新巴塞尔协定中，资本充足率的问题是它忽略了简单而有效的杠杆率。问题不是资本需求本身，而是基于资本需求的风险，这个风险是由风险权重资产计算得到。在所有的研究中，阿佛利和伯格（1991），弗隆和垦利（1998），基利（1980），基利和弗隆（1990）都揭露了，基于资本需求的风险和银行承担的风险之间存在相反关系。

银行会因为资本监管的存在而更加小心谨慎，并且资本监管还能提供一个激励机制避免极端风险，这种极端风险是来源于对重大损失的恐惧（霍金斯和特纳，2000）。为了让这个提议生效，资本率必须位于较高的水平上。当资本率不高时（这是通常情况，因为商业中这样才可行），对银行来说，承担极端风险是一件很有吸引力的事。这是因为，如果存在风险策略，银行会在盈利时获得收益，而在亏损时，资本会限制损失。然而，更严重的是，有个事实被忽略了：承担风险是由经理而不是股东决定（因此才会有所有权和管理权分离所导致的代理人问题）。当事情出现差池时，经理比股东（全体）损失的要少很多。

9.4　新巴塞尔协定：错误的监管

新巴塞尔协定是一种微观审慎的规制，用于个体金融机构的稳定性。而宏观审慎的规制是针对金融系统整体的稳定性。不像微观审慎规制，它忽略了用规模、杠杆和与系统其他部分的内部关联性来说明系统重要性。维普罗茨（2009）认为系统重要性机构应该同时受到微观审慎和宏观审慎的监管——后者可以通过调整微观审慎资本比实现，微观审慎资本比可由系统风险的同期系数得到。

对于大多数国家，采纳新巴塞尔协定意味着放弃了更好的公共政策结构，因为金融稳定性的可能性和成本同时增加了（考夫曼，2005）。同时还存在一个观点，通过持有资本来防范危险也许会产生一个错误的安全感，并且阻碍了调控机制（德瑞克，2003）。一个相关的观点是"用风险资本作为威慑……这个问题会引起道德危机"（麦康奈尔，2006）。

《巴塞尔协议 II》允许银行（至少大银行）决定自己的资本，这相当于他们以经营银行的方式管理银行。这个决定是不正确的，当银行受到恶性事件打击时会产生系统性影响，尽管管理层会关注系统性影响，但银行经理更关注风险收益平衡关系，因为这与日常业务运营息息相关（雷伯纳托，2007）。这意味着，用经济资本调整管理资本，这个"新奇"的目标（意思是监管和运营银行使用同种方式）偏离了原定方针。不应该以经营银行的方式监管银行，因为监管者和持股人的角色和目标是不同的。监管人员的目的是保护金融系统的健康，他们更愿意看到金融机构持有过剩资本。从经理（股东们）的角度上看，这样做并不合适。因为持有过剩资本不利于收入增加，并且会减少股本回报（麦康奈尔，2006）。监管的反对者认为，监管者忽略了一个事实，就是风险产生价值。试图以公众的名义规避系统性风险，最终会使金融系统更不稳定。这就是为什么他们认为，保护消费者的"先决条件"是维持收益率并且使收益率多元化（德瑞克，2003）。如果不考虑这个观点的稳固性，在监管人和经理思考的方式和他们共同的"效用函数"之间确实存在差异。

《巴塞尔协议Ⅱ》曾经被拿来和美国监管系统相比较，主要包括早期干预、决议和及时的纠正。得到的结果显示，在保持安全和健康的银行系统这一方面，《巴塞尔协议Ⅱ》要逊色很多。实际上，为了减少资本率，《巴塞尔协议Ⅱ》鼓励大型银行向监管者施压，而这样做会导致不好的后果（考夫曼，2005）。事实上，量化风险的过程会带来"虚假的准确性和错误的印象，也就是说，计量一定影响管理"。经理们也许会错误地以为风险被解决了，这会降低他们的警觉性，造成一个更容易带来损失的环境（西迪，1999）。

9.5　流动性和杠杆比率的处理

在全球金融危机中，流动性和杠杆比率起到的作用是很显著的。北岩银行和贝尔斯登倒闭了，因为北岩银行极为不良的流动性引发了存款挤兑，而贝尔斯登倒闭时达到了 32 倍的杠杆比率。低流动性会对银行业务造成影响，而且会引发存款挤兑。高杠杆率意味着不利市场走势的效果会被放大，引起底层企业的毁灭。大量的对冲基金由于金融危机而垮台，因为它们通常是高杠杆化经营的。新巴塞尔协定没有涉及资产与负债不匹配的问题。维普罗兹（2009）认为"由 2007 年或 2008 年经济的崩盘明白一个重要的道理——资产风险很大程度上由资金的期限决定"。他指出，在同样的资产条件下，如果资金平均到期期限长一些，北岩银行也许就不会破产。

图 9.1～图 9.3 说明了全球金融危机期间流动性减少和杠杆比率上涨的情况。图 9.1 显示的是流动性指数，来自一系列偏离平均值的标准差。这个指数是由未加权的九个流动性平均值计算得来，比如同业拆借市场的流动性。在危机时期发生流动性崩溃是很引人注目的。美国和欧盟的整体经济的债务占国内生产总值的比例和其中一些部门

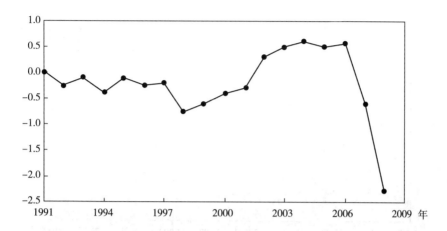

数据来源：《金融稳定报告》，2008 年 10 月。该报告中的数据来自英格兰银行、彭博社、芝加哥期权交易所、债务管理办公室、伦敦证券交易所、美林集团、汤森路透 Datastream 数据库。

图 9.1　流动性指数（偏离平均值的标准差）

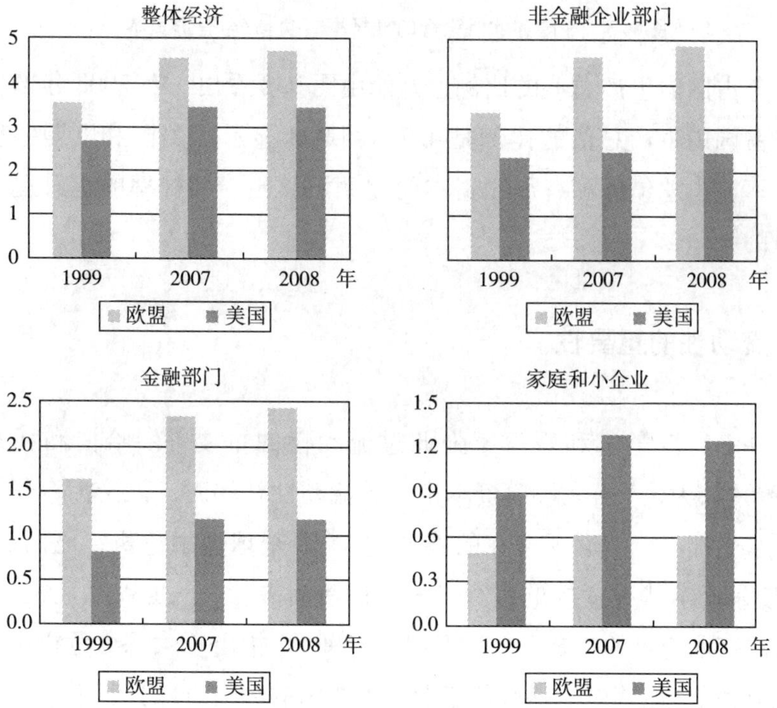

数据来源：欧洲中央银行，美国联邦储备委员会。

图 9.2　美国和欧盟债务占 GDP 的比例

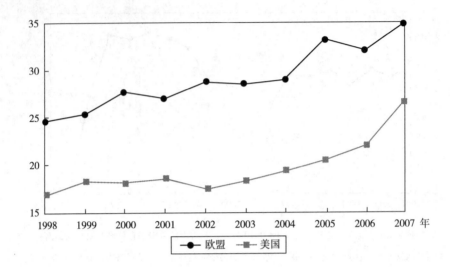

数据来源：卡玛斯等人（2009）。

图9.3　美国和欧盟银行的杠杆率（负债/净有形资本）

的债务占国内生产总值的比例上升能由图9.2看出。在2008年欧盟的债务占国内生产总值的比例是4.7。图9.3显示了美国和欧盟银行的杠杆率，由总债务和有形净资本的比率测算出。杠杆率的上升趋势是明显的。

流动性的重要性

许多经济学家和观察家强调过流动性的重要性。哈伯和托马斯（2009）认为，"当大规模资本市场的流动性枯竭时，无论拥有怎样的资产水平都不能够避开潜在的破产"。关于全球金融危机，他们认为，"即使是资本状况良好的银行——包括澳洲央行——也曾在危机期间，想办法获取充足的资金"。戈德斯坦（2008）指出"大部分危机都与流动性有关"，他认为"一些位于七大工业国的大银行减少了大量狭义流动资产的份额"。由戈德斯坦得知，在实践中，充足的非流动资产已经不再受到关注，主要参与者的流动性成为新的关注点。考夫曼（2009）

提出了一个类似的观点，他指出，公众对流动性的关注改变了，由关注资产流动性（你可以卖什么）到关注负债流动性（轻松借贷）。戈德斯坦认为高流动性不受欢迎的原因是它限制了杠杆化和资产增长，即经济势头较好时降了回报率。以下几个现象可以体现出流动性风险管理的缺乏：（1）当流动性充足时，许多银行都不重视流动性风险管理的基本规则；（2）在偿还债务时会需要大量的流动资产，许多银行没有考虑到这一点；（3）许多银行都不相信会发生严重且持续的流动性资产中断（拉克提斯，2009）。

在全球金融危机发生后，国家监管部门开始采取措施，迫使金融机构提高流动性。在 2009 年 10 月，英国金融服务管理局宣布引入新的流动性规定，要求英国银行和证券公司在实施新规定后的第一年增加它们的现金持有量和政府债券，共计 1100 亿欧元，并且切断它们对短期资金的依赖。根据《金融时报》所说，英国金融服务管理局在接下来的几年调整要求会迫使金融机构增加大约 3700 亿美元易于清算的资产。换句话说，他们必须切断 80% 对短期资金的依赖。

杠杆率的重要性

杠杆率和资本充足性的措施是相关的。杠杆率是以资产和股东权益（资本）之比来衡量，而资本充足率是以资本和资产之比来衡量。也就是高资本率意味着低杠杆率，反之亦然。然而，当资本率是根据风险调整资产计算出来时，这个关系就变得扭曲了。杠杆率比风险资本率更为客观，更易于计算和理解。杠杆率可以表明资本充足性，所以监管应该以杠杆率为依据。

杠杆率的动机是追求利润最大化，尤其是在利率较低的时候。尽管有大量的经验证据表明，杠杆率和银行破产之间存在负相关关系，但没有类似的证据能表明风险资本比和银行破产之间存在关联（伊万诺夫和沃尔，2011）。科斯·蒂默曼斯是荷兰银行国际集团的首席风险官，他的言论被《经济学人》（2008d）引用：有三种杠杆曾经促进了繁荣而现在却加重了萧条：（1）当资产价格上涨时，金融机构持有债券的股本回报会增加；（2）金融机构通过复杂的金融工具产生杠杆，如债务抵押债券（CDOs），而为了加快这一过程的进度，金融机构需要稍稍增加一些损失；（3）金融机构沉溺于流动性杠杆，它们或是使用结构性投资工具（SIVs），或是过度依赖于在贷款批发市场借到便宜的短期资金，再转向追求长期高收益资产，从中获取差额。

艾肯格林（2008）认为投资银行杠杆度过高，为了金融市场的稳定，他建议监管者要坚持去杠杆化。他同时建议监管者尝试校正资本需求，要同时涵盖资产风险还有存款风险。他认为"危机给人们上了一课，对北岩银行来说这更是一个教训"。

总的来说，量度杠杆率和监控杠杆率（总资产和股东权益之比）相当容易，相比于《巴塞尔协议Ⅱ》要求用一个"复杂的"模型计算风险调整资本比率，这么做要更加有意义。因为使用模型意味着制造出了随机的数字，这是完全没有意义的。此外，管理（限制）杠杆率还有另外一个好处：可以控制金融机构的壮大。在讨论解决 TBTF 问题时需要的措施中曾经提起过这一点。

为了确保金融稳定性，解决过度杠杆化的问题尤为重要。并且，解决过度杠杆化这项措施应该成为任何金融改革中的一个组成部分。莫里斯（2008）认为，"任何恢复美国市场信心的行为一定先由银行开始"，"贷款给高度杠杆化的机构时应该交纳资本费用罚金"，"机构经纪商贷款给没有公开资产负债表的对冲基金，像这种荒谬的事情应该直接停止"。资本的增加会降低杠杆率，从这个意义上来说，资本充足性和杠杆产生了关联。

9.6　内部模型的使用

内部模型总是以风险价值（VAR）方法为基础。风险价值，也被称作风险资产，是在一个给定时期和给定的置信水平下的特定头寸、资产或者投资组合潜在的最大损失数。例如，假设给定的置信水平为5%，每日风险价值是X，那么损失超过X的概率是5%。同时意味着，这样的损失只可能发生在每百天之中的五天，或者说，该银行95%确定任何一天的损失不会超过X。

金融机构使用这种风险模型预测了全球金融危机对它们造成的损失。这些模型造成了一种自我满足感，因为它们预测金融机构遭受的损失程度数十亿年才会发生一次。这些模型会花费银行数百万美元。经过"正规的"银行实践，通过向消费者收取更高的费用和佣金，这笔花费会多倍收回。这就是塔里布和特里亚纳（2008）谈到金融机构使用风险模型时说的（特指美国长期资本管理公司使用的默顿—斯科尔斯模型，直到它1998年垮台）：

从事风险管理的每个人几乎都知道，计量模型——就像他们使用的那种，用于衡量和预测风险，衡量和预测复杂衍生品的价值和签发信用等级——并不有效，并且会因为隐藏风险而给予错误的支持。并且几乎没有人会认为知识的幻觉是一件好事。并且几乎每一个人都会承认，由于1998年美国长期资本管理公司的破产，被称为"现代金融"的专业学派的计量方法遭到了质疑，这个学派还包括诺贝尔经济学家（罗伯特·默顿和迈伦·斯科尔斯）在内。LTCM只是这些事件中的百分之一。有一个方法建立在几乎同样的数量和理论原则之上，这个方法叫做风险价值，它被继续广泛地使用。它该为本次金融危机负责。

金融危机在2007年下半年发生时，高盛投资公司的首席财务官大卫·维尼亚体验了"连续多天，（模型）偏离正常水平25个标准差"。这一观点是荒谬的，就如伯纳（2007）的评论所说，这些事情每100000年才会发生一次，他推断"要么是哪位有错误，要么是高盛的模型有错误"。这个论据是有效的，除非伯纳把数字（100000）搞错了。多德等人（2008）通过假设一个正态分布回报的模型，他们证明了25个标准差的事件会发生，发生频率为每1.309乘以10的135次方年（与地球的年龄作比较（4.5乘以10的9次方年）或者宇宙的年龄（15乘以10的9次方年））。然而，实际上，极端事件（所谓的小概率，高危害事件）是相当常见的。在危机猛烈进攻后，重新调整银行资本的需求揭示了问题：许多银行的内部模型表现失色，严重低估了风险爆发，反映了估测小概率高危害损失的困难。

声明的新颖性

一些观察家看来，《巴塞尔协议II》声明称，"创新"是要允许银行使用他们自己的模型，这件事简直很荒唐。在"赤裸裸的资本主义"网站上（www.nakedcapitalism.com），一些博主在2008年2月28日写下这种话，"让银行决定【资本】是很可笑的"还有"什么样的白痴才会让银行决定它们自身的资本需求（通过允许它们使用自己的风险模型）"。罗德里克（2010）认为，同意大型银行使用它们的内部模型相当于同意它们自我管理，这是有风险的，全球金融危机已经很清楚地表明这点。为了最小化监管资本和最大化股本回报，银行使用它们自己的模型，并且倾向于对风险敞口过于乐观，这是这个方式的问题所在。从这个意义上来说，因此，《巴塞尔协议II》造成了不正当的激励措施，导致了风险被低估。

规制俘获

使用自己的模型，还会产生另一个问题，监管者必须肯定与认同这些模型。但监管者不应该沉迷这种行为，而且他们不可能专业而有效地完成这个任务。欧洲影子金融管理委员会（2003）指出，监管者对风险模型重要性的认可会导致"规制俘获"，同样，在法律上监管者要为银行的失败负责。规制俘获意味着"监管者不再与该行业保持一只胳膊那么远的距离，而是倾向于将受监管的企业的利益和目标与自己的目标合并"（维尔堡，2005）。用于评价和认可的模型导致了规制俘获，这意味着监管者开始相信一旦模型被应用，他们要为银行的失败负责。此外，通常监管者对评估内部模型是不太专业的，因为雄心壮志的计量金融研究者更愿意为银行工作去开发模型，而不是为监管者工作去评估模型（他们为银行工作得到更多钱）。

模型的操作

因为银行不喜欢持有过多资本，监管者没有足够的技能去检查和验证模型，所以银行倾向于操控模型，用多种方式改变潜在的假设，直到模型令每个人都满意。蒙特卡洛模拟可以被用来证实，计算得到的资本敏感性取决于模型的假设（见"穆沙"，2008，一个例证）。选定一个能计算得到最低的资本要求的模型，这个诱惑是不可抵抗的。

"复杂"模型的危害

"复杂的"风险模型是有危害的，因为它们造成一种自我满足感（"因为我们有一个强大的模型，所以我们了解风险，并且做好了准备"的态度）。然而，这些模型是完全不够的。伍德（2008）提出一个问题，行业模型到底好不好。他引用了一个地位很高的计量金融研究者的话，"它们（模型）中的大多数都是灾难性的"、"现在的建模存在于一个非常非常差的状态中"。伍德指出"从业者和监管者会认为，模型计算出的结果会成为现实"但是在私下"他们对此表示怀疑和灰心"。此外，伍德引用了都柏林的软件供应商 Ci3 的产品总监理查德·派克的话，"许多行业风险经理声称喜欢由模型得到的数字，但是在你要求他们保证数字的正确性时，他们说不能"。在金融机构使用模型时，存在的一个问题是它们忽略了历史和人类的天性，这就是为什么商学院应该在风险建模前教学生们金融史（考夫曼，2009）。

在 2007 年 10 月，发表在《操作风险与合规》的 Ci3 调查论文中，存在如下对内部模型的控诉：（1）没有捕捉尾部事件的风险；（2）没有前瞻性；（3）导致了对风险测量而非风险管理的过度关注。理查德·派克提到，一个银行风险系统的价值，应该是银行 20 天中 19 天的最大损失。在 2007 年 8 月，相同的银行 16 次超过了最大损失。派克把模型的拙劣表现归因于"纯粹的数量方式"。他很简明地说道"你在数学运算中做了那么多假设，如果这些假设是不正确的，模型也几乎没用"（伍德，2008）。

对风险价值法的批判

风险价值法作为一种风险衡量方法，受到严重批判（例如，丹尼尔逊等人，2001；哈伯那等人，2003）。这个是有争议的，风险价值法会产生会误导他人，产生毫无保证的自满感。此外回归分析是一个数字，存在一些错误或者估计风险，意味着使用风险价值法，在解读结果时必须要考虑到其背后的统计方法。然而，更重要的是，风险价值法不能处理市场中急迫和剧烈的变化，因为它忽略了价格会有离散式跳跃的可能。系统统计测量以相同的方法对待上行风险和下行风险，但人们对系统统计测量方法过于依赖从而忽略了灾难性事件所导致的损失。《经济学人》（2008e）描述风险价值法为"风险管理工具包的主要工具"，但是又认为"问题是它在预测灾难时几乎没有用"。

苏查和菲戈（2010）将风险价值法的缺点列举如下：（1）回归分析基于资产组合没有变的假设，而这个组合的变化是连续的；（2）在数值跌落到可接受的信心水平时，风险价值法可以决定损失事件的数量，而不能用来决定损失的大小；（3）风险价值法无法解释金融机构之间的内部关系；（4）风险价值法依据的数据是过去的，不完整的，并且无法解释清金融机构真正需要留意的重要事件。

全球金融危机及重大损失打击了金融机构，并且引起了对作为风险管理基础的风险价值法有用性的质疑。当事情进展顺利的时期越长久时，预测越准确，然而风险价值概念有个问题，它正是基于这样的对未来三年或四年的数据预测，去估计灾难的发生。而常识告诉我们，风险的爆发使我们离好事情更远了。因此，风险价值法是"灌输自满的程序"，并且"当麻烦发生时，它扮演了另一个放大器"（《经济学人》，2008e）。同时，风险价值法能获知 99% 的情况下不好的事情如何发生，但是实际的麻烦却都是由额外的 1% 引起的。不幸的是，这些异常值在舒适的真实世界中出现得过于频繁。

在 2008 年 2 月《亚洲危机》的论文中，沙克特（2008）将一个给定的风险价值模型描述为"稻草人"，这或许可以表明作者是何等聪明，可这并不是一个有益的洞察力的源泉。沙克特后来写道：

关于"如果我能够做出一个模型，它和那些观察到的事情相关，那么这个模型必须代表一些基础的事实并且它的预测必须是有效的"，这是一个逆向思维。或许存在其他模型同样也符合相同的实际情况，但每个含义都不同，这个事实并没有被作者考虑在内。

将这一系列理由与风险价值法专家替"面包和黄油"做辩护时说的话作比较。在 2008 年 7 月 10 日墨尔本的一场研讨会中，克里斯·芬格（风险管理研究的领导，风险价值法的研发者）把对他所谓的"有益的以风险价值为基础的模型"的批评说成是"不负责任的"。

自然，"归咎于对模型的误用而不是模型本身""模型可以被修正"

这些口号同样被用来为风险价值法模型辩护。例如，西迪（2009）使用了第二个口号，认为"近期的风险建模问题是由于使用了不合适的风险模型，那些模型是可以被修正的而不是在根本上存在缺陷的。"她将风险模型风险价值法的失败责任归因于"使用方法不正确"并且建议"修改方式是使用广义自回归条件异方差（GARCH）风险测算"。据我所知，广义自回归条件异方差处理（或者是它许多推广之中的一个）并入风险价值方法已经有一段时间了，但是尚未看到有改进的可能（例如，多德，2005）。阿奇方法（ARCH）的研发者罗伯特·恩格尔想出来一个风险价值法的推广，也就是所谓的"条件自回归风险值"或者"条件回归在险价值（CAVIAR）"（恩格尔和曼格尔力，1999）。尽管条件回归在险价值（或者罗伯特·恩格尔提出的任何其他理论）令专业学者感到惊奇，但我至今没听任何从业者说条件回归在险价值比它书面上说得更有价值，它并不值得为了开发它而投入大量的脑力劳动。

巴塞尔样式风险价值

如果模型还不够差劲，巴塞尔样式的风险价值模型无异于讲笑话，因为巴塞尔委员会要求"复杂的"（"大"的意思）银行去计算99.9百分位的风险价值，意思是说损失不会超过次百分位的可能性是99.9%。对99.9百分位的使用是一个"不切实际的精确水准"，那会招致道德风险，也就是怂恿经理们发表声明称风险完全缓和下来了而不是说明问题的严重性及潜在的大量损失（麦康奈尔，2006）。99.9百分位使得《巴塞尔协议Ⅱ》的数量标准被严格限制了（约布斯特，2007）。这个精确水平甚至在物理实验中都前所未闻，这不禁让人疑惑，为什么巴塞尔委员会相信损失的风险能被测算的比喷气式飞机的推力还要精确。也许与预期损失和非预期损失相比估算地球的年龄更加容易一些，但是科学家还是没有声明过他们对星球年龄的估算要达到99.9%的精确程度。

9.7 风险敏感度和顺周期性

全球金融危机和持续衰退说明了银行业是顺周期性的。银根紧缩加重了经济衰退，并且影响了实体经济和金融市场的复苏。《巴塞尔协议Ⅱ》受到了严重批评，因为人们普遍认为，它增加了资本监管的风险敏感度，加强了银行系统的顺周期性。潜在的含义是银行业是顺周期性的，由于这个原因，银行倾向于在衰退时收缩借贷，繁荣时期扩张借贷。这个行为加大了商业周期的震幅，导致更严重的衰退和更膨胀的繁荣。资本监管的风险敏感度增加，也许会使得顺银行业周期性的倾向增强。银行受到资本监管风险敏感度的限制，不能在萧条时期借贷，而更愿意在繁荣时期这么做，因为，当违约风险的估测数据更高时，资本监管的风险敏感度越高，反之亦然（艾伦，2004）。

反驳观点

国际清算银行的董事长对《巴塞尔协议Ⅱ》有着与生俱来的狂热，他相信，尽管一些对《巴塞尔协议Ⅱ》增强顺周期性的支持观点很有依据，大体上协定还是对宏观经济有积极影响（葛鲁娜，2005）。他建议，资本需求的变动要与经济环境相呼应，并且要很大程度上依据具体的银行利率系统动态特征和违约概率。同时他认为，框架中的许多因素是为了减轻顺周期性效应而设计的。他认为，《巴塞尔协议Ⅱ》增加了对有效风险管理的重视，这是对顺周期性最重要的抵消，有效风险管理包括更好的控制结构、良好的公司管理以及对技术、信息系统和人力资本的投资。这些观点的问题是《巴塞尔协议Ⅱ》不是有关于风险管理，而是关于对监管需求的遵守。并且，风险管理实践不会非常一致，因为它们因机构而异。然而，其中一个观点是有根据的：银行是一个风险敏感的行业，即使没有监管，它也会自然趋于顺周期性。作为资本监管形式的《巴塞尔协议Ⅱ》，它的出现加强了银行商业顺周期性的趋势，这个观点很难反驳。

风险调整资产

《巴塞尔协议Ⅱ》的顺周期性，是通过计算资本率得来的，计算以风险调整后的资产为基础，这意味着所宣布的对《巴塞尔协定Ⅰ》（增加风险敏感度）的改进有一点是反生产力的。这就是为什么有些经济学家认为，由未经调整的总资产计算的资本率可以减小顺周期性。例如有人提出，反周期因素被引入监管资本要求中的方式是使资本需求成为资产变化的一个功能，而不是风险权重等级（戈德斯坦，2008）。图9.4描绘了前十名公开交易银行的总资产和加权风险资产的增长，权重都是由巴塞尔委员会决定的。

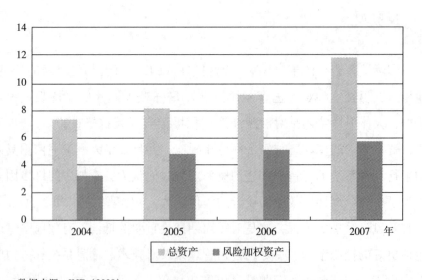

数据来源：IMF（2008）。

图9.4 前十名公开交易银行的总资产和加权风险资产（万亿欧元）

纠正

为了纠正这个问题，实行反周期资本率的提议经常被呼吁。例如，哈伯和托马斯（2009）呼吁采用反周期性的资本需求，认为"反周期性的资本管理至少不比货币政策的作用小，通过直接作用于贷款人提高杠杆的能力，预先阻止泡沫的形成。"维普罗兹（2009）指出，《日内瓦报告》——关于世界领导人如何考虑金融监管改革——的第一条提议，就是使资本需求量反周期性。

9.8 依靠评级机构

有一个合乎情理的观点被广泛传播：2007 年，评级机构因为玩忽职守，在次贷危机的具体化之中发挥了重要作用。这是因为，评级机构为了取悦付费客户（证券发行人），给次级贷款支持的证券评以最高的 AAA 等级。评级机构也授予本次危机中的最大反派美国国际集团 AAA 评级。当时除非有充足的资金弥补违约可能带来的损失，美国国际集团这个保险巨头卖掉信用违约掉期是不可能的。

在后危机时代，依靠评级机构的评级决定资产风险，这听起来很荒唐。就算是没有危机，这种信任也会产生误导，因为评级机构没有提供信誉的一致估计。在 2008 年 5 月发布的《操作风险与合规》（p. 10）中说"一些行业机构如欧洲银行集团，英国银行家协会和欧洲银行协会，认为评级机构没有展示出它们的评级方法足够透明，也无法证明它们有充分的独立性"。评级机构是否有专门的技术去评估债务抵押债券中的风险，甚至，它们是否想要做到客观都是令人怀疑的。一个观察家 2009 年 7 月在历史频道发表的一篇名为《崩盘：下一个萧条》的文章中说，"他们什么都不知道"。

监管认可

《巴塞尔协议II》加强对评级机构的信任，允许它们随心所欲，这成为全球金融危机的重要原因。巴塞尔银行监管委员会属于国际清算银行，其中有两名经济学家早在 2000 年就反对评级机构的评级，这听起来很讽刺。霍尔金和特纳（2000）给出建议，"现在我们对信用评级机构的评价过分看重，对此多数人都要保持警惕"。为了支持这个观点，他们提起了评级机构在亚洲金融危机时的表现。这些评级机构在危机前（失衡问题发展时）没有给主要的亚洲国家降低评级，而它们在危机之中给它们降级，这使得情况更严重了。他们总结说"评级机构是向后看而不是向前看的"。例如，安然公司在申请破产的前五天，才有了债务上的投资等级。

在讨论关于监管评级机构并且继续约束它们的问题时，金融服务管理局的上届领导霍华德·达维斯发现，《巴塞尔协议 II》严重依赖于评级机构的工作，这点相当奇怪（达维斯，2005）。而巴塞尔委员会和参与关于监管评级机构讨论的成员（诸如欧洲委员会和证券交易委员会）几乎没有关联。达维斯同时相信，在这样一个评级机构比《巴塞尔协议 II》对银行而言更具影响力的时代，《巴塞尔协议 II》对评级机构资本支出的要求比它们一直渴求的还要低。

对评级机构付费

证券发行人给评级机构付钱的行为代表了利益冲突。哈伯和托马斯（2009）反对"建立一个新的官僚部门去代替评级机构"。当然，他们建议发行人应该付钱给监管者，然后再由他们把钱分给评级机构。尽管如此，如何分钱的问题上，机制的作用不是很清晰。

9.9　执行问题

全球金融危机的确是全球性的，它影响了地球上的每一个国家。如果《巴塞尔协议 II》提供了保护破产金融机构和减轻金融危机影响的方法，我们应该期望协定能在全球实施。然而实际上，《巴塞尔协议 II》并没有（或许是不能）全部实施，并且出现了问题。巴塞尔银行监管委员会给了各个国家很大的自由，资本支出可以尽量依赖每个权力部门的监督行为，就像依赖实际规章一样（福特纳维尔等人，2005）。协议在每个国家的实施不尽相同，伊梅森（2006）总结过"它（《巴塞尔协议 II》）看起来好像会成为另一个导致国家之间不一致的例子，成为纪念不一致的石碑"。

在一些国家实施协议是极为困难的，达维斯（2005）认为，需要"大量监管机构的重组和人员的增加"。换句话说，他认为"协定将包含一个主要转变，即监管文化的转变"。特别是新兴经济体，这是国际货币基金组织的前首席经济学家斯坦·费舍尔具体负责处理的问题。

费舍尔（2002）认为，《巴塞尔协议 II》的某些元素会使新兴市场经济的银行和监管者产生难题，因为协定可能会对新兴市场的银行操作（本地银行和国际活跃银行）产生不同影响。此外，费舍尔关心许多新兴国家和发展中国家的监管部门对《巴塞尔协议 II》制定标准的执行能力。实际上他警告过在新兴国家实施先进方法的风险，因为它是全球标准，并不适合新兴国家银行的现今的发展阶段。

9.10　《巴塞尔协议 II》的排他性和歧视性

全球金融危机全面打击了金融机构：小规模的和大规模的，复杂的和不是那么复杂的，国际活跃的和不那么活跃的，新兴国家的和其他国家的。打击了商业银行、投资银行、对冲基金和其他金融（和非金融）机构。金融机构因面临市场风险、信用风险、操作风险、商业风险和信誉风险而遭受损失。但是《巴塞尔协议Ⅱ》只考虑到了商业银行。它对大银行和小银行，久经世故的银行和踏实可靠的银行，国际活跃银行和不活跃的银行区别对待。并且，它忽略了商业和信誉风险。也许，这些排他行为和双重标准才是更值得警惕的，这种情况的发生是出于便利而非实际情况。

商业和信誉风险

考虑一下《巴塞尔协议Ⅱ》没有包含的商业风险和信誉风险。金融机构在全球金融危机期间产生损失，因为它们拥有担保债券凭证，它们相信信用违约掉期合同会提供充足的保护，这是一种包含商业风险的操作。这个行为由严重的判断失误导致，并且产生了严重的损失。就信誉风险来说，在危机中承受市场和信用风险的金融机构同样承担（如果没有完全迷失）信誉风险（例如，北岩银行）。对操作风险的经验研究表明，一个公司在宣布巨大亏损前后的日子，它可承受的市值下降比亏损自身要大得多。佩里和福特纳维尔（2005）把这个现象归因于信誉风险的间接影响，因为公开欺骗行为或公司的不当行为会损害到公司的名誉。但是《巴塞尔协议Ⅱ》并没有提到这些危机（因为它们被巴塞尔银行监管委员会对于操作风险的定义排除在外）。

只有商业银行

《巴塞尔协议Ⅱ》的排他性涉及的另一方面是这个协议只涉及了商业银行，而危机主要的受害群体是投资银行和对冲基金。信用和操作风险只需要商业银行持有应对市场的监管资本，使它们在全能银行模式时代的竞争力更小（多么有助于增加平等竞争的目标）。作为危机的结果，艾肯格林（2008）希望对投资银行扩大监管，包括资本监管。他相信，这是"救助贝尔斯登的后果，这使……这些金融机构和其他资本机构联系过于紧密，以至于不能允许它们破产"。把非银行金融机构排除在资本监管之外，产生了一系列与之相关的问题。为了避免非银行金融机构潜在的系统风险，应设计出来什么措施呢？为什么要关注银行系统风险而忽略非银行金融机构？为什么银行应该遭受特殊资本支出操作风险？这不会使银行减少竞争力吗？

小规模并且更简化的银行

此外，《巴塞尔协议 II》歧视小型银行，不是很复杂的银行和国际上不活跃的银行，因为"更加复杂的"方法的使用使得监管资本的计算比小银行产生更少的资本支出（巴塞尔银行监管委员会说的）。因此，在大而不倒理论和《巴塞尔协议 II》之间存在一些共同之处：理论上说大型银行规模太大所以不能让它们破产，协定说，大型银行过于复杂不能使用简单的方法计算管理资本。同时在这两方面，大银行有小银行不具备的特权：在大而不倒理论下的政府保护和在协议下的操控监管资本的自由。

因此，小银行或许感觉《巴塞尔协议 II》使它们在面对大银行时处于竞争劣势，会使得它们成为有吸引力的潜在收购对象。然而大银行会（并且真的）抱怨，它们不像小银行，不得不为了测量管理资本，在高级计量方法（AMA）下（例如，摩塞尔，2007，2008），花大笔钱在内部模型开发上面。小银行会（并且真的）声称基本指标法（BIA）下的资本支出太高了，但是巴塞尔银行监管委员会不能够减少这个数字，除非他们迫使大型银行使用高级计量方法（AMA）。真是一团乱麻！

9.11 "一刀切"的问题

《巴塞尔协议Ⅱ》被视为一个"一刀切"的问题，它不是很令人满意（德瑞克，2003）。危机显示了：金融机构间的差异导致了不同的结果。例如，澳大利亚的银行（至少它们中的大多数）只受到危机的轻微影响，而英国和美国银行遭受了严重的损失。这就是为什么德瑞克（2003）认为"一家企业的规模、业务组合、风险偏好和策略目标应该影响它的风险管理等级"并且"《巴塞尔协议Ⅱ》……刻意没有对适合特殊机构的东西有所表示"。

另一个标准化的方面是资本充足率监管的国际协调。研究表明，当资本标准在救市政策不同的国家协调时，国际银行的存在导致了从一个政策更加宽容的国家到其他国家的溢出效应（安查里亚，2000）。这增加了后者银行的脆弱性，迫使此国当局采取更加宽容的政策。结果就是"回到最糟糕的监管"。罗德里格斯（2002）认为，银行监管间的国际协调"阻止了不同监管体制之间的创新竞争，本国管理者更难以适应自己银行体系所在的特殊环境"。

9.12 作为一个纯粹要遵守的规则《巴塞尔协议Ⅱ》

一些观察者认为，金融危机之中，人们对《巴塞尔协议Ⅱ》与其复杂性的成见，伤害了金融机构。因为它不是一个风险管理实践，还因为银行在意更多的是遵守协定从而不是实际的风险管理。托平（2008）认为"跨境操作的金融机构面临一个很容易令人怯步的任务，就是试图遵守《巴塞尔协议 II》的多样化版本"。

在一份毕马威（2005）的报告中提到，"《巴塞尔协议 II》……被视为另一个遵守规章的义务"，这会带来违约风险和与之相关的潜在损失。最终，考虑到时间和资源的限制，关注点（就银行来说）就成了满足需求，而不是努力推动业务价值。《巴塞尔协议 II》的复杂性备受批评，因为尽管设计者的意图是确立一个可以被权力部门实施的资本标准，使银行在"同一水平"上竞争。银行风险的多种规模和银行特定的自主权必然存在，协定的复杂性并没有使监管更加准确，反而使遵守协定的成本上升了，并且减弱了银行和监管者对潜在概念和问题的理解。《巴塞尔协议 II》的复杂性"可能使得遵守协定的成本高得离谱"。瑞士信贷集团（2001）估计全世界 30000 家银行每家银行遵守约定的成本是 1500 万美元。人们只会怀疑在成本和收益方面《巴塞尔协议 II》是否可行（并不行）。

瑞斯克（2008）引用了奥维咨询的总经理安德鲁·克鲁克斯的话，"需要九牛二虎的努力才能符合巴塞尔协定，这导致行业内充满了风险，如资产/负债风险，流动性风险和商业风险"。他指出"如果有更多自由，我认为风险经理也许会更关注《巴塞尔协议 II》之外的风险，会更好地预测在 2007 年 7 月之前发生的那些事情"。《巴塞尔协议 II》的实施是一项挑战，因为这会使监管者不像往常一样关注业务，而是关注银行中主要的流动性监管是什么。因此，《巴塞尔协议 II》也是监管者分心的源泉（商业镜报，2008）。

9.13　结束语

全球金融危机说明《巴塞尔协议 II》是对基于资产的监管的关注，解释了《巴塞尔协议 II》不适当的原因。《巴塞尔协议 II》提供了错误的监管，并且忽略了流动性和杠杆，而这两个因素在危机中扮演主要角色。《巴塞尔协议Ⅱ》允许银行使用内部模型，这在危机中被证实是错误的。巴塞尔模式的资本监管由于提高了银行业的顺周期性使得情况更糟，并且在后危机时代，依靠评级机构去估计资本支出是错误和荒唐的。协定不能充分应对危机，因为它的排他和歧视，和它代表的"一刀切"方式。它和风险管理没有太多关系，单纯的是一个遵守协定的实践。危机表明，在《巴塞尔协议Ⅱ》下，银行会低估一些重要的风险，高估自己处理风险的能力。我们不会忘了，就是巴塞尔资本充足率标准本身导致了抵押支持证券市场的壮大，而这正是全球金融危机酝酿的渠道。同时，就像一个观察者说的，"《巴塞尔协议Ⅱ》的官僚主义会成为无法律意识后果的典型案例"（科伊，2008）。

《巴塞尔协议Ⅱ》的支持者们狂热地为协定辩护，甚至声称若能早些实施协定的话就能避免危机。想到《巴塞尔协议Ⅱ》的缔造者和本国监管者投入了时间、金钱和他们的名誉在协议上，这并不令人惊讶。但是，并没有太多人买他们的账。在后危机时代，为协议辩护变得相当难。至少，危机强化了这个观点：《巴塞尔协议Ⅱ》在成本和收益方面不可行。

也许前方的路是《巴塞尔协议Ⅲ》，可以绕开《巴塞尔协议Ⅱ》中出现的问题的一个新协约。为了做到这点，《巴塞尔协议Ⅲ》应该：(1) 有明确处理杠杆和流动性的条款；(2) 不允许使用内部模型；(3) 没有依靠评级机构"智慧"的条款；(4) 在银行业引入反周期性；(5) 简易，直接，容易实施；(6) 更关注风险管理而不是补偿债权人。或许对一个监管银行的国际协议来说期望太多了。因此，下一步也许是忽略《巴塞尔协议Ⅱ》。

第10章

TBTF：我们采取什么立场

10.1　TBTF 的成本和收益

从援助大而不倒的金融机构中只能得到一个（全社会或者经济整体）我们已经认识到的（或宣称的）利益：避免系统性崩溃。然而，一家金融机构的失败会引起系统性的失败和严重的经济毁灭这个说法，从历史上来看是得不到支持的。公司破产是所谓"创造性破坏"的一部分，这个资本主义特色和 TBTF 理论并不一致。避免系统性失败可以成为利益，这仅仅是因为破产机构的管理者和监管者使用了令人畏惧的言辞，他们警告说，不对相关机构进行援助就会给数百万人民带来痛苦。这些话都是没有意义的，因为人类是有弹性的。如果人类可以经受住一场地震或者海啸，他们必然能经受住银行、保险公司或者对冲基金的崩溃，并且可以再度繁荣。

现在讨论成本。首先，TBTF 是一个永远会存在的问题。在某一情况下援助一家企业会产生这样印象，所有其他的规模类似，具备系统重要性或者政治关系的机构，或者应该，在它们经营不善时受到援助。银行沉浸在这个错误行为中，制造了大规模的道德风险。但是，TBTF 的成本比它的自生自灭问题更大。成本包括了若干负面影响：把稀缺资源从生产活动转移到依附性活动，鼓励寻租，把金融负担置于后代，奖励鲁莽并且鼓励冒险，弱化金融机构的市场纪律。对 TBTF 金融机构的援助与民主相矛盾，并且没有什么经济意义，与你属于的政治和经济学派无关。它同时是不道德的，因为它意味着反罗宾汉的资金转移，财富由勤恳的大多数转移到少数金融精英。TBTF 问题存在了如此之久只是因为道德堕落。

10.2 避免 TBTF 问题：为什么和如何做

站在成本和收益平衡的角度上考虑，必须找到一个解决 TBTF 问题的方法。我们都知道 TBTF 的成本远远高于收益。这就给我们留下一个难题，那就是我们该如何解决 TBTF 问题。就像我们看到的那样，一些人坚信不存在 TBTF 问题，或者存在 TBTF 问题但并不严重。这是前危机时代人们的普遍想法，甚至连危机都没能改变"忠实信徒"的观念。现在，大多数人意识到了这个问题的严重性，但是仍有一些人声称这个问题会继续存在，并且继续援助大而不倒的金融机构。这显然是错误的，TBTF 问题应该被解决，并且它可以被解决。

解决 TBTF 问题的方式从原理上看很简单，但是需要政治意愿来实现。首先，提出一个预防性的措施——如果一家企业是大而不倒的，那么它就是理应大而不能存在的。金融机构的扩大规模应该受到限制，而已经存在的大型机构应该缩小规模。过去也发生过这种事情（甚至是在遥远的过去）。标准石油公司在 1911 年破产了，但是它的破产却为公司和经济带来了巨大收益。让一家做有意义事情的企业（就像标准石油）破产是有益处的，与之相反，由于费用和佣金的问题，让一家做无意义事情的衍生产品企业破产则需要很谨慎。金融机构减小规模的一个方式是专业化（因此需要类似《格拉斯—斯蒂格尔法案》的其他法案）。

除了大型金融机构破产时须经董事会决策以外，在其他的管制措施下，金融机构就不能够随心所欲了。金融机构的不当行为导致了全球金融危机的发生，这些行为应该被详细调查，在必要时甚至可以直接予以禁止。为了消除道德风险，必须要允许衰败的金融机构破产。不能给金融机构一点机会让它们发表恐吓的言论要求救助。

斯特恩和费尔德曼（2004）针对避免 TBTF 的问题上给予了建议，本质上就是两方面：包括缩减规模在内的管制政策，以及政府对金融机构破产的允许。他们指出，政府应该尽量避免违背不援助条约。而就我而言，我希望这种行为应该消失。他们同时建议采取措施，尽量避免衰败金融机构的人员流失到其他金融部门。有效的管制措施包括缩减规模，这一点是可以做到的，尽管斯特恩和费尔德曼并不十分热衷于这么做。就像奥瑟兹（2009）所说，"无论是在危机中幸存的被迫缩减规模以能承受破产代价的金融机构，还是那些获得政府担保的大而不倒的企业，都会受到政府更加严密的监管"。

10.3　管理：前进之路

金融机构太重要了，所以不能将其留给金融家们处理。这也是为什么对金融机构加强或放松监管需要很谨慎。政府总是会管制我们生活的方方面面。法律的实施是一种管制，交通信号灯也是一种管制。"管制"的含义，与我们一直以来所认为的恰好相反，它并不是一个肮脏的词语，尤其是在这个词被用在金融家的缺点上的时候。只要能结束 TBTF，能使人们摆脱恐惧政治，能遏制跋扈的金融市场力量，任何事情都应该去做。

各个国家制定各自的管制措施，而不是服从国际协调统一的银行监管，这才是前进的路。在布雷顿森林体系崩溃后，国家可以选择有利于自身经济的汇率系统。总之，关于金融管理，全球金融危机的发生给我们上了重要一课。即便如此，国际清算银行和巴塞尔委员仍然会召开一个会议，给管理者们提供一个互相商量，交换观点和意见的机会。

不幸的是，国家监管这个想法面临很多反对的意见。奥巴马总统在2010 年 1 月宣布，他的目标是制定出一个严苛的新规，专门针对银行业（关于能做和不能做什么），欧洲人对他的回应很冷漠，他们认为奥巴马总统的行为是"会破坏金融监管国际协调的单方行为"（罗德里克，2010）。国际货币基金组织的总经理多米尼克·斯特劳斯—卡恩回应说，"国际金融系统的改革不应该由每个国家认为适合自己的东西推动"。罗德瑞克（2010）反对管理的国际协调，他认为"实际上，自从世界经济经历了大萧条，金融市场遭受了巨变，本地经济和政治需要一个严苛而合适的监管，但这很难做到。"罗德瑞克相信"在这个世界上，各个国家的政治主权是分离的，并且各个国家有不同的偏好，因此，国际协调的规则无力又无效"。这就是为什么银行对国际协作有一些偏爱。然而管理的多样性需要银行家们付出高昂的代价，为了更有力和更恰当的监管，金融的分级制度是值得的。

10.4　不再一切照常

为了抵制金融家和他们的支持者，我们必须要抹杀对旧日时光的怀念和渴望一切照常的心愿。在这里，一切照常是指：金融家在遇到困难时需要（并且获得了）大量的分红和援助；优秀的学术理论，如：有效市场的假设，理性预期，自由放任的金融市场，以及它们完美的模型；风险经理对方法论和模型的盲目信仰，比如风险价值的方法论；监管者和政策制定者以自由市场的名义为放松管制做辩护。莫里斯（2008）言简意赅地说到，"现在经济崩溃的程度表明了这样一种现状，我们本要做的是找到解决问题的办法，但却出现了市场教条主义的新问题。"

不幸的是，在此情境下，仍然存在一种强烈声音呼吁回到一切照常的状态。一些自由市场主义专家仍旧支持这个说法，"自由市场和放松管制使我们享受到了繁荣"。例如，诺贝尔奖获得者贾格迪什·巴格沃蒂强烈反对另一诺贝尔奖获得者——经济学家约瑟夫·斯蒂格利茨，因为斯蒂格利茨指出，金融危机揭示了奔放的资本主义的漏洞（巴格沃蒂，2009）。他写道：

> 但是斯蒂格利茨说，现在资本主义（和市场）的危机相当于柏林墙的倒塌，这一说法被多方引用。我们知道一切比喻都是不完美的，但是这个事例表现得尤为明显。当柏林墙倒塌时，我们看见了集权政治和集权经济即广泛而普遍的生产资料所有制和中央计划经济的终结。我们看到了荒地。然而，当华尔街和主要大街被这场危机打击时，我们看到的不是萧条，只是暂时停止了繁荣的脚步。

巴格沃蒂先生所说的繁荣具体是指谁的繁荣呢？如果是金融家的繁荣，就由它去吧。正如，当你支持管制政策时，你会被指责为共产主义。当你揭露奔放的资本主义的漏洞时，你就会被指责为中央计划（共产主义）辩护。这使我想起我在付费电视上看到的一个新闻"主播"，只要他的受访者对乔治·布什的行为稍有不满，他就会直率地指责人家"不爱国"并且"讨厌美国"。

10.5　没有 TBTF 的基础金融

现代经济需要金融行业。银行和其他金融机构将储蓄者的资金和借款者的借贷整合，借款者会把贷款投资到工厂和机器中。通过这种方式，银行和其他金融机构为实体经济提供服务。金融业通过支付机制和提供流动性服务经济。此外，金融业提供了金融风险的管理方式，使市场得到合理控制，并让资本由低效率的企业流向高效率的企业。在金融工程不发挥作用时，这些机制也是存在的。因此，我们应该努力回归银行和金融的本质。

我们必须回归资本主义本质并且坚持资本主义原则，即一个衰败的企业必须消失，不能由政府提供日常支出，也不能由纳税者提供资助。请思考下面这段话中体现出的智慧，这段话来自作者私人信函中一名普通纳税市民的来信：

我强烈地感觉到，另一个问题就如那句（谚语）所说，"如果你怕热，就请离开厨房"……换句话说，任何商业组织，无论是卖柠檬水的小摊还是TBTF机构，一旦它们出现衰败迹象，就应该关门了……适者生存，或者类似道理。作为一个园丁我学到了一个道理，与其让那些患病的植物继续生长，不如直接拔掉它们。允许大而能不倒的企业破产就像打扫排水沟一样。对于我们来说明白这个道理很困难，但我们必须要从经验中认识到这一点，因为这会给社会带来进步。

我无法用更生动的语言去描述这个意思。这段话总结了这本书的精髓，这种总结方式让人耳目一新。接下来，我要说的只有一件事：大而不倒的理论是个神话，必须让它像恐龙的灭亡一样迅速消失。

参考文献

Acharya, V.V. (2000) "Is the International Convergence of Capital Adequacy Regulation Desirable?", Mimeo, Stern School of Business, New York University.

Acharya, V.V., Philippon, T., Richardson, M. and Roubini, N. (2009) "The Financial Crisis of 2007–2009: Causes and Remedies", in Acharya, V.V. and Richardson, M. (eds) *Restoring Financial Stability*, New York: Wiley.

AIG (2009) "AIG: Is the Risk Systemic?", 26 February. Available at http://www.aig.com/aigweb/internet/en/files/AIG%20Systemic%20Risk2_tcm385-152209.pdf.

All Business (2005) "Fortune Magazine Names Bear Stearns 'Most Admired' Securities Firm". Available at www.allbusiness.com/banking-finance/financial-markets-investing-securities/5023640-1.html.

Allen, L. (2004) "The Basel Capital Accords and International Mortgage Markets: A Survey of the Literature", *Financial Markets, Institutions and Instruments*, 13, 41–108.

Angbazo, L. and Saunders, A. (1997) "The Effect of TBTF Deregulation on Bank Cost of Funds", The Wharton School, Working Paper No 97–25.

Anscombe, G.E.M. (1958) "Modern Moral Philosophy", *Philosophy*, 33, No 124, January.

Authers, J. (2009) "Return of the Banks' Golden Age is an Illusion", *Financial Times*, 18 July.

Avery, R.B. and Berger, R.B. (1991) "Risk-Based Capital and Deposit Insurance Reform", *Journal of Banking and Finance*, 15, 847–874.

Bank for International Settlements (2005) "Triennial Central Bank Survey of Foreign Exchange and Derivatives Market Activity in 2004", March.

Bank for International Settlements (2007) "Triennial Central Bank Survey of Foreign Exchange and Derivatives Market Activity in 2007", December.

Barnes, P. (2009) "AIG Apparently was Not 'Too Big to Fail'", *Fox Business*, 29 June. Available at www.foxbusiness.com.

Bartel, A. and Harrison, A. (1999) "Ownership versus Environment: Why are Public Sector Firms Inefficient?", NBER Working Papers, No 7043.

Bauer, P.W., Berger, A.N. and Humphrey, D.B. (1993) "Efficiency and Productivity Growth in U.S. Banking", in Fried, H.O., Lovell, C.A. and Schmid, S.S. (eds) *The Measurement of Productive Efficiency: Techniques and Applications*, Oxford: Oxford University Press, 386–413.

Beck, T., Demirguc-Kunt, A. and Levine, R. (2006) "Bank Concentration, Competition and Crises: First Results", *Journal of Banking and Finance*, 30, 1581–1603.

Beckner, S.K. (1996) *Back from the Brink: The Greenspan Years*, New York: Wiley.

Beiner, S. and Schmid, M.M. (2005) "Agency Conflicts, Corporate Governance and Corporate Diversification: Evidence from Switzerland", Working Paper, University of Basel.

Benston, C.J., Hunter, W.C. and Wall, L.D. (1995) "Motivation for Bank Mergers and Acquisitions: Enhancing the Deposit Insurance in Put Option versus Earnings Diversification", *Journal of Money, Credit and Banking*, 27, 777–788.

Benston, G.J. and Kaufman, G.G. (1996) "The Appropriate Role of Bank Regulation", *Economic Journal*, 106, 688–697.

Benyon, D. (2010) "Remuneration: It's Payback Time", *Risk.net*, March.

Berger, A.N. and Humphrey, D.B. (1991) "The Dominance of Inefficiencies over Scale and Product Mix Economies in Banking", *Journal of Monetary Economics*, 28, 117–148.

Berger, P.G. and Ofek, E. (1995) "Diversification's Effect on Firm Value", *Journal of Financial Economics*, 37, 39–65.

Berger, A.N., Hanweck, G.A. and Humphrey, D.B. (1987) "Competitive Viability in Banking: Scale, Scope and Product Mix Economies", *Journal of Monetary Economics*, 20, 501–520.

Berger, A.N., Hunter, W.C. and Timme, S.G. (1993) "The Efficiency of Financial Institutions: A Review and Preview of Research Past, Present and Future", *Journal of Banking and Finance*, 17, 221–249.

Berger, A.N., Strahan, P.E. and Demsetz, R.S. (1999) "The Consolidation of the Financial Services Industry: Causes, Consequences, and Implications for the Future", *Journal of Banking and Finance*, 23, 135–194.

Berger, A.N., Miller, N., Petersen, M., Rajan, R. and Stein, J. (2002) "Does Function Follow Organizational Form? Evidence from the Lending Practices of Large and Small Banks", NBER Working Papers, No 8752, January.

Berman, D.K. (2007) "Life is Beautiful When You are Too Big to Fail". Available at http://blogs. wsj.com/deals/2007/12/10.

Bernanke, B.S. (2006) "Modern Risk Management and Banking Supervision", Speech given at the Stonier School of Banking, Washington DC, 12 June. Available at www.federalreserve.gov/newsevents/speech/Bernanke20060612a. htm.

Bernanke, B.S. (2008) "Federal Reserve Policies in the Financial Crisis". Available at www.federalreserve.gov/newsevents/speech/bernanke20081201a. htm.

Bhagwati, J. (2009) "Feeble Critiques: Capitalism's Petty Detractors", *World Affairs*, Fall. Available at www.worldaffairsjournal.org/articles/2009-Fall/full-Bhagwati-Fall-2009.html.

Blommestein, H.J. (2009) "The Financial Crisis as a Symbol of the Failure of Academic Finance?" (A Methodological Digression), *Journal of Financial Transformation*, 27, 3–8.

Board of Governors of the Federal Reserve System (2008) "Monetary Policy Report to the Congress", 15 July.

Bonner, B. (2007) "25 Standard Deviations in a Blue Moon". Available at www.moneyweek.com.

Boone, P. and Johnson, S. (2010) "Changing the Rules, Not the Tax Bill", *Economix*, 14 January. Available at http://economix.blogs.nytimes/2010/01/14/ changing-the-rules-not-the-tax-bill/?pagemode=print.

Boyd, J.H. and de Nicolo, G. (2005) "The Theory of Bank Risk-Taking and Competition Revisited", *Journal of Finance*, 60, 1329–1343.

Boyd, J.H. and Gertler, M. (1994) "The Role of Large Banks in the Recent U.S. Banking Crisis", *Federal Reserve Bank of Minneapolis Quarterly Review*, Winter, 319–368.

Boyd, J.H. and Graham, S. (1991) "Investigating the Bank Consolidation Trend", *Federal Reserve Bank of Minneapolis Quarterly Review*, Spring, 3–15.

Boyd, J., Graham, S. and Hewitt, R.S. (1993) "Bank Holding Company Mergers with Non-Bank Financial Firms: Effects on the Risk of Failure", *Journal of Financial Economics*, 17, 43–63.

Brewer, E. and Jagtiani, J. (2007) "How Much Would Banks be Willing to Pay to Become 'Too-Big-to-Fail' and to Capture Other Benefits?", Federal Reserve Bank of Kansas City, Research Working Papers, No RWP 07-05.

Brunner, K. and Meltzer, A. (1963) "The Place of Financial Intermediaries in the Transmission of Monetary Policy", *American Economic Review*, 53, 372–382.

Buckley, P.J. and Casson, M.C. (1976) *Multinational Enterprise*, London: Macmillan.

Buiter, W. (2009) "Regulating the New Financial Sector", *Vox*, 9 March. Available at www.voeu.org/index.php?q=node/3232.

Burnside, C., Eichenbaum, M. and Rebelo, S. (2000) "Understanding the Korean and Thai Currency Crisis", *Federal Reserve Bank of Chicago Economic Perspectives*, Third Quarter, 45–60.

Burnside, C., Eichenbaum, M. and Rebelo, S. (2001a) "Government Guarantees and Self-Fulfilling Speculative Attacks", Unpublished Paper, September. Available at www.kellogg.northwestern.edu/faculty/rebelo/htm/sunspot-26march2003.pdf.

Burnside, C., Eichenbaum, M. and Rebelo, S. (2001b) "Prospective Deficits and the Asian Currency Crisis", *Journal of Political Economy*, 109, 1155–1197.

Business Mirror (2008) "Is Basel II Dead?", 2 November. Available at http://business-mirror.com.ph.

Calmes, J. (2010) "Taxing Banks for the Bailout", *New York Times*, 14 January.

Cameron, M. (2010) "Senate Ag Committee to Take OTC Derivatives Transparency to New Levels", *Risk*, 15 April.

Caminal, R. and Matutes, C. (2002) "Market Power and Banking Failures", *International Journal of Industrial Organization*, 20, 1341–1361.

Carmassi, J. Gros, D. and Micossi, S. (2009) "The Global Financial Crisis: Causes and Cures", Unpublished paper available at www.astrid-online.it/rassegna/02-09-2009/Carmassi_Gros-Micossi_Global-Financial-Crisis_Causes-and-Cures.pdf.

Carney, J. (2009) "Why Do Banks Grow Too Big to Fail?", *The Business Insider*, 8 August.

Caruana, J. (2005) "Implementation of Basel II", *Financial Markets, Institutions and Instruments*, 14, 253–265.

Caruana, J. and Narain, A. (2008) "Banking on More Capital", *Finance and Development*, 45. Available at www.imf.org/external/pubs/ft/fandd/2008/06/caruana.htm.

Chen, S.S. and Ho, K.W. (2000) "Corporate Diversification, Ownership Structure and Firm Value: The Singapore Evidence", *International Review of Financial Analysis*, 9, 315–326.

Cho, D. (2009) "Banks Too Big to Fail Have Grown Even Bigger", *Washington Post*, 28 August.

Chong, B.S. (1991) "Effects of Interstate Banking on Commercial Banks' Risk and Profitability", *Review of Economics and Statistics*, 73, 78–84.

Coase, R. (1937) "The Nature of the Firm", *Economica*, 4, 386–405.

Cohan, W.D. (2009) *House of Cards: A Tale of Hubris and Wretched Excess on Wall Street*, London: Allen Lane.

Congressional Budget Office (2009) "The Troubled Asset Relief Program: Report on Transactions Through December 31, 2008". Available at www.cbo.gov/ftpdocs/99xx/doc9961/01-16-TARP.pdf.

Conover, C.T. (1984) "Testimony: Inquiry Into the Continental Illinois Corp. and Continental National Bank: Hearing Before the Subcommittee on Financial Institutions Supervision, Regulation, and Insurance of the Committee on Banking, Finance and Urban Affairs, U.S. House of Representatives", 98th Congress, 2nd Session, 18–19 September and 4 October, 98–111.

Conway, E. (2009) "Mervyn King: Bail-outs Created 'Biggest Moral Hazard in History'", 20 October. Available at www.telegraph.co.uk/finance/economics/6389906/Mervyn-King-bailouts-created-biggest-bailouts-in-history.html.

Cook, C. (2008) "Peak Credit—the US Approach: 'Too Big to Fail'". Available at www.opencapital.net/papers/PeakCredit.pdf.

Cooke, K. (2010) "Bernanke: Too Big to Fail a 'Pernicious' Problem". Available at www.reuters.com/articles/idUSTRE62J0SM20100320.

Cordon, G. and Quinn, J. (2009) "Brown Calls for 'Social Contract'", *The Independent*, 7 November.

Cornett, M.M. and Tehranian, H. (1992) "Changes in Corporate Performance Associated with Bank Acquisition", *Journal of Financial Economics*, 31, 211–234.

Coy, P. (2008) "How New Global Banking Rules Could Deepen the U.S. Crisis", *Business Week*, 17 April.

Credit Suisse Group (2001) "The Basel Capital Accord Consultative Paper of January 16, 2000: Comments", 30 May.

Crokery, M. (2009) "You're Not Worthy, But Goldman Is". Available at http://blogs.wsj.com/deals/2009/11/06/you-are-not-worthy-but-goldman-is/.

Dabos, M. (2004) "Too Big to Fail in the Banking Industry: A Survey", in Gup, B.E. (ed.) *Too Big to Fail: Policies and Practices in Government Bailouts*, West Port (CT): Praeger.

Danielsson, J., Embrechts, P., Goodhart, C., Keating, C., Muennich, F., Renault, O. and Shin, H.S. (2001) "An Academic Response to Basel II", LSE Financial Markets Group, Special Paper No 130.

Dash, E. (2009) "If It's Too Big to Fail, Is It Too Big to Exist?", *New York Times*, 21 June.

Dash, E. and Creswell, J. (2008) "Citigroup Pays for a Rush to Risk", *New York Time*, 23 November.

Davies, H. (2005) "A Review of the Review", *Financial Markets, Institutions and Instruments*, 14, 247–252.

Davis, K. (2009) "Where Has All the Money Gone?", *Economic Papers*, 28, 217–225.

de Fontnouvelle, P., Garrity, V., Chu, S. and Rosengren, E. (2005) "The Potential Impact of Explicit Basel II Operational Risk Capital Charges on the Competitive Environment of Processing Banks in the United States", Unpublished Paper, Federal Reserve Bank of Boston, January.

de Grauwe, P. (2008) "The Banking Crisis: Causes, Consequences and Remedies, Centre for European Policy Studies", Policy Brief No 178.

de Nicolo, G. (2000) "Size, Charter Value and Risk in Banking: An International Perspective", *International Finance Discussion Papers*, No 689, Board of Governors of the Federal Reserve System.

Dehnad, K. (2009) "Efficient Market Hypothesis: Another Victim of the Great Recession", *Journal of Financial Transformation*, 27, 35–36.

Dinallo, E. (2009) "We Modernised Ourselves into This Ice Age", *Financial Times*, 30 March.

Doerig, H.U. (2003) "Operational Risks in Financial Services: An Old Challenge in a New Environment", Working Paper, Credit Suisse Group.

Dowd, K. (1993) *Laissez-Faire Banking*, London: Routledge.

Dowd, K. (1996a) *Competition and Finance: A New Interpretation of Financial and Monetary Economics*, London: Macmillan.

Dowd, K. (1996b) "The Case for Financial Laissez-Faire", *Economic Journal*, 1996, 106, 697–687.

Dowd, K. (1999) "Too Big to Fail? Long-Term Capital Management and the Federal Reserve", *Cato Institute Briefing Papers*, No 52, September.

Dowd, K. (2005) *Measuring Market Risk* (second edition), Chichester: Wiley.

Dowd, K., Cotter, J., Humphrey, C. and Woods, M. (2008) "How Unlucky is 25-Sigma?", *Journal of Portfolio Management*, Summer, 1–5.

Drum, K. (2009) "Big Banks, Big Banking Industry", 26 March. Available at http://motherjones.com/kevin-drum/2009/03/big-banks-big-banking-industry.

Eichengreen, B. (2008) "Securitization and Financial Regulation: Pondering the New Normal", Remarks delivered to the Fixed-Income Forum, Santa Barbara, California, 23 July.

Elsinger, H., Lehar, A. and Summer, M. (2006) "Systemically Important Banks: An Analysis for the European Banking System", *International Economics and Economic Policy*, 3, 73–89.

Engle, R.F. and Manganelli, S. (1999) "CaViaR: Conditional Value at Risk by Quantile Regression", NBER Working Papers, No 7341.

Ennis, H.M. and Malek, H.S. (2005) "Bank Risk of Failure and the Too-Big-to-Fail Policy", *Federal Reserve Bank of Richmond Economic Quarterly*, Spring, 21–42.

European Shadow Financial Regulatory Committee (2003) "Bank Supervisors' Business: Supervision or Risk Management", Statement No 16, Basel/Zurich.

Evanoff, D.D. and Wall, L.D. (2001) "SND Yield Spreads as Bank Risk Measures", *Journal of Financial Services Research*, 19, 121–146.

Federal Reserve Board (1998) "Testimony of Alan Greenspan before the Committee on Banking and Financial Services", 1 October. Available at www.federal-reserve.gov/broaddocs/Testimony/1998/19981001.htm.

Feldman, R.J. and Rolnick, A.J. (1997) "Fixing FDICIA: A Plan to Address the Too Big to Fail Problem", Federal Reserve Bank of Minneapolis, Annual Report.

Ferguson, N. (2008) "Wall Street Lays Another Egg", *Vanity Fair*, December.

Ferrier, G.D. and Lovell, C.A. (1990) "Measuring Cost Efficiency in Banking: Econometric and Linear Programming Evidence", *Journal of Econometrics*, 46, 229–245.

Fischer, S. (2002) "Basel II: Risk Management and Implications for Banking in Emerging Market Countries", The William Taylor Memorial Lecture at the International Conference of Banking Supervisors, Cape Town, 19 September.

Flannery, M.J. and Sorescu, S.M. (1996) "Evidence of Bank Market Discipline in Subordinated Debenture Yields", *Journal of Finance*, 51, 1347–1377.

Foley, D. (2009) "The Economy Needs Agent-Based Modelling", *Nature*, 46, 685–686.

Ford, J. and Larsen, P.T. (2009) "How to Shrink the Banks", *Prospect*, No 165, 18 November.

Fox, J. (2009) *The Myth of Rational Market*, New York: Harper Collins.

Friedman, M. (1960) *A Program for Monetary Stability*, New York: Fordham University Press.

Furfine, C. (2006) "The Costs and Benefits of Moral Suasion: Evidence from the Rescue of Long-Term Capital Management", *Journal of Business*, 79, 593–622.

Furlong, F.T. and Keeley, M.C. (1989) "Capital Regulation and Bank Risk-Taking: A Note", *Journal of Banking and Finance*, 13, 883–891.

Galbraith, J.K. (1952) *American Capitalism: The Concept of Countervailing Power*, Boston: Houghton Mifflin.

Gapper, J. (2009) "The Case for a Glass-Steagall 'Lite'", *Financial Times*, 11 March.

Garnaut, R. (2009) "Economic Society of Australia Distinguished Fellow for 2009 Acceptance Speech", *Economic Papers*, 28, 184–185.

Gelinas, N. (2009) "Too Big to Fail Must Die", *City Journal*, Summer. Available at www.city-journal.org/2009/19_3_financial-institutions.html.

Genberg, H. (2009) "Data Requirements for Assessing the Health of Systemically Important Financial Institutions (SIFSs): A Perspective from Hong Kong", Paper Presented at the IMF-FSB Users Conference, Washington DC, 8–9 July.

Gilbert, R.A. (1984) "Bank Market Structure and Competition – A Survey", *Journal of Money, Credit and Banking*, 19, 617–645.

Glasner, D. (1989) *Free Banking and Monetary Reform*, Cambridge: Cambridge University Press.

Goldstein, M. (2008) "The Subprime and Credit Crisis", Paper based on transcript of speech presented at the Global Economic Prospects meeting, Peterson Institute for International Economics, 3 April.

Goldstein, S., McNulty, J. and Verbrugge, J. (1987) "Scale Economies in the Savings and Loan Industry Before Diversification", *Journal of Economics and Business*, 39, 199–207.

Goodhart, C. and Huang, H. (2005) "The Lender of Last Resort", *Journal of Banking and Finance*, 29, 1059–1082.

Greenspan, A. (2009) "We Need a Better Cushion Against Risk", *Financial Times*, 26 March.

Grocer, S. (2009) "Wall Street Compensation—'No Clear Rhyme or Reason'", *Wall Street Journal*, 30 July.

Gup, B.E. (1998) *Bank Failures in the Major Trading Countries of the World: Causes and Remedies*, West Port (CT): Quorum Books.

Gup, B.E. (2004a) "What Does Too Big to Fail Mean?", in Gup, B.E. (ed.) *Too Big to Fail: Policies and Practices in Government Bailouts*, West Port (CT): Praeger.

Gup, B.E. (2004b) "Enron: Not Too Big to Fail", in Gup, B.E. (ed.) *Too Big to Fail: Policies and Practices in Government Bailouts*, West Port (CT): Praeger.

Guzman, M. (2000) "Bank Structure, Capital Accumulation and Growth: A Simple Macroeconomic Model", *Economic Theory*, 16, 421–455.

Harada, K. and Takatoshi, I. (2008) "Did Mergers Help Japanese Mega-Banks Avoid Failure? Analysis of the Distance to Default Banks", *NBER Working Papers*, No 14518.

Harper, I. and Thomas, M. (2009) "Making Sense of the GFC: Where Did it Come From and What Do we Do Now", *Economic Papers*, 28, 196–205.

Haubrich, J.G. (2007) "Some Lessons on the Rescue of Long-Term Capital Management", Federal Reserve Bank of Cleveland, Policy Discussion Papers, No 19, April.

Hawkins, J. and Turner, P. (2000) "International Financial Reform: Regulatory and Other Issues", Paper Presented at a Conference on International Financial Contagion, Washington DC, 3–4 February.

Hayek, F.A. (1976) "Choice in Currency: A Way to Stop Inflation", Occasional Paper No 48, London: Institute of Economic Affairs.

Hetzel, R.L. (1991) "Too Big to Fail: Origins, Consequences, and Outlook", *Federal Reserve Bank of Richmond Economic Review*, November/December, 3–15.

Honohan, P. and Klingebiel, D. (2000) "Controlling Fiscal Costs of Banking Crises", World Bank Policy Research Papers, No 2441.

Horn, K. (2009) "The Serendipity of Genius", *Standpoint*, 7 October. Available at www.standpointmag.co.uk/node/2164/full.

Horwitz, S. (1992) *Monetary Evolution, Free Banking and Economic Order*, Boulder: Westview.

Hosono, K., Sakai, K. and Tsuru, K. (2007) "Consolidation of Banks in Japan: Causes and Consequences", NBER Working Papers, No 13399.

House Committee on Banking and Financial Services (1998) "Hearing on Hedge Fund Operations before the House Committee on Banking and Financial Services", 105th Congress, 2nd Session, Serial No 105–180.

House Committee on Banking and Financial Services (1999) "Hearing on the President's Working Group Study on Hedge Funds", 106th Congress, 1st Session, Serial Number 106–119.

Hubbard, G., Scott, H. and Zingales, L. (2009) "Banks Need Fewer Carrots and More Sticks", *Wall Street Journal*, 6 May.

Hubner, R., Laycock, M. and Peemoller, F. (2003) "Managing Operational Risk", in Mestchian, P. (ed.) *Advances in Operational Risk: Firm-wide Issues for Financial Institutions*, London: Risk Books.

Hughes, J.P. and Mester, L. (1998) "Bank Capitalization and Cost: Evidence of Scale Economies in Risk Management and Signaling", *Review of Economics and Statistics*, 80, 314–325.

Hughes, J.P., Mester, L.J. and Moon, C.G. (2001) "Are Scale Economies in Banking Elusive or Illusive? Evidence Obtained by Incorporating Capital Structure and Risk Taking into Models of Bank Production", *Journal of Banking and Finance*, 25, 2169–2208.

Humphrey, D.B. (1990) "Why Do Estimates of Bank Scale Economies Differ?", *Federal Reserve Bank of Richmond Economic Review*, 76, 38–50.

Hunter, W.C. and Timme, S.G. (1986) "Technological Change, Organizational Form and the Structure of Bank Productivity", *Journal of Money, Credit and Banking*, 18, 152–166.

Hunter, W.C. and Timme, S.G. (1991) "Technological Change in Large U.S. Commercial Banks", *Journal of Business*, 64, 339–362.

Hunter, W.C. and Wall, L. (1989) "Bank Mergers Motivations: A Review of the Evidence and Examination of Key Target Banking Characteristics", *Federal Reserve Bank of Atlanta Economic Review*, September, 2–19.

Hunter, W.C., Timme, S.G. and Yang, W.K. (1990) "An Examination of Cost Subadditivity and Multiproduct in Large U.S. Banks", *Journal of Money, Credit and Banking*, 22, 504–525.

Hutton, W. (2009) "Gordon Brown Backs Radical Plans to Transform Global Banking System", *The Observer*, 8 November.

Imeson, M. (2006) "Capital Accord or Capital Discord?", *The Banker*, March.

International Monetary Fund (2008) *Global Financial Stability Report*, April.

Jayaratne, J. and Strahan, P.E. (1998) "Entry Restrictions, Industry Evolution and Dynamic Efficiency: Evidence from Commercial Banking", *Journal of Law and Economics*, 49, 239–274.

Jensen, M. (1978) "Some Anomalous Evidence Regarding Market Efficiency", *Journal of Financial Economics*, 6, 95–101.

Jobst, A.A. (2007) "Operational Risk: The Sting is Still in the Tail but the Poison Depends on the Dose", *Journal of Operational Risk*, 2 (Summer), 3–59.

Johnson, S. (2009) "The Quite Coup", *The Atlantic*, May.

Jordan, S. (2009) "'Too Big to Fail' Idea Should End", FDIC Chief Says, *Tribune Business News*, 25 July.

Kane, E. (2000) "Incentives for Banking Megamergers: What Motives Might Regulators Infer from Event Study Evidence?", *Journal of Money, Credit and Banking*, 32, 671–701.

Kaufman, G.G. (2003) "A Proposal for Efficiently Resolving Out-of-the-Money Swap Positions at Large Insolvent Banks", Federal Reserve Bank of Chicago, Working Papers, No WP-03-01.

Kaufman, G.G. (2004) "Too Big to Fail in U.S. Banking: Quo Vadis?", in Gup, B.E. (ed.) *Too Big to Fail: Policies and Practices in Government Bailouts*, West Port (CT): Praeger.

Kaufman, G.G. (2005) "Basel II vs. Prompt Corrective Action: Which is Best for Public Policy?", *Financial Markets, Institutions and Instruments*, 14, 349–357.

Kaufman, G.G. and Scott, K. (2000) "Does Bank Regulation Retard or Contribute to Systemic Risk?", Mimeo, Loyola University Chicago and Stanford Law School.

Kaufman, H. (2001) "What Would Adam Smith Say Now?", *Business and Economics*, 36, 7–12.

Kaufman, H. (2009) *The Road to Financial Reformation: Warnings, Consequences, Reforms*, New York: Wiley.

Kay, J. (2009a) "Too Big to Fail? Wall Street, We Have a Problem", *Financial Times*, 22 July.

Kay, J. (2009b) "Why 'Too Big to Fail' is Too Much for Us to Take", *Financial Times*, 27 May.

Kay, J. (2009c) *The Long and the Short of It: A Guide to Finance and Investment for Normally Intelligent People Who Aren't in the Industry*, London: Erasmeus Press.

Keeley, M.C. (1980) "Deposit Insurance, Risk and Market Power in Banking", *American Economic Review*, 80, 183–200.

Keeley, M.C. and Furlong, F.T. (1990) "A Reexamination of Mean-Variance Analysis of Bank Capital Regulation", *Journal of Banking and Finance*, 14, 69–84.

Kho, B., Lee, D. and Stulz, R.M. (2000) "U.S. Banks, Crises and Bailouts from Mexico to LTCM", *American Economic Review* (Papers and Proceedings), 90, 28–31.

Kim, H.Y. (1986) "Economies of Scale and Economies of Scope in Multiproduct Financial Institutions: Further Evidence from Credit Unions", *Journal of Money, Credit and Banking*, 18, 220–226.

Koehn, M. and Santomero, A.M. (1980) "Regulation of Bank Capital and Portfolio Risk", *Journal of Finance*, 35, 1235–1244.

KPMG (2005) "Managing Operational Risk Beyond Basel II", KPMG Financial Services.

Krugman, P. (2009) "Reagan Did It", *New York Times*, 1 June.

Kurdas, C. (2009) "Goldman Critics vs. Little Goldmans", ThinkMarkets, 20 October (with comments). Available at www.thinkmarkets.wordpress.com/2009/10/10/goldman-critics-vs-little-goldmans/.

Labaton, S. and Calmes, J. (2009) "Obama Proposes a First Overhaul of Finance Rules", *New York Times*, 14 May.

Laeven, L. and Levine, R. (2007) "Is There a Diversification Discount in Financial Conglomerates", *Journal of Financial Economics*, 85, 331–367.

Lanchester, J. (2009) "It's Finished", *London Review of Books*, 28 May. Available at www.lrb.co.uk/v31/n10/print//lanc01_html.

Landon, T. (2008) "What's $34 Billion on Wall Street?", *New York Times*, 27 January.

Lang, L.H.P. and Stulz (1994) "Tobin's q, Corporate Diversification and Firm Performance", *Journal of Political Economy*, 102, 1248–1280.

LaWare, J. (1991) "Testimony: Economic Implications of the 'Too-Big-to-Fail' Policy: Hearing before Subcommittee on Economic Stabilization of Committee on Banking, Finance and Urban Affairs", U.S. House of Representatives, 102d Cong., 1st Session, 9 May.

Lawson, D. (2009) "Fool's Gold: How an Ingenious Tribe of Bankers Rewrote the Rules of Finance, Made a Fortune and Survived a Catastrophe", by Gillian Tett, *The Sunday Times*, 3 May.

Le Compte, R.L.B. and Smith, S.D. (1990) "Changes in the Cost of Intermediation: The Case of Savings and Loans", *Journal of Finance*, 45, 1337–1346.

Leach, J.A. (1998) "The Failure of Long-Term Capital Management: A Preliminary Assessment", Statement to the House Banking and Finance Committee, 12 October. Available at www.house.gov/banking/1012981e.htm.

Leathers, C.G. and Raines, J.P. (2004) "Some Historical Perspectives on 'Too Big to Fail' Policies", in Gup, B.E. (ed.) *Too Big to Fail: Policies and Practices in Government Bailouts*, West Port (CT): Praeger.

Lee, E. (2007) "Understanding a Bank's Balance Sheet", *The Motley Fool*, 5 January. Available at www.fool.com/investing/general/2007/01/05/understanding-a-banks-balance-sheet.aspx.

Lekatis, G.J. (2009) "Basel II and Liquidity Risk after the Financial Crisis", *Ezine Articles*. Available at http://ezinearticles.com.

Lewis, M. (1989) *Liar's Poker*, New York: W.W. Norton and Company.

Lewis, M. (2009a) "Bashing Goldman Sachs is Simply a Game for Fools", Bloomberg Press, 27 July.

Lewis, M. (2009b) "The Man who Crashed the World", *Vanity Fair*, August. Available at www.vanityfair.com.

Lewis, M. and Einhorn, D. (2009) "How to Repair a Broken Financial World", *New York Times*, 4 January.

Linder, J.C. and Crane, D.B. (1992) "Bank Mergers, Integration and Profitability", Working Paper, Harvard Business School.

Lins, K. and Servaes, H. (1999) "International Evidence on the Value of Corporate Diversification", *Journal of Finance*, 54, 2215–2239.

Mason, P.M., Steagall, J.W. and Fabritiust, M.M. (1992) "Publication Delays in Articles in Economics: What to Do about Them", *Applied Economics*, 24, 859–874.

McAlister, P.H. and McManus, D.A. (1993) "Resolving the Scale Efficiency Puzzle in Banking", *Journal of Banking and Finance*, 17, 389–405.

McConnell, P. (2006) "A Perfect Storm—Why are Some Operational Losses Larger than Others?", Unpublished Paper, July. Available at www.gloriamundi.org/library_journal_view.asp?journal_id=7642.

McDonald, I.M. (2009) "The Global Financial Crisis and Behavioural Economics", *Economic Papers*, 28, 249–254.

McElroy, A. (2010) "FDIC Board Seeks Comments on Incorporating Employee Compensation Structures into the Risk Assessment System", *Bank Notes*, 34, 2.

McKee, M. and Lanman, S. (2009) "Greenspan Says U.S. Should Consider Breaking up Large Banks". Available at www.bloomberg.com/apps/news?pid= 20670001& sid=aJ8HPmNUfchg.

Mester, L.J. (1987) "A Multiproduct Cost Study of Savings and Loans", *Journal of Finance*, 42, 423–445.

Mester, L.J. (1989) "Testing for Expense Preference Behavior: Mutual versus Stock Savings and Loans", *Rand Journal of Economics*, 20, 483–498.

Mester, L.J. (1991) "Agency Cost Among Savings and Loans", *Journal of Financial Intermediation*, 3, 257–278.

Metais, E. (2009) "The Failure of Mergers-Acquisitions, Myth or Reality?", EDHEC Business School. Available at www.edhec-mba.com/jsp/fiche_pagelibre.jsp? CODE=0337090&LANGUE=1.

Mishkin, F.S. (1992) "An Evaluation of the Treasury Plan for Banking Reform", *Journal of Economic Perspectives*, 6, 133–153.

Mishkin, F.S. (1999) "Financial Consolidation: Dangers and Opportunities", *Journal of Banking and Finance*, 23, 675–691.

Mishkin, F.S. (2001) "Financial Policies and the Prevention of Financial Crises in Emerging Market Countries", NBER Working Papers, No 8087.

Mishkin, F.S. (2006) "How Big a Problem is Too Big to Fail? A Review of Gary Stern and Ron Feldman's Too Big to Fail: The Hazards of Bank Bailouts", *Journal of Economic Literature*, 44, 988–1004.

Mitchell, K. and Onvural, N. (1996) "Economies of Scale at Large Commercial Banks: Evidence from the Fourier Flexible Functional Form", *Journal of Money, Credit and Banking*, 28, 178–199.

Money Really Matters (2009) "Nothing is Too Big to Fail—Part I", 26 August. Available at www.moneyreallymatters.com/category/tags/citibank-bankruptcy.

Moosa, I.A. (2002) *Foreign Direct Investment: Theory, Evidence and Practice*, London: Palgrave.

Moosa, I.A. (2007) *Operational Risk Management*, London: Palgrave.

Moosa, I.A. (2008) *Quantification of Operational Risk under Basel II: The Good, Bad and Ugly*, London: Palgrave.

Moosa, I.A. (2010) "Basel II as a Casualty of the Global Financial Crisis", *Journal of Banking Regulation*, 11, 95–114.

Morgan, D.P. and Stiroh, K.J. (2005) "Too Big to Fail After All These Years", Federal Reserve Bank of New York, Staff Reports, No 220.

Morris, C.R. (2008) *The Trillion Dollar Meltdown*, New York: Public Affairs.

Moss, D. (2009) "An Ounce of Prevention: The Power of Public Risk Management in Stabilizing the Financial System", Harvard Business School, Working Paper No 09-087.

Moyer, R.C. and Lamy, R.E. (1992) "'Too Big to Fail': Rationale, Consequences, and Alternatives", *Business Economics* 27, 19–24.

Murray, J.D. and White, R.W. (1983) "Economies of Scale and Economies of Scope in Multiproduct Financial Institutions: A Study of British Columbia Credit Unions", *Journal of Finance*, 38, 887–902.

Murray, W.J. (2009) "United States: 'Too Big to Fail'?", Available at www.wnd.com/index.php?fa=PAGE.view&pageId=107749.

NECN.com (2008) "Govt. Agrees to Provide $85 billion Emergency Loan to AIG", 17 September. Available at www.necn.com/Boston/Business/Govt-agrees-to-provide-85-billion-emergency-loan-to-AIG/1221614810.html.

Norman, P. (2008) "The Role of 'Too Big to Fail' Status in Bank Merger Activity", PhD Dissertation, George Mason University.

Norris, F. (2008) "News Analysis: Another Crisis, Another Guarantee", *New York Times*, 24 November.

Noulas, A.G., Ray, S.C. and Miller, S.M. (1990) "Returns to Scale and Input Substitution for Large U.S. Banks", *Journal of Money, Credit and Banking*, 22, 94–108.

O'Hara, M. and Shaw, W. (1990) "Deposit Insurance and Wealth Effects: The Value of Being 'Too Big to Fail'", *Journal of Finance*, 45, 1587–1600.

O'Rourke, M. (2009) "Too Big to Fail?", *Risk Management*, May, 61.

OpRisk & Compliance (2008) "Basel II is Dead, Long Live Basel III", 28 November.

Palia, D. and Porter, R. (2003) "Contemporary Issues in Regulatory Risk Management of Commercial Banks", *Financial Markets, Institutions and Instruments*, 12, 2003, 223–256.

Patinkin, D. (1956) *Money, Interest and Prices*, Evanston (Ill): Row Peterson.

Penas, M. and Unal, H. (2004) "Gains in Bank Mergers: Evidence from the Bond Market", *Journal of Financial Economics*, 74, 149–179.

Perry, J. and de Fontnouvelle, P. (2005) "Measuring Reputational Risk: The Market Reaction to Operational Loss Announcements", Working Paper, Federal Reserve Bank of Boston, November.

Phelps, E. (2009) "Letter to the G-20 Leaders: Emerging from the Financial Crisis", 6th Annual Conference of the Center on Capitalism and Society at Columbia University, New York.

Philippon, T. (2007) "The Evolution of the US Financial Industry from 1860 to 2007: Theory and Evidence", Unpublished Paper, New York University.

Philippon, T. (2008) "The Future of Financial Industry", Stern on Finance. Available at http://sternfinance.blogspot.com/2008/10/future-of-financial-industry-homas.html.

Pianalto, S. (2009) "Steps Toward a New Financial Regulatory Architecture", Ohio Banker's Day Address, 1 April. Available at www.clevelandfed.org/For_the_Public_News_and_Media/Speeches/2009/Pianalto_20090401.cfm.

Posner, R. (2009) *A Failure of Capitalism*, Cambridge (MA): Harvard University Press.

Prospect (2009) "How to Tame Global Finance", 27 August.

Quiggin, J. (2009) "Six Refuted Doctrines", *Economic Papers*, 28, 239–248.

Rajan, R. (2009) "On the G20's Urge to Regulate", *The Economist*, 8 April.

Randall, M.J. (2009) "Economists Seek Breakup of Big Banks", *Wall Street Journal*, 22 April.

Rebonato, R. (2007) *The Plight of the Fortune Tellers: Why We Need to Manage Financial Risk Differently*, Princeton (NJ): Princeton University Press.

Reuters (2009) "FACTBOX: Highlights of Warren Buffett's annual investors' letter", 28 February. Available at http://www.reuters.com/article/idUSTRE51R16220090228? PageNumber=3&virtualBrandChannel=0.

Reuters UK (2010) "Darling Welcomes IMF Bank Tax Proposals", 20 April. Available at http://uk.reuters.com/article/idUKTRE63J55020100420.

Rhoades, S.A. (1986) "The Operating Performance of Acquired Firms in Banking Before and After Acquisition", Staff Economic Studies 149, Board of Governors of the Federal Reserve System.

Rhoades, S.A. (1990) "Billion Dollar Bank Acquisitions: A Note on the Performance Effects", Working Paper, Board of Governors of the Federal Reserve System.

Risk (2008) "Basel II Backlash", 1 January. Available at www.risk.net/public/showPage.html.

Rockoff, H. (1975) *The Free Banking Era: A Re-examination*, New York: Arno.

Rodriguez, L.J. (2002) "International Banking Regulation: Where's the Market Discipline in Basel II?", *Policy Analysis*, No 455, October.

Rodrik, D. (2010) "The Case Against International Financial Coordination". Available at www.project-syndicate.og/commentary/rodrik40/English.

Rognline, M. (2009) "Too Big to Fail?". Available at http://makeanysense.blogspot.com/2009/06/too-big-to-fail.html.

Roth, M. (1994) "Too-Big-to-Fail and the Stability of the Banking System: Some Insights from Foreign Countries", *Business Economics*, 9, 43–50.

Rothwell, J. (2009) "How "Too Big" Failed Us". Available at http://blogs.princeton.edu/14points/2009/04/how-too-big-failed-us.html.

Salmon, F. (2009) "Let us Hurt the American Financial Services Industry", 13 April. Available at http://blogs.reuters.com/felix-salmon/2009/04/13/lets-hurt-the-american-financial-services-industry/.

Saltmarsh, M. (2010) "U.S. Proposals for Taxes on Banks to Cover the Bailouts Gain Ground in Europe", *New York Times*, 22 March.

Santos, J.A.C. (2001) "Bank Capital Regulation in Contemporary Banking Theory: A Review of the Literature", *Financial Markets, Institutions and Instruments*, 10, 41–84.

Saporito, B. (2009) "How AIG Became Too Big to Fail", *Time*, 19 March.

Saunders, A. and Walter, I. (1994) *Universal Banking in the United States*, New York: Oxford University Press.

Schachter, B. (2008) "Kooky Science for Value-at-Risk", *Asia Risk*, March, 8.

Scheer, R. (2010) "Obama's Endorsement of the 'Volcker Rule' for Once Puts Him on the Side of Ordinary Americans". Available at www.cbsnews.com/stories/2010/02/03/opinion/main6170135.shtml.

Schmid, M.M. and Walter, I. (2006) "Do Financial Conglomerates Create or Destroy Economic Value?". Available at SSRN: http://ssrn.com/abstract=929160.

Scholes, M. (2000) "Crisis and Risk Management", *American Economic Review*, 90 (Papers and Proceedings), 17–21.

Seagar, A. (2009) "Financial Crisis will Burden a Generation of British People", *The Guardian*, 20 October.

Sechrest, L.J. (1993) *Free Banking: Theory, History and a Laissez-Faire Model*, Westport (CT): Quorom Books.

Seeling, S.A. (2004) "Too Big to Fail: A Taxonomic Analysis", in Gup, B.E. (ed.) *Too Big to Fail: Policies and Practices in Government Bailouts*, West Port (CT): Praeger.

Seidman, D. (2009) "Why I Don't Want the Recession to End Yet", *Business Week*, 20 July.

Sheedy, E. (1999) "Applying an Agency Framework to Operational Risk Management", Applied Finance Centre, Macquarie University, Working Paper 22.

Sheedy, E. (2009) "Can Risk Modeling Work?", *Journal of Financial Transformation*, 27, 82–87.

Shojai, S. and Feiger, G. (2010) "Economists' Hubris: The Case of Risk Management". Available at http://ssrn.com/abstratct=1550622.

Sloan, A. (1998) "What Goes Around", *Newsweek*, 12 October.

Smith, R. (1998) "Competition and Macroeconomic Performance", *Journal of Money, Credit and Banking*, 30, 793–815.

Solow, R. (2008) "Getting it Wrong", *The New Republic*, 10 September.

Soros, G. (2008) "The Worst Market Crisis in 60 Years", *Financial Times*, 22 January.

Spaventa, L. (2009) "Economists, Economics and the Crisis", *Vox*, 12 August.

Spindt, P.A. and Tarhan, V. (1992) "Are There Synergies in Bank Mergers?", Working Paper, Tulane University.

Spitzer, E. (2008) "Too Big Not to Fail". Available at www.slate.com/id/2205995/pagenum/all/.

Sprague, I.H. (1986) *Bailout: An Insider's Account of Bank Failures and Rescues*, New York: Basic Books.

Spring, M. (2008) "On Target: Is This Really a Bull Trap?", *Martin Spring's Private Newsletter on Global Strategy*, No 95, 5 April.

Srinivasan, A. (1992) "Are There Cost Savings from Bank Mergers?", *Federal Reserve Bank of Atlanta Economic Review*, March/April, 17–28.

Srinivasan, A. and Wall, L.D. (1992) "Cost Savings Associated with Bank Mergers", Working Paper, Federal Reserve Bank of Atlanta.

Standard & Poor's (2007) "How Systemic Importance Plays a Significant Role in Bank Ratings", *RatingsDirect*, 3 July.

Stern, G.H. (2008) "Too Big to Fail: The Way Forward", Speech at Winton State University, Minnesota, 13 November. Available at www.minneapolisfed.org/publications_papers/studies/tbtf/index.cfm.

Stern, G.H. (2009a) "Banking Policies and Too Big to Fail", Speech at the Economic Club of Minnesota, 26 March. Available at www.minneapolisfed.org/publications_papers/studies/tbtf/index.cfm.

Stern, G.H. (2009b) "Better Late than Never: Addressing Too-Big-To-Fail", Speech at the Brookings Institution, Washington DC. Available at www.minneapolisfed.org/publications_papers/studies/tbtf/index.cfm.

Stern, G.H. and Feldman, L.J. (2004) *Too Big to Fail: The Hazards of Bank Bailouts*, Washington: Brookings Institution Press.

Stern, G.H. and Feldman, R.J. (2009) "Addressing TBTF by Shrinking Financial Institutions: An Initial Assessment". Available at www.minneapolisfed.org/publications_papers/studies/tbtf/index.cfm.

Stiglitz, J. (2008) "Commentary: How to Prevent the Next Wall Street Crisis". Available at http://www.cnn.com/2008/POLITICS/09/17/stiglitz.crisis.index.html.

Stiglitz, J. (2009) "Capitalist Fools", *Vanity Fair*, January.

Stiroh, K.J. and Rumble, A. (2006) "The Dark Side of Diversification: The Case of US Financial Holding Companies", *Journal of Banking and Finance*, 30, 2131–2161.

Story, L., Thomas, L. and Schwartz, N. (2010) "Wall Street Helped Debt Fueling Europe's Crisis", *New York Times*, 14 February.

Summers, L., Greenspan, A., Levitt, A. and Rainer, W. (1999) *Over the Counter Derivatives Markets and the Commodity Exchange Act: Report of the President's*

Working Group on Financial Markets. Available at www.ustreas.gov/press/releases/reports/otcact.pdf.

Taleb, N.N. (2008) *The Black Swan*, London: Penguin Books.

Taleb, N.N. and Triana, P. (2008) "Bystanders to This Financial Crime were Many", *Financial Times*, 7 December.

Tarullo, D.K. (2008) "Banking on Basel: The Future of International Financial Regulation", Washington DC: Peterson Institute for International Economics.

Taylor, J.B. (2009) *Getting off Track: How Government Actions and Interventions Caused, Prolonged and Worsened the Financial Crisis*, Stanford: Hoover Institution Press.

Teather, D. (2008) "The Woman Who Built a Financial 'Weapon of Mass Destruction'", *The Guardian*, 20 September.

Tett, G. (2009) *Fool's Gold*, London: Little Brown.

The Baseline Scenario (2010) "The Obama Financial Tax is a Start, Not the End". Available at http://baselinescenario.com/2010/01/14/the-obama-financial-tax-is-a-start-not-the-end/.

The Economist (1997) "In the Land of Milk and Honey", 16 August, 54.

The Economist (2008a) "Paradise Lost", 17 May 2008 (Special Report on International Banking), 3–6.

The Economist (2008b) "Make Them Pay", 17 May (Special Report on International Banking), 16–17.

The Economist (2008c) "Tightrope Artists", 17 May (Special Report on International Banking), 17–19.

The Economist (2008d) "Joseph and the Amazing Technicalities", 26 April, 16–18.

The Economist (2008e) "Professionally Gloomy: Risk Mangers Take a Hard Look at Themselves (Special Report on International Banking)", 17 May, 11–13.

The Economist (2009a) "Desperate Measures", 14 November, 61.

The Economist (2009b) "Goodbye or See You Again?", 19 December, 113.

The Economist (2009c) "Scapegoat Millionaire", 7 March, 18.

The Economist (2009d) "Bearing All", 7 March, 81.

The Economist (2009e) "Too Big for its Gucci Boots", 12 September, 71.

The Economist (2009f) "Dilute or Die", 16 May, 81.

The Economist (2009g) "How Efficient Market Theory has been Proved both Wrong and Right", 7 March, 73.

The Economist (2009h) "Efficiency and Beyond", 18 July.

The Economist (2009i) "The Other-Worldly Philosophers", 18 July, 58–60.

The Economist (2009j) "What If?", 12 September, 74.

The Economist (2009k) "Systems Failure", 28 November, 82.

The Economist (2009m) "Rearranging the Towers of Gold", 12 September, 66–68.

The Economist (2009n) "Over the Counter, Out of Sight", 14 November, 74–76.

Thomson, J. (2009) "On Systematically Important Financial Institutions and Progressive Systemic Mitigation", Federal Reserve Bank of Cleveland, Policy Discussion Papers, No 27, August.

Time (2009) "25 People to Blame for the Financial Crisis", 13 February. Available at www.time.com/time/specials/packages/article/0,28804,1877351_1877350,00.html.

Tobin, J. (1969) "A General Equilibrium Approach to Monetary Theory", *Journal of Money, Credit and Banking*, 1, 15–29.

Todd, W.F. and Thomson, J.B. (1990) "An Insider's View of the Political Economy of the Too Big to Fail Doctrine", Federal Reserve Bank of Cleveland, Working Paper 9017.

Topping, S. (2008) "Reassessing Basel II", *Source+*, October.

Trigaux, R. (1989) "Isaac Reassesses Continental Bailout", *American Banker*, 31 July, 6.

Tryhorn, C. and Inman, P. (2009) "Fred Goodwin to Hand Back More than £200,000 a Year of His Pension", *The Guardian*, 18 June.

Turner, L.E. (2009) "The Systemic Dismantling of the System", *The CPA Journal*, May, 16.

US Fed News Service (2009) "No Financial Institution is Too Big to Fail", Mahoney Tells Congress, 24 July.

Vadum, M. (2008) "Liberalism Never Sleeps", *The American Spectator* (Special Report), 25 November.

van Rixtel, A., Wiwattanakantang, Y., Souma, T. and Suzuki, K. (2004) "Banking in Japan: Will Too Big to Fail Prevail?", in Gup, B.E. (ed.) *Too Big to Fail: Policies and Practices in Government Bailouts*, West Port (CT): Praeger.

Volz, M. and Wedow, M. (2009) "Does Banks' Size Distort Market Prices? Evidence for Too-Big-to-Fail in the CDs Market", Deutsche Bundesbank, Discussion Papers, No 06/2009.

Wall Street Letter (2010) "BNY Mellon: Bank Tax Equals Bad Policy". Available at http://www.emii.com/Articles/2383386/Banking–Brokerage/Top-Stories/BNY-Mellon-Bank-Tax-Equals-Bad-Policy.aspx.

Walter, J.R. (2004) "Closing Troubled Banks: How the Process Works", *Federal Reserve Bank of Richmond Economic Review*, 90, 51–68.

Washington's Blog (2009) "Why Consolidation in the Banking Industry Threatens Our Economy". Available at http://georgewashington2.blogspot.com/2009/09/why-consolidation-in-banking-industry.html.

Watson, P.J. and Watson, S. (2009) "Obama Regulatory Reform Plan Officially Establishes Banking Dictatorship in the United States", *Prison Planet.com*, 18 June.

Wellink, N. (2008) "Basel II Might Have Prevented Crunch". Available at www.Bobsguide.com/cgi-bin/guide/newsExtras.

Wihlborg, C. (2005) "Basel II and the Need for Bank Distress Resolution Procedures", *Financial Markets, Institutions and Instruments*, 14, 359–369.

Wilmarth, A.E. (2004) "Does Financial Liberalization Increase the Likelihood of a Systemic Banking Crisis? Evidence from the Past Three Decades and the Great Depression:, in Gup, B.E. (ed.) *Too Big to Fail: Policies and Practices in Government Bailouts*, West Port (CT): Praeger.

Wolf, M. (2009) "The Cautious Approach to Fixing Banks will Not Work", *Financial Times*, 1 June.

Wood, D. (2008) "A Model Model?", *OpRisk & Compliance*, March, 35–37.

Word Press (2008) "What Does Too Big to Fail Mean?" Available at http://servant-enterprenuer.wordpress.com/2008/11/30/what-does-too-big-to-fail-mean/. Check Chap 7.

Wyplosz, C. (2009) "The ICMB-CEPR Geneva Report: 'The Future of Financial Regulation'", *Vox*, 27 January.

Zuckerman, G., Craig, S. and Ng, S. (2010) "Goldman Sachs Charged with Fraud", *Wall Street Journal*, 17 April.

Also by Imad A. Moosa

THE THEORY AND EMPIRICS OF EXCHANGE RATES (*with R.H. Bhatti*)

QUANTIFICATION OF OPERATIONAL RISK UNDER BASEL II: THE GOOD, BAD AND UGLY

OPERATIONAL RISK MANAGEMENT

STRUCTURAL TIME SERIES MODELLING: APPLICATIONS IN ECONOMICS AND FINANCE

EXCHANGE RATE REGIMES: FIXED, FLEXIBLE OR SOMETHING IN BETWEEN?

INTERNATIONAL FINANCIAL OPERATIONS: ARBITRAGE, HEDGING, SPECULATION, FINANCING AND INVESTMENT

FOREIGN DIRECT INVESTMENT: THEORY, EVIDENCE AND PRACTICE

EXCHANGE RATE FORECASTING: TECHNIQUES AND APPLICATIONS

INTERNATIONAL FINANCE: AN ANALYTICAL APPROACH THIRD EDITION

INTERNATIONAL PARITY CONDITIONS: THEORY, ECONOMETRIC TESTING AND EMPIRICAL EVIDENCE (*with R.H. Bhatti*)